中国社会科学院创新工程学术出版资助项目

刘敬东／著

WTO 中的贸易与环境问题

RESEARCH ON THE PROBLEMS OF
TRADE AND ENVIRONMENT

社会科学文献出版社
SOCIAL SCIENCES ACADEMIC PRESS (CHINA)

前　言

随着世界范围内环境保护浪潮的兴起，贸易与环境问题日益得到国际社会、各国政府及人民的关注，成为国际政治、经济领域的焦点问题之一。贸易与环境问题是经济发展与环境保护之间关系的一个重要方面。对于 WTO 体制中的贸易与环境问题，有关专家和国际组织进行了大量的研究，取得了一些有价值的研究成果。但由于贸易与环境问题相对较新，有些方面尚未得出明确的结论，需要进一步的研究和实践验证。同时，国际社会与环境有关的贸易争端也越来越多，这些争端不仅影响了国际贸易的正常发展，也不利于全球环境保护。因此，运用法律手段协调贸易与环境的关系已成为国际社会面临的一项迫切任务。

在环境保护与贸易之间关系的理论方面，国外学术界研究开始得较早，并取得了一些有价值的研究成果，自 20 世纪 70 年代至今，国外学者提出了"贸易诱致型环境退化假说"、"环境库兹涅茨假说"、"污染天堂假说"、"向底线赛跑假说"、"波特假说"和"环境规制与 FDI 企业选址"等理论观点，从不同角度论证贸易与环境之间的关系。特别是在贸易自由化与环境保护的关系问题上，国际上至今还存在许多争论，其中集中表现为自由贸易主义者与环境主义者之间的对立。[①]

环境主义者指责多边贸易体制正日益成为环境保护的障碍，构成对全球环境的威胁。自由贸易主义者则认为，自由贸易并非是造成环境恶化的原因，相反，自由贸易有利于促进环境改善，因而是促进环境保护、提高环境标准的最好方式。可持续发展要求各国有效地利用资源，而这正是自

[①]　韩民春、王文娟：《国际贸易与环境保护理论的比较研究》，http://www.docin.com/p - 13499770. html#documentinfo，2013 年 4 月 18 日访问。

由贸易所追求的。

综合来看，对于贸易与环境的关系问题，近些年来西方学者主要就以下几方面的重点问题展开研究：环境保护对自由贸易的影响，自由贸易对环境保护的影响，可持续发展的法律原则，WTO 规则中的条款与环境保护的关系等。西方学者在研究的基础上，提出了协调环境与贸易之间关系的众多学术观点，主张建立环境标志制度、绿色包装制度、环境卫生检疫制度、环境进出口附加税、绿色补贴制度等国际贸易领域贯彻环境保护原则的法律制度，但另一些学者，尤其是来自发展中国家的学者对西方学者的上述主张提出不同观点，认为上述制度一旦实施无疑会成为国际贸易领域的绿色贸易壁垒，将会引发各国之间激烈的贸易摩擦，从而破坏业已建立并有效运行的 WTO 多边贸易体制。在这个问题上双方各执一词，争论十分激烈。但无论如何，争论双方均意识到，环境保护问题已成为 WTO 多边贸易领域一个不可回避的重要问题。

应当指出，尽管学术界对贸易与环境之间关系的问题尚未达成理论上的最终共识，但协调贸易与环境保护之间关系已成为 WTO 面临的一项重要议题。

在贸易与环境保护的联系方面，WTO 认为，环境政策对贸易的影响和贸易对环境的影响等问题，早在 20 世纪 70 年代就已引起国际学术界重视。20 世纪 70 年代初，国际社会开始高度关注经济增长对社会发展以及环境产生的影响。各成员方达成的建立 WTO 的马拉喀什协定前言就着重强调了可持续发展对多边贸易体制的重要性。①

2001 年 11 月，WTO 多哈部长会议决定，在成员方之间启动与贸易和环境有关议题的谈判。该谈判在为此目的而成立的一个"贸易和环境委员会特别会议"（CTESS）的指导下进行。在多哈部长会议上，WTO 成员重申他们对健康以及环境保护的承诺，并同意开始新一轮贸易谈判中包括贸易与环境之间关系问题的谈判。除了启动新一轮谈判外，多哈部长会议宣言要求 WTO "贸易和环境委员会"（CTE）与贸易与发展委员会合作，在推动它的所有工作议题过程中应重点关注三个主要议题，三个主要议题分别是：

---

① WTO 成员认识到："在处理它们在贸易和经济领域的关系时，应以提高生活水平、保证充分就业、保证实际收入和有效需求的大幅增长以及扩大货物和服务的生产和贸易为目的，同时应依照可持续发展的目标，考虑对世界资源的最佳利用，寻求既维护和保护环境，又以与它们各自在不同经济发展水平的需要和关注相一致的方式，加强为此采取的措施。"

①环境措施对市场准入的影响以及多赢方式；②TRIPS 协定相关条款；③为环境目的实施的标签要求。

WTO 成员方普遍认为，环境和健康保护是合法的政策目标。然而，也应当承认为实现这些目标所设立的环境要求对国际贸易会产生负面影响。消除对市场准入担心的方案不是要弱化环境标准，而是要使出口商适应这些标准。

为了在确保市场准入和保护环境之间建立一种适当平衡，WTO 成员方认为，应考虑以具有下列特点的方式设计环境保护措施：①与 WTO 规则相符；②包容性；③考虑发展中成员能力；以及④满足进口国的合法目标。应当强调的是，作为减少负面贸易影响的一种方式，吸收发展中成员参与设计和完善环境措施是必要的。同样，对发展中成员来说，在国际标准制定早期阶段有效参与是十分重要的。

近些年来，随着环境问题的日益严峻，我国学者开始注重研究包括与贸易有关的环境法律问题在内的环境问题，发表了许多论文并出版了相关的著作，取得一定的研究成果。但总的来看，我国对 WTO 中的贸易与环境关系问题的研究起步相对较晚，主要是针对在实践中出现的问题进行相对单一的学术分析，跨学科的综合研究相对不足。虽然已经在各个相关学科取得很多成果，但是在理论上还需进一步深入，在实际中还缺乏可操作的协调环境与贸易之间关系的办法和有效运行机制。对中国环境与贸易今后的发展趋势和应对策略，大多也是针对某一或某几个问题提出相应对策，缺乏完整系统的发展战略，同时，对于国内贸易中的环境问题研究基本上处于空白状态。

WTO 体制下的贸易与环境关系问题的研究应以科学发展观为指导，以现代生态科学所提供的自然科学为前提，立足生态学与环境经济学、贸易学、国际法学等学科的交叉渗透融合，通过对国际贸易中环境问题的系统分析，以及对有关国家国内环境保护法规政策等的研读，从国际法学等角度对 GATT/WTO 多边体制环境问题的历史过程、基本特征、规则导向、司法实践等进行逻辑梳理和理论概括，重点揭示 WTO 体制下贸易与环境保护之间的关系、政策以及规则导向。在此基础上，探讨我国应当采取的立场，从整体系统观出发构建发展我国绿色贸易的战略对策。

本研究报告系中国社会科学院院级重大研究课题，历时三年。为完成本课题，课题负责人查阅了大量国内外最新研究资料，并于 2010 年赴瑞士苏黎世大学访学，与该校许多学者就此问题开展交流。访学期间，拜访了位于伯尔尼的著名的瑞士伯尔尼大学世界贸易研究所、位于洛桑大学的比较法研究所，与多位欧洲学者展开讨论；赴位于日内瓦的 WTO 总部，同 WTO "贸易和环境委员会" 相关官员举行座谈，获取有关贸易与环境问题的最新资料，了解并掌握多哈回合谈判关于贸易与环境谈判议题的最新动态，受益匪浅。这些基础性工作对于顺利完成本课题发挥了极有价值的作用。

除了出访期间与国外同行交流、向人请教、收集资料、获取第一手信息外，在本课题进行期间，课题组还多次召开座谈会，并在中国国际经济法学会年会、中国法学会 WTO 法分会年会以及各种学术谈论会参会期间，就相关问题与国内学术界同行开展交流，课题负责人先后在《法学研究》《法学杂志》《北方法学》等国内法学学术期刊以及新华社《经济参考报》等报纸上发表了数篇阶段性成果。在撰写最终研究报告过程中，又就多哈回合谈判中出现的一些问题与商务部条法司等代表我国参加多哈回合谈判的官员展开讨论。本着科学、严谨的态度，认真分析、研读国内外大量资料，归纳、总结从各方收集的信息、材料，展开深入的理论思考和对策研究，最终撰写了本研究报告。

尽管三年来课题负责人为完成本课题开展了大量基础性工作，并努力进行深层次的理论探索，但由于自身能力和水平有限，最终研究报告尚有诸多不能尽如人意之处，还望学术界各位同仁批评、指正。

目　录

第一章
贸易与环境问题产生的法理根源

第二次世界大战后，以关税及贸易总协定（GATT，后为世界贸易组织——WTO 所取代）法律制度、国际货币基金组织法律制度（《国际货币基金协定》，又称布雷顿森林体系）和世界银行法律制度（《国际复兴开发银行协定》）为核心的法律规则体系逐步构建了现代国际经济法的基本制度框架，① 以上述三大法律制度为基础发展起来的国际货物贸易、国际服务贸易、国际人员流动、国际资本流动及国际支付结算等方面的法律规则覆盖了国际经济关系的方方面面，成为国际经济法的主要内容和渊源。② 现代国际经济法的发展和成熟为第二次世界大战后世界经济与贸易的大发展做出了历史性贡献。

应当指出，以 GATT/WTO 法律制度、国际货币金融法律制度等为代表的国际经济法体系是建立在经济学原理基础之上的法律制度，贸易自由化理论、比较优势论、货币政策理论、外汇平衡理论等经济学理论成为第二次世界大战后国际经济法体系建立的理论基础和渊源。著名国际经济法学家彼德斯曼教授曾指出：现代国际经济法的特征"在于在相互支持的多边

---

① 关税及贸易总协定、国际货币基金协定与世界银行法律制度被公认为第二次世界大战后世界经济发展的三大经济支柱，参见姚梅镇主编《国际经济法概论》，武汉大学出版社，1999，第 622 页。

② 德国著名国际经济法学家彼德斯曼曾经对现代国际经济法规则进行分类，他指出："在国家、区域及世界范围内的跨国经济关系调整中，经常区分五种主要的国际经济交易范畴：a）国际货物流动（通常称为贸易）；b）国际服务流动（通常称为无形贸易）；c）国际人员流动（如工人的自由流动、自己经营的法人的设立自由）；d）国际资本流动，外国投资者对资本保留直接控制（直接投资，如建立企业）或者相反（证券组合投资，诸如证券购买、国际借贷和发展援助）；e）国际支付结算，涉及上述各种经济交易，通常包含外国货币的交换（外汇交易）。见〔德〕E. U. 彼德斯曼《国际经济法的宪法功能与宪法问题》，何志鹏等译，高等教育出版社，2004，第 35 页。

协定与普遍性的、各大陆之间的以及区域性的经济组织的框架中，通过对国际货币、金融与贸易关系实施刻意的调整和自由化"。① "国际货物、服务和资本交换要求这样一种程序，即允许私人与公共经济行为者对未来的经济交易和政府的经济干预形成合理的正确期待。"② 我国著名学者赵维田教授也曾经指出："与处理国家之间政治关系的传统国际法不同，包括 WTO 法在内的处理各国间经济关系的国际经济法，是以科学的经济理论为根据的。"③

国际经济法调整国际经济关系，国际形势的发展、变化势必反映到国际经济法之中。20 世纪 90 年代，东、西方冷战结束后，国际政治、经济领域发生了空前变化，各国间经济竞争取代意识形态和军事斗争，人权、环境等成为时代主题，这些变化冲击着现行国际经济法体制。以国际法 "宪政化" 为代表的新理论思潮对国际经济法的经济学基础提出挑战。当前，对于调整国际经济关系的国际经济法来说，人权保护、卫生健康、环境保护等非经济事务成为不可回避的问题。④

从理论上讲，这些非经济事务游离于国际经济法律制度原本依存的基本经济学原理，有时，甚至会走向这些经济学原理的对立面——例如，因人权保护、环境保护而采取贸易限制措施，这些措施本质上就是对贸易自由化的一种背离，笔者将这种现象概括为一种哲学上的异化动向或现象，这种异化无疑会导致现行国际经济法基本原则发生重大变革，应当予以高度重视和深入研究。GATT/WTO 法律制度是现代国际经济法中最为活跃、最具代表性的法律制度，美国著名国际经济法学家约翰·杰克逊教授曾指出："WTO 正是目前世界上关于国际经济法的实践和法理最为丰富的知识宝库，关于国际法的诸多挑战和批评，可以说都体现在 WTO 的实践和法理之中。"⑤

---

① 〔德〕E. U. 彼德斯曼：《国际经济法的宪法功能与宪法问题》，何志鹏等译，高等教育出版社，2004，第 69~70 页。

② 〔德〕E. U. 彼德斯曼：《国际经济法的宪法功能与宪法问题》，何志鹏等译，高等教育出版社，2004，第 89~90 页。

③ 赵维田：《世贸组织的法律制度》，吉林人民出版社，2000，第 1~2 页。

④ 用杰克逊教授的话说，人权、卫生健康、环境等是 WTO 面临的 "与经济关系较小而与各国的社会和文化关系联系较多的规范议题"，参见 John H. Jackson：*Sovereignty，the WTO，and Changing Fundamentals of International Law*，Cambridge University Press，2006，p. 243。

⑤ John H. Jackson：*Sovereignty，the WTO，and Changing Fundamentals of International Law*，Cambridge University Press，2006，p. 261.

从国际经济法发展的动向和趋势上讲，WTO 体制内产生的贸易与环境问题尽管有各种经济、政治、文化等因素的影响，但从法律角度分析，国际经济法异化是 WTO 体制下贸易与环境问题产生、发展并进一步融合的法理根源。

第一节　贸易自由化——GATT/WTO 法理之源

国际贸易法的实践证明，各种经济理论、学说以及各国采取的贸易政策对国际贸易法的产生和发展有重要的意义。作为国际经济法的重要组成部分，GATT/WTO 多边贸易体制的理论基础是以 18、19 世纪诞生的贸易自由和比较优势理论为基础的。[①] 其法律制度的理论完全根植于以贸易自由化为核心的经济学原理，最惠国待遇、国民待遇、透明度等 GATT/WTO 法律基本原则均源于相关经济学理论，都是一种法律抽象化的经济规律或规则。

在人类贸易史上，17 世纪以来，伴随着国家主义的兴起，在传统贸易兴盛地区的欧洲，主导国际贸易领域的是所谓的重商主义（Mercantilism），即把积攒金银作为本国财富的储备手段，在贸易政策上追逐的目标是奖励出口、限制进口以达到本国盈余，而贸易盈余和财富积累又是和国家的政治地位和权力紧密联系着的。正是在这个意义上，对外贸易从一开始就是本国外交政策和活动的一部分。"迄今许多国家的贸易政策依然没有完全走出这种重商主义的阴影。"[②] 直到 18 世纪后期，英国著名古典经济学家亚当·斯密在其名著《国富论》中才批驳了重商主义的谬误和愚蠢，指出："外国若能供给比我们制造者更廉价的货品，最好是购买他们的，作为我们自己行业生产的一部分。"为此，他大胆地主张：单方面地实行贸易自由化也是值得一国采取的获益政策，而不管别国采取什么样的贸易政策。斯密的这一主张现在看来都是很了不起的，彼德斯曼教授认为，斯密的伟大成就在于他科学地论证了以下结论：重商主义错误地说明了"国家财富"，并将会使有关国家陷于贫困而不是走向富裕……使一个国家富裕的并不是金

---

① 赵维田：《世贸组织的法律制度》，吉林人民出版社，2000，第 1~2 页。

② 赵维田：《世贸组织的法律制度》，吉林人民出版社，2000，第 2 页。

钱，而是生产资源的累积和有效率使用；后者是通过使一国公民的消费机会得以最大化的专业化和分工而实现的。贸易自由化跨越国界地扩大了分工，并从而允许了对国内资源的一种更有效率的使用。① 在经济学家们看来，斯密的贸易自由化理论对于国际贸易发展具有划时代的历史意义。

在斯密的贸易自由理论基础上，同为古典经济学家的大卫·李嘉图在19世纪初进一步创立了"比较优势"学说，该学说丰富和完善了贸易自由理论，使之更加令人信服。赵维田教授在阐述了"比较优势论"的基本原理后指出："李嘉图用他的比较优势原理暗示世人：在国际贸易中，一国可找出自己的优势最大或者比较劣势最小的产品，来做生产与出口；而进口自己不具优势或劣势最大的产品。李嘉图的比较优势学说，就其基本论点而言，今天依然是贸易自由化的理论基础。"②

尽管贸易自由化和比较优势论一经诞生就显示了其强大生命力，但在国际贸易领域，这一科学理论的发展并非一帆风顺，在与落后的"重商主义"的较量中曾数次败阵。特别是20世纪30年代资本主义经济危机爆发后，以美国为代表的西方各国"以邻为壑"保护主义政策泛滥，各国政府对外国商品纷纷"坚壁清野"，导致国际贸易几近窒息。经济学家们普遍认为，这种贸易政策的大倒退是导致第二次世界大战的重要原因之一。

在经历了惨痛历史教训后，人们才真正意识到贸易自由化和比较优势论的真正价值和伟大意义。亚当·斯密的贸易自由化理论以及大卫·李嘉图的比较优势论经历了国际贸易百年实践的检验和洗礼，终于成为第二次世界大战后国际经济秩序恢复与重建的基本指导思想，并且发展成 GATT/WTO 法律制度的建构基础和法理渊源。对于贸易自由化的历史地位及其对国际贸易的重要意义，彼德斯曼教授曾发出这样的感慨："今天，几乎没有任何经济政策能比贸易自由化的受期望性在经济学家以及事实上所有国家之间获得更大的共识：这个领域中的理性共识事实上是相当罕见的，至少在经济政策中的理性共识是如此；凯恩斯学派、货币主义者、所谓的供应学派，以及实际上所有其他的思想学派都就开放贸易的优点达成共识。在第二次世界大战以来的国家实践中，国际贸易的扩展和逐步自由化也已经

---

① 〔德〕E. U. 彼德斯曼：《国际经济法的宪法功能与宪法问题》，何志鹏等译，高等教育出版社，2004，第177页。

② 赵维田：《世贸组织的法律制度》，吉林人民出版社，2000，第3页。

成为许多国际协定以及联合国决议所规定的、受到普遍承认的政策目标。GATT 的前言宣称：贸易自由化和国际商务中歧视待遇的消除，能够在所有国家中实现一种更高的真实收入、更多的就业以及对资源的充分使用。尽管个人和国家来自贸易的收益有可能被不平等地分配，但每个贸易国都有可能通过依据其比较优势而参与对外贸易来改进其国内福利。"① 以上这段经典论述高度概括了贸易自由化理论在 GATT/WTO 法律制度中的指导性、基础性地位。

对于 WTO 体制奉行贸易自由化所取得的巨大成就，著名的研究报告《WTO 的未来》予以高度评价。以 GATT/WTO 原总干事彼得·萨瑟兰为代表的，由当今世界上颇为著名的经济学家、法学家组成的 WTO 专家咨询委员会应 WTO 之邀，曾于 2005 年年初发表了著名的《WTO 的未来》（十周年报告），该报告对 WTO 十年成就做出总结，并指出："在过去的几十年中，自由贸易已经成为加强全球化的一个关键因素，这一点无疑是正确的……最终，WTO 所展现的、用以解释日益增长的贸易自由化进程的基本原理已经认为贸易有助于繁荣。显然，只要贸易自由化被确定为是一项有益的政策，那么，致力于贸易自由化并作为其主要目标之一的 WTO 就会成为以提高全人类福利为目的而设计的国际性制度框架内的一部分。"②

随着时代的发展和变化，与传统国际贸易法以及当初的 GATT 体制相比，WTO 多边贸易体制的宗旨和目标更为广泛，但仍未能脱离贸易自由化这个核心，杰克逊教授曾经指出："我们可以看到 WTO 体系的主要目标有五个：维护和平、促进世界经济发展与福祉、保护环境以实现可持续发展、降低世界上最贫困地区的贫困程度、控制可能由于全球化和相互依赖程度提高而引发的经济危机。WTO 特别强调促进世界经济福祉这一目标，那么这个特殊目标究竟意味着什么？一般说来，绝大多数专家都倾向于接受自由市场的价值理念……"③

---

① 〔德〕E. U. 彼德斯曼：《国际经济法的宪法功能与宪法问题》，何志鹏等译，高等教育出版社，2004，第 146 页。
② 〔英〕彼得·萨瑟兰等：《WTO 的未来》，刘敬东等译，中国财政经济出版社，2005，第 3 页。
③ John H. Jackson：*Sovereignty, the WTO, and Changing Fundamentals of International Law*, Cambridge University Press, 2006, p. 86.

　　贸易自由化理论的巨大价值不仅体现在国际贸易大发展的非凡成就之中，以贸易自由化为指导思想建立的 GATT/WTO 多边贸易法律制度更是成为现代国际法领域的一朵奇葩，由这一理论演化、提炼而来的最惠国待遇、国民待遇等法律原则已成为现代国际贸易法律制度的核心原则。

　　最惠国待遇原则是 GATT/WTO 法律制度的基石，这一原则就源于自由竞争、自由贸易的经济学原理，赵维田教授在探究了最惠国待遇法律原则的历史后指出："最惠国待遇在其长期发展历史上几度兴衰的事实，向人们揭示了一条真理：这条国际法规则确有它产生的经济基础和存在的客观需要，自有它在国际经济学上的合理价值和理论依据……共同遵守市场机制，公平竞争，机会均等，把对国际市场的人为干扰或扭曲减至大家都可接受的最低限度。这正是最惠国真谛所在。"① 源于贸易自由化的最惠国待遇法律原则反过来成为推动贸易自由的有力工具，"最惠国与 WTO 追求的贸易自由化目标可以称得上珠联璧合，相得益彰"。② 国际经济法学界认为，由市场自由、贸易自由等经济学原理衍生出的最惠国待遇法律原则已成为 GATT/WTO 法律体制最为基础性的法律原则。失去这一原则，多边贸易法律制度则无从谈起。

　　GATT/WTO 法律制度中的另一重要原则——国民待遇原则也同样源于贸易自由化理论，与最惠国待遇目标相同，都是为实现贸易自由、减少市场扭曲、推动货物与服务自由流通，两者是国际贸易中平等和不歧视原则缺一不可的两翼。德国学者施托尔指出："国民待遇通过禁止因产品和服务源自外国而遭受较低待遇，要求成员的国内市场在某种程度上实施非民族化。"③ 从经济学原理上讲，国民待遇原则保证了国内市场中内、外商业主体之间的竞争平等关系，防止出现保护主义。对于这个道理，WTO 上诉机构曾在"日本——关于含酒精饮料征税案"中明确地加以说明，它指出："GATT 第 3 条（指规定国民待遇的条款。——作者注）旨在确保成员不对进口到国内的产品及本国产品采取上述措施，从而避免对本国产品提供保护。"上诉机构认为，为了达到这个目的，第 3 条要求 WTO 成员对进口产

---

①　赵维田：《世贸组织的法律制度》，吉林人民出版社，2000，第 54～55 页。

②　赵维田：《世贸组织的法律制度》，吉林人民出版社，2000，第 75 页。

③　〔德〕彼得 - 托比亚斯·施托尔等：《世界贸易制度和世界贸易法》，南京大学中德法学研究所译，法律出版社，2004，第 57 页。

品提供与本国产品平等的竞争环境。"第 3 条保护的不是贸易成员对于特定贸易额的期待，而是保证进口产品与本国产品之间的平等竞争关系。"① 可见，国民待遇原则要求的是一种市场经济中竞争关系的平等，而这种平等的竞争关系是市场经济的基础。

在最惠国待遇、国民待遇法律原则指导下，WTO 货物贸易、服务贸易、知识产权保护、争端解决机制等各项法律制度得以建立和完善，有力地维护了 GATT/WTO 多边贸易体制的稳定性和可预见性，极大地推动了国际贸易的发展和繁荣。总之，为保证贸易自由化的成功运行，以贸易自由化作为基本指导思想的 GATT/WTO 体制构建了一整套指导和规范国际贸易活动的法律制度，使之成为现代国际法中发展最快、最富活力的门类。②

第二节　国际法"宪政化"——异化的动向③

人类进入 21 世纪后，国际形势的巨变促使西方学者重新审视和思考 GATT/WTO 法律制度的经济学原理，开始对贸易自由化理论提出挑战，这种挑战不是想推翻这一理论，而是认为仅有经济学原理作为多边贸易体制的基础已远远不够，人权、环境等时代主题应当成为国际贸易法新的指导思想，必须予以贯彻和执行。这种新理论思潮总体表现为：通过对 GATT/WTO 贸易法律理论体系的异化来实现现代国际法追求的价值和目标。其中，

---

① WT/DS8/AB/R，WT/DS10/AB/R，WT/DASS/AB/R（196/10/04），para109，etc.．
② 赵维田：《世贸组织的法律制度》，吉林人民出版社，2000，第 12 页。
③ 在这里，"异化"主要指汉语原意，即转让、疏远、脱离之义，与哲学中的"异化"理论有所区别。在课题评审会上，一些专家对"异化"一词提出质疑，建议改为"变化"、"革新"或"转变"等中性词。"异化"（alienation）作为哲学概念，它所反映的实质内容，不同历史时期的学者有不同的解释。从马克思主义观点看，异化作为社会现象同阶级一起产生，是人的物质生产与精神生产及其产品变成异己力量，反过来统治人的一种社会现象。私有制是异化的主要根源，社会分工固定化是它的最终根源。异化概念所反映的，是人们的生产活动及其产品与人类自身的特殊性质和特殊关系。在异化活动中，人的能动性丧失了，被异己的物质力量或精神力量奴役，从而使人的个性不能全面发展，只能片面发展，甚至畸形发展。笔者在理解了以上哲学含义后，感觉哲学上的"异化"也含有对原有主体"控制""反客为主"的含义，故未修改这样的用词。当然，用"异化"一词来形容当前国际经济法理论的深刻变化是否得当，还有待学界同行深入研究。

最具代表性的是国际法"宪政化"理论，该理论对 GATT/WTO 法律制度乃至整个国际经济法律体系的理论基础提出挑战，力图用一套以民主、人权为核心的宪政理论取代原有的经济学原理，从而完成对 GATT/WTO 多边贸易体制理论的修正。

"宪政化"理论的代表人物彼得斯曼教授认为，与冷战前相比，当代国际法的主题已经发生变化，国家主权和国家同意的概念已经弱化，而尊重人权则成为国际法的最高宗旨和原则。他指出："从威斯特伐利亚和平公约（1648 年）开始到东西方冷战结束之间，国际法理论关注于主权和国家同意以及国际法律社会的政府间宪法。今天，世界范围内承认——在许多世界的、地区性的人权条约以及其他人权文件中——'固有的尊严以及平等这些不可剥夺的人类所有人的权利成为自由、公正和世界和平的基础'，要求将国际法、公共政策以及'公正'建立在'规范的个人主义'基础上，即'所有人生而自由并享有尊严和权利平等'（人权宣言第一条）。同时，在国际经济法中，价值及政策必须通过个人同意、平等权利和民主程序合法化，而不是仅通过'商人的哲学'将个人和社会'用途'建立于衡量金钱的杠杆以及抽象的'财富'概念和'经济效率'的概念之上。"①

根据这样的思想，彼得斯曼教授认为，国际经济法应当确立人权和民主程序，并将其作为国际经济法宪政化的指导原则。他指出："在全球走向融合的当代世界，有超过 60 亿人口和近 200 个国家为稀缺的商品、服务和资本开展竞争。利益之间的矛盾在法律上和经济上是不可避免的且普遍存在的。从人权角度看，'国际正义'首先是指以人权和民主程序判断（资源）分配和保护平等的基本权利，以及为个人自我发展所必需的、作为社会人道德上的和合理地自治之目的的稀缺资源分配。"② 在彼得斯曼看来，国际正义的内涵已经发生变化，"正义正变成是一个普遍的、'不可剥夺的'人权、民主管理以及能授权和保护跨境的个人和民主自我发展的有效的国内、国际宪法"。③

---

① Ernst – Ulrich Petersmanm：*Theories of Justice，Human Rights and the Constitution of the International Markets*，2003，printed in Italy in Dec. 2003，European University Institute，pp. 2 – 3.

② Ernst – Ulrich Petersmanm：*Theories of Justice，Human Rights and the Constitution of the International Markets*，2003，printed in Italy in Dec. 2003，European University Institute，p. 3.

③ Ernst – Ulrich Petersmanm：*Theories of Justice，Human Rights and the Constitution of the International Markets*，2003，printed in Italy in Dec. 2003，European University Institute，p. 6.

按照彼氏的"宪政化"理论，包括国际经济法在内的国际法体制应当遵循三个基本原则：①平等、自由以及其他个人基本权利的公正分配以便保证"人的尊严"和自由人之间和平合作的原则和规则；②通过个人竞争以及政府对"市场失败"的修正实施的对稀缺资源公正分配的原则和规则；③保护普通公民利益免受"政府失败"影响的公正的宪法性程序的原则和规则。

在国际经济法的宪政化方面，彼得斯曼教授认为：保护人权的基本原则对于国内法和国际法限制"市场失败"以及经济领域限制"政府失败"的功能要求并不少于"政治领域"。[①] 对于WTO法律制度而言，在彼得斯曼教授看来，1994年建立WTO协定就包括了现代国际法中的四个方面宪法性因素：①它建立了立法和执行权在一个相互依存的"监督和平衡"法律框架中相互作用的国际组织；②一旦建立WTO协定与附件中的大量多边贸易协定相冲突，"本协定条款优先适用"（第16.3条）；③WTO实质性的贸易自由化保证、非歧视竞争条件、法治以及借助于"法院"（指专家组和上诉机构。——作者注）形成了不仅在跨国关系中，也在彼此竞争的生产商、投资者、商人、消费者之间以及代表他们的各自政府间的"世界性"关系中保护自由、非歧视、法治以及借助"法院"；④WTO争端解决机制的强制管辖已解决了几百个WTO争端，并且澄清、发展了WTO规则，因而极大地扩展了法律安全和跨境法治。[②] 据此，彼得斯曼教授认为，WTO法特别是建立WTO的马拉喀什协定代表了国际经济法的宪政化趋势。但他同时指出，人权在"WTO宪法"中没有提到，迄今为止，WTO争端解决机制做出的法律裁决也未能提到，在他看来，这是不符合上述"国际正义"原则的。

彼得斯曼教授还以欧盟法律体系为例，强调以尊重人权、社会正义为基本原则的欧盟条约是一部"条约宪法"，值得借鉴，他指出："在欧盟，从局部的'煤钢联盟'发展而成的进步性变革到一个关税同盟、货币同盟和执行'共同外交、安全政策的'政治联盟是具有民主性的，对于国家议会、公民和国内宪法法院（比如德国）是可接受的，仅仅因为欧盟条约同时转型为旨在保护人权、民主、和平、'联盟公民'、社会正义和欧盟内部

---

① Ernst - Ulrich Petersmanm：*Theories of Justice*，*Human Rights and the Constitution of the International Markets*，2003，printed in Italy in Dec. 2003，European University Institute，p. 13.

② Ernst - Ulrich Petersmanm：*Theories of Justice*，*Human Rights and the Constitution of the International Markets*，2003，printed in Italy in Dec. 2003，European University Institute，pp. 15 - 16.

法治的司法审查的一个'条约宪法'。"① 而反观国际上的经济性条约，在保护人权这一点上，这些条约与欧盟条约相去甚远，原因在于长期以来经济学家和经济法专家并未完全理解尊重和保护人权的方法，同时，人权专家又主要关注民主、公民和政治权利等"政治市场"，而对于"经济市场"中的人权保护则往往忽视。

彼得斯曼教授提出，包括 GATT/WTO 法律制度在内的国际经济法体系应当建立起尊重人权的法律原则。在他看来，人权原则可以发挥如下作用。②

（1）作为减少知识有限问题的人权。他认为，由于个人的知识有限，那么，信息传播就很重要，尤其是对于经济领域。因此，言论自由、商业信息自由等对于商品和服务的市场化就至关重要。

（2）作为劳动相互分工的刺激性人权。彼得斯曼认为，经济交易是建立在自由买卖的实践和财产权交换基础之上的，而财产权和契约自由等人权则对劳动分工形成了刺激，而且对于个人的发展是必需的权利，但平等权则要求人们考虑他人利益、尊重法治以及和平解决争端。

（3）作为防止冲突机制的人权。彼得斯曼教授认为，在经济领域，利益冲突不可避免，但基于平等的自由权（如契约自由）和其他人权（如寻求司法保护）就可避免冲突。他认为，通过保护个人价值的多样性，并且避免大多数人将他们的价值特权给予少数人，人权促进了和平共存、容忍和科学进步。有效的人权保护不可避免地产生信息市场、经济市场、政治市场，以及作为一种以尊重个人自由和责任、促进有关价值和按照消费者需求配置资源等评判稀缺资源分配方式的"法律市场"。

（4）作为针对"市场失败"的补贴以及分配性救济的人权。他认为，尊重人权原则可以对那些在市场竞争中的"失败者"提供救济。"人权——通过对诸如'外部效果'、'信息的不对称'和'社会非正义'的'市场失败'提供格外的保护——补充了'社会市场经济'的目标。"③

（5）作为非集中解决争端和执行机制的人权。他认为，人权可以促进利

---

① Ernst – Ulrich Petersmanm：*Theories of Justice*，*Human Rights and the Constitution of the International Markets*，2003，printed in Italy in Dec. 2003，European University Institute，p. 24.

② Ernst – Ulrich Petersmanm：*Theories of Justice*，*Human Rights and the Constitution of the International Markets*，2003，printed in Italy in Dec. 2003，European University Institute，pp. 25 – 29.

③ Ernst – Ulrich Petersmanm：*Theories of Justice*，*Human Rights and the Constitution of the International Markets*，2003，printed in Italy in Dec. 2003，European University Institute，p. 28.

益冲突的化解，将这种冲突转化为互惠性的合作，促进一个"自我执行的宪法"，而且人权原则要求立法、行政和司法规范、保护和平衡人权，推动一个生动的"人权文化"和随着形势变化而不断调整的现有法律和"正义"。

（6）作为民主法治资源的人权。彼得斯曼教授认为，人权能够教育人民如何实现个人和民主自治政府跨境互惠的合作，同时避免与他国的独立行动相冲突。

在彼得斯曼教授看来，人权在经济领域的上述功能对于国际经济法体系来讲是至关重要的，其核心在于人权可以弥补市场竞争带来的缺陷、保护大多数人利益。实际上，彼氏的这一观点是建立在经济市场本身无法调整自身利益冲突、保护市场中的弱者这一基础上的。除了列举出的人权原则的功能以外，彼得斯曼教授还提出人权是"最佳市场干预"经济政策中的"最佳政策工具"。最佳干预经济理论主张：政府应当通过分析"最佳干预"问题产生的根源（比如，禁止卡特尔以及其他滥用经济权利的规则），在不减少非歧视竞争的社会效果以及未阻止公民参与跨境互惠贸易的情况下，修正"市场失败"。而人权可以为政府对经济市场的最佳干预提供"最佳政策工具"①。

总之，根据以上理论，彼得斯曼教授认为"市场经济"需要人权原则的指导，人权要求一个"社会市场经济"，而协调人权与市场竞争的方法具有多样性，但他所强调的"社会市场经济"的核心目标在于，政府应当保护"市场游戏中的失败者"，并为他们提供享有人权所必需的食品和服务。

从以上国际法"宪政化"的主要观点中可以看出，宪政化的核心在于：将尊重和保护人权确立为包括 GATT/WTO 在内的国际经济法的根本原则。在他们看来，这是社会正义的要求和基本原则，包括 GATT/WTO 在内的国际经济法应当予以贯彻和执行，应确立尊重和保护人权的法律原则，这是新的国际正义对国际经济法的时代要求。

在"宪政化"理论思潮中，另一位著名学者杰克逊教授对国际经济法的"宪政化"理论做出回应，相对于彼得斯曼教授着重于民主、人权等国内宪法因素的国际化理论，杰克逊教授更加强调的是国际经济法"宪政化"进程对传统的国家主权、国家同意等原则的背离和替代。此外，杰克逊教授认为，在构建国际经济法宪法体制时，为了确保 WTO 的民主化，还应当

---

① Ernst - Ulrich Petersmanm：*Theories of Justice*, *Human Rights and the Constitution of the International Markets*, 2003, printed in Italy in Dec. 2003, European University Institute, p. 30.

建立"制衡原则"。

在杰克逊教授看来,"宪政化"趋势就是对国际经济法基本原则的一种修正,他指出:"就国际法和国际组织法而言,宪法主义这一用语具有非常重要的意义……这一用语可以象征和支持一种旨在'重新设计'(redesigning)国际法(其中包括国际经济法和国际组织法)基本原则的总体方法。"① 杰克逊教授认为,"宪政化"对于国际经济法基本原则的"重新设计"适应了时代变革的需要,归根到底是对国家中国家主权、国家同意等传统概念的背弃和替代。他指出:"宪法主义是一种旨在催生应对困扰目前整个国际体制现行形态和挑战的替换制度或待用制度的一种好方法。如果其演变能够建立在细致思考和讨论的基础上,再辅之以最终将推广为普遍做法的实证实验,那么'宪法主义'不仅将代替问题百出的'主权'概念及其同类概念,如麻烦不断的关于国际规范制定的'国家同意'理论,而且将替代国家平等概念引发的两难境地。"②

与彼得斯曼教授更加关注"宪政化"民主、人权原则的功能和意义不同,杰克逊教授在强调国际经济法"宪政化"修正功能的同时,主张应在"宪政化"过程中增加"制衡原则",旨在使国际经济法体系能够体现民主原则,并对付所谓的"流氓国家"对制定国际法规范的干扰。他指出:"在这些'立宪主义'的发展过程中,需要我们予以格外关注的是承认以下事实,即各种国际组织也会由于腐败、低效或不适当的精英阶层特权或豁免而陷入歧途或犯错误。正因为如此,在构建国际宪法体制时,应当将制衡原则嵌入其中……考虑到当今日益全球化的世界中许多国际规范对于不同的参与者和个体公民均会产生重要影响,此种要求(指纳入'制衡原则'——笔者注)有助于在国际规范制定过程中捍卫民主原则。关于这其中的一些事项的另一种思维方法是对流氓国际组织和流氓国家表示担忧。"③

概括地说,从国际法"宪政化"理论的代表性观点中可以看出,它们

① John H. Jackson: *Sovereignty, the WTO, and Changing Fundamentals of International Law*, Cambridge University Press, 2006, p. 224.

② John H. Jackson: *Sovereignty, the WTO, and Changing Fundamentals of International Law*, Cambridge University Press, 2006, p. 225.

③ John H. Jackson: *Sovereignty, the WTO, and Changing Fundamentals of International Law*, Cambridge University Press, 2006, pp. 226 – 227.

主张 GATT/WTO 体制需要改造，而改造的核心在于：修正主权国家基于贸易自由化理论而设计的多边贸易体制，将民主、人权等原本属于国内宪法的原则引入 GATT/WTO 体制。

笔者认为，无论是彼得斯曼教极力提倡的、以民主和人权为核心的"宪政化"理论，还是杰克逊教授所强调的、替代传统国际法概念并纳入"制衡原则"的"宪政化"思想，国际经济法"宪政化"思潮本身就是对国际经济法原有的、以经济学理论为基础的根本原则的直接冲击和挑战。对于 GATT/WTO 法律制度来讲，这一理论的核心目标就是：以国内宪法中的民主、人权原则规范和要求 GATT/WTO 体制运行，以人权原则和标准来衡量、指导贸易行为和贸易关系，其根本目的是修正源于市场经济、贸易自由等经济学原理的 GATT/WTO 法律原则，在多边贸易体制中，确立高于贸易自由化原则的人权原则指导思想。

从哲学意义上讲，上述"宪政化"理论显然是对 GATT/WTO 法律理论的一种异化。对于这种异化理论和现象，尽管 WTO 至今保持了一种相对保守的态度，但在"宪政化"理论支持者的极力推动下，人权、劳动、环境、卫生、健康等非贸易事务成为 WTO 不得不关注的热点。与此同时，受这一思潮影响，人们对于 WTO 现行体制的批评和指责异常激烈。在这种背景下，人们普遍关注，GATT/WTO 体制——这一给人类带来巨大繁荣的成功体制，未来将走向何方？

第三节　GATT/WTO 异化思潮的实践动向

20 世纪末 21 世纪初，以"宪政化"为代表的异化思潮对于 GATT/WTO 多边贸易体制的冲击远远超出理论范围，已经渗透到多边贸易领域的实践以及司法体制中。最为典型的就是 WTO"西雅图会议"期间爆发了针对 WTO 体制的游行示威，对 WTO 理论和实践提出了广泛质疑和尖锐批判。

1999 年，WTO 在西雅图召开的部长会议经历了自成立以来最为严重的抗议事件，震惊世界。这一事件充分表明，国际经济法的异化现象已经产生具体的实践反应。"虽然 1999 年在西雅图召开的部长会议解决了发起新一轮谈判的问题，但其所建议的议程范围存在着严重的分歧，而且充斥着对于 WTO 的某些事务，如环境问题与劳工问题的激烈的、尖锐的甚至是暴力性的批评。"①

对于西雅图事件的背景以及影响，许多国际法学者都做了深刻的分析，大都认为该事件将对 WTO 多边贸易体制产生深远影响。英国学者哈里森（James Harrison）认为："国际贸易事务以及它影响我们赖以生存的社会的方式，特别是在过去几十年中已引发公众和政治家们的关注。1999 年西雅图会议反全球化的抗议活动，（预示着）WTO 作为政府间国际组织的地位正经受着广泛地审视。西雅图的抗议者代表了超常的不同利益——从美国的货车司机到钢铁工人、再到小农场主和农场工人，他们来自发达国家和发展中国家；从环境保护主义者和人权分子到主要的宗教代表，还有当选的政府官员以及来自各国的相关人士。常常会有人评论说，这些团体是以他们共同的反 WTO 立场取得团结，而不是基于共同的思想。然而，尽管缺少明确的证据，但是这些抗议被认为是在会议上造成贸易谈判破裂的显著因素。"②

西雅图会议期间爆发的严重事件表明，国际上对于 WTO 多边体制已存在诸多不满，原因是多方面的，但以"宪政化"为代表的理论思潮影响不可小视。不可否认，近些年来，西方学者所极力推崇的，以民主、人权为核心的国际经济法"宪政化"思潮所形成的异化动向对人们的意识产生了深刻影响，这是此次大规模抗议活动爆发的深层次原因。有学者指出，该事件爆发的一个重要原因是：WTO 对于所谓"社会正义"事务的忽视。这里的"社会正义"事务主要就是指人权、劳动权等具有广泛社会影响的权利事务。哈里森认为："这些西雅图不同利益集团代表的是社会对全球化的广泛关注，以及贸易领域中 WTO 及其成员在创制贸易法律规则时的作用。抗议者的共同关注实质上是 WTO 作为决定贸易法规则、对'社会正义'具有广泛影响的论坛。不论不同的抗议集团的每一个诉求是否合理，其是否被正确地组织、指导，他们吸引公众眼球的主张是：大量的与国际贸易规则有关的社会正义事务未被列入 WTO 工作内容。"③

西雅图会议期间抗议的内容十分广泛，环境问题、人权问题、工人失

① John H. Jackson: *Sovereignty, the WTO and Changing Fundamentals of International Law*, Cambridge University Press, 2006, p. 130.

② James Harrison: *The Human Rights Impact of the World Trade Organization*, Oxford and Portland, Oregon, Hart Publishing, p. 4.

③ James Harrison: *The Human Rights Impact of the World Trade Organization*, Oxford and Portland, Oregon, Hart Publishing, p. 5.

业、社会福利降低等都成为反对全球化的理由，而抗议者对于 WTO 在全球化进程所带来的上述严重问题置之不理的消极态度表示非常不满。事实上，除了 WTO "西雅图会议" 引发了对 WTO 理论和实践的质疑和批判外，受"宪政化" 思潮影响，联合国等国际组织开始对 GATT/WTO 体制的理论基础和法律制度进行检讨，联合国人权事务高级专员办公室自 2001 年起连续发表关于 WTO 体制与人权之间关系的研究报告，系统地提出修正 WTO 体制和规则的建议，在国际上产生了广泛影响，对 WTO 体制本身造成冲击。

在分析、考察了 WTO 的理论与法律体制后，联合国人权事务高级专员办公室报告指出，WTO 贸易法体制与人权法制度的基本不同之处在于：前者的目的在于贸易自由化并致力实现商业目标，而后者则关注国际贸易自由化对于人权的社会影响，这种差别无疑会对人权保护造成威胁。

报告认为："尽管 WTO 协定为贸易自由化的经济方面提供了一个法律框架，但它们集中于商业目标，而人权标准则为贸易自由化所产生的社会影响提供了制定一个法律框架的方式。"① 报告指出，由于法律体制的基本目的不同，尽管 WTO 协定的总体目标是为了增加社会财富、促进人民生活水平，但从人权法角度看，WTO 协定中也存在着来自国际贸易法规则的、纯粹商业化运作方式对人权的潜在威胁。例如，在 TRIPS 的评论中，它着重分析了专利权保护对于发展中国家获得基本药物权利的威胁，指出问题在于 TRIPS 推行的专利权保护体制是否能鼓励为世界大多数穷人易患疾病的投资。TRIPS 对于这个问题的积极作用有限，它的完全商业化运作的方式对于公共医疗的负面影响是明显的：世界药品生产和流通主要被一些大的医药公司集团控制，它们的主要目的在于追求所生产药品的利益最大化。研究表明，近些年来，作为药品专利权保护的结果，穷国和穷人越来越买不起治疗疾病的基本药物。② 报告援引世界卫生组织的结论说："知识产权保护的商业动机意味着（对药品的研发）导向首先和最为重要的是针对那些'有利可图'的疾病，而针对主要影响穷国的疾病研究——特别是肺结核和疟疾——一直处于较低的研发水平。"③

上述报告对 WTO《农业协定》的研究也得出了类似的结论，即农产品

---

① OHCHR, Report on GATS, para. 10.
② OHCHR, Report on TRIPS, para. 38 – 39.
③ OHCHR, Report on TRIPS, para. 38 – 39.

贸易自由化体制强调的依然是商业目的，自由化导致的与外国农产品之间的竞争虽然可使农产品价格下降，但其负面影响不可忽视。报告援引世界粮农组织的研究成果，该组织对 14 个发展中国家实施《农业协定》的效果进行了针对性研究后指出："作为竞争压力的结果，农场之间的联合产生了随后的贸易自由化。然而，尽管这有助于农业生产力和竞争力的提高，但它也导致农场工人被取代和边缘化，在缺乏社会安全保障网的情况下，这一结果对于小农场主和缺少食品的人群来说是非常痛苦的。"①

对于 WTO 的法律体制，报告专门分析了 WTO 法律制度中的"非歧视"原则。包括最惠国待遇原则和国民待遇原则在内的"非歧视"原则产生于贸易自由化经济学基本原理，是 WTO 法律制度的基石，是贯穿 WTO 全部协定的基本法律原则，这一原则的核心要求是：WTO 成员方应为所有的市场参与者提供平等的竞争机会。但与以上要求不同，国际人权法强调促进、保护人权，特别是对那些处于弱势的人群更应当加以保护，虽然人权法也奉行人人平等的原则，但其内涵和要求与 WTO 法律制度完全不同。哈里森指出："贸易法中的非歧视原则是指本国国民与非本国国民之间的不歧视，而且应在市场准入方面同等对待以消除不必要的贸易壁垒。人权法中的不歧视要求的是达到'所有人的正义和平等，而不论他的地位如何'，它并不要求所有情况的平等对待，相反的是它要求对弱者采取促进、保护人权的实际行动。"② 简单地讲就是，WTO"非歧视"原则要求的平等旨在实现公平竞争的机会，而人权法中的平等旨在实现所有人的平等，因而强调对于弱势群体权利的保护。这种法律上的不同要求就有可能使二者产生冲突，例如，GATS 中的"非歧视"原则可能影响政府对诸如教育、医疗、供水等基础服务设施的补贴和优惠政策，因为这种补贴和优惠如果没有提供给外国服务提供者的话，则违反了"非歧视"原则。

上述研究报告一经公布，就在国际上引起了很大反响。与前述"宪政化"理论相比，这一报告并未完全否定 WTO 自由贸易体制对人权的积极作用，而是对 WTO 体制在促进和改善人权方面所起到的积极作用给予了客观

① OHCHR, Report on AOA.
② James Harrison：*The Human Rights Impact of the World Trade Organization*, Oxford and Portland, Oregon, Hart Publishing, p. 141.

评价，报告同时指出，WTO 体制自身存在能够协调贸易法规则与人权法之间可能冲突的机制。尽管这些积极评价一定程度扭转了来自人权领域和劳动权组织对 WTO 不重视人权甚至损害人权的指责而造成的被动局面，但上述报告的公布并未改变"宪政化"思潮支持者的态度和立场。恰恰相反，他们认为，这一报告恰恰说明 WTO 现行体制应当做出有利于人权保护的彻底修正，哈里森教授就认为联合国人权事务高级专员办公室提出的、试图运用 WTO 现有机制解决问题的建议并不合理，他认为："从人权角度看，该报告指出（WTO）缺乏对于协定条款倾向于人权功能予以解释的指导原则。所有潜在地能够提供人权与自由贸易平衡机会的条款都不是协定的核心条款，而且缺乏明确性以及执行力。例如，一般例外不是协定的核心，只是一种正常规则的'例外'，这会导致在人权应当得到享有时却得不到足够重视……同样的问题存在于以一种促进、保护人权的方式解释 WTO 协定主要条款的努力中。对于如何解释可能产生不同理解的主要条款缺乏指导，有的解释可能促进、保护人权，而其他解释则可能产生阻止保护人权的方法。例如，许多人主张对'Like product（同类产品或相似产品）'在 GATT 中的解释可以依据人权理由因素，但这个解释方法不是基于现实 GATT 司法对人权事务的直接处理、分析，而且预测人权事务未来将如何被对待是困难的，没有人能保证未来的专家组就一定会遵从这一方法。'相似的'服务（如何理解）也受到与 GATT 之下的'Like'一样的关切。"①

不仅对于 WTO 能否按照人权方式解释相关条款和运用一般例外条款促进、保护人权存有顾虑，哈里森教授对于 WTO 体制中有关发展中国家特殊和差别待遇条款的软弱无力也提出质疑，认为这将严重影响发展中国家人权保护，他指出："许多特殊和差别待遇条款（用词）是'尽最大努力'，而这样的承诺并不具有可执行性。例如，马拉喀什协定已被联合国贸易和发展会议（以及其他的人权组织）批评，因为这个协定对于它规定的（给予发展中国家的）援助措施缺乏可操作的机制。同样的，对《农业协定》的研究报告指出该协定前言包含了提高发展中国家产品市场准入的内容，但未落实以何种方法达到这个目标。当前，农产品贸易自由化的失败正威胁整个多哈回合谈判，而且自由化进程的主要障碍是关税以

---

① James Harrison: *The Human Rights Impact of the World Trade Organization*, Oxford and Portland, Oregon, Hart Publishing, pp. 145 – 146.

及发达国家提供给农民的补贴问题。因此，人们将观察诸如'提高发展中国家产品市场准入'这类的一般性目标能否有贯彻人权功能的表现，然而，在缺乏任何执行机制的情形下，（一般性原则）事实上是没有实质意义的。"[1] 可见，在支持"宪政化"理论的学者看来，报告中提出的 WTO 规则与人权法之间的冲突只能通过确立保护人权原则、修正 WTO 体制的方式来实现，而报告建议的利用 WTO 现行体制或机制解决冲突的方法并不可行。

受"宪政化"思潮影响，除了联合国人权事务高级专员办公室发表的上述报告外，其他国际组织，如经合组织（OECD）也曾经就 WTO 法与人权保护问题做过专门研究，主张 WTO 应当在六个方面贯彻人权保护原则，或者说，WTO 应从这六个领域寻求保护人权贸易措施的合法性基础，这六个方面是：①倾销规则和"社会倾销"待遇，②与补贴相关的规则以及"社会补贴"问题，③GATT1994 中的例外条款，特别是第 20 条，④基于 GATT1994 第 23 条的争端解决机制，⑤GATT1947 的反对条款，⑥WTO 协定中建立的贸易政策审议机制。除这六项外，还可以加上建立 WTO 协定中的豁免、保障措施和技术贸易壁垒等规则，用来贯彻保护人权原则。[2] 从这些建议的内容可以看出，要想实现这些目标，必须对 WTO 现行法律制度和规则进行大规模修正。

第四节　环境保护与贸易自由化的冲突

除了以上的人权问题以外，在另一个时代主题——环境保护方面，GATT/WTO 的贸易自由化政策以及法律体制也遭到质疑和批评。随着国际环境问题与贸易关系的日益密切，建立环境保护原则和规则成为 GATT/WTO 体制另一个异化的实践动向。

学者们认为，尽管 WTO 争端解决机构已通过运用 GATT1994 第 20 条

---

[1]　James Harrison：*The Human Rights Impact of the World Trade Organization*，Oxford and Portland，Oregon，Hart Publishing，p. 146.

[2]　Anthony E. Cassinatis：*Human Rights Related Trade Measures Under International Law：the Legality of Trade Measures Imported in Response to Violations of Human Rights Obligations Under General International Law*，Martinus Nijhoff Publishers，Leiden，Boston，2007，p. 117.

"一般例外"条款、以司法裁决的形式发出了向环境保护政策倾斜的明确信号,[①] 但至今 WTO 法律体制中尚无专门的贸易与环境保护协定以及相关规则。令人颇为关注的是：如何协调自由贸易政策与环境保护政策之间的关系？如何在保护环境与贸易保护主义之间划出一条法律界限、防止以环境保护之名行贸易保护主义之实？这些问题无疑都涉及 GATT/WTO 体制中的根本性问题。但在这些问题上,1994 年乌拉圭回合谈判即将结束之际成立的 WTO 贸易和环境委员会至今并未取得实质性进展,"贸易和环境委员会没有做出任何关于如何协调贸易与环境利益的具体决议,在最发达成员方和大多数发展中成员之间仍然存在着鸿沟。经济发达成员比如欧盟和美国认为应当在贸易协定中更明确地保障环境利益,而发展中成员则认为这是对它们本国产品的歧视"。[②] 在这种情况下,由于不满 WTO 环境政策和法律规则的滞后,以美国为代表的发达国家已开始采取"碳关税"等 GATT/WTO 现行体制之外的单方措施,这一举动势必对 WTO 现行体制形成严重挑战和冲击。

2009 年 6 月 22 日,美国众议院通过《清洁能源和安全法案》,该法案引入"边境调节税"特别关税条款,即所谓的"碳关税"条款,更是将贸易自由化与环境保护的关系问题推向风口浪尖。所谓"碳关税"是针对进口的二氧化碳排放密集型产品,如铝制品、钢铁、水泥以及化工产品征收的普遍性关税。美国 2009 年《清洁能源和安全法案》规定,美国 2012 年的温室气体排放量要在 2005 年的基础上减少 3%,到 2020 年减少 17%,到 2050 年减少 83%。特别引人注目的是,"碳关税"条款规定：美国将在 2020 年对未达到美国碳排放标准的外国产品征收高额关税。[③]

从有利于环境保护的角度看,美国这一立法用意无疑是好的,但由于 WTO 尚未出台类似规定和政策,在缺乏协商和共识的情况下,美国这一单方举措立即在国际上引起强烈反响,中国、印度等发展中国家对此表示反对,认为美国这一单方面行动违反了 WTO 的基本原则,也违背了《京都议

---

① "金枪鱼—海豚案"两个专家组做出的判决是多边贸易体系向环境保护妥协的试验性的第一步……上诉机构在两个重要案例——"美国石油标准案"和"美国—海虾案"中发展了对第 20 条 g 项解释的一贯理论。参见〔英〕帕特莎·波尼、〔英〕埃伦·波义尔《国际法与环境》（第二版）,那力等译,高等教育出版社,2007,第 676 页。

② 〔英〕帕特莎·波尼、〔英〕埃伦·波义尔：《国际法与环境》（第二版）,那力等译,高等教育出版社,2007,第 671 页。

③ See *American Clean Energy and Security Act 2009.*

定书》确定的发达国家与发展中国家在气候变化领域"共同但有区别的责任"原则，严重损害发展中国家利益，是贸易保护主义的表现。同时，一些国际组织和发达国家学者却不断地为"碳关税"的合法性寻求依据，2009 年 6 月 25 日，WTO 与联合国环境规划署共同发表了名为《贸易与气候变化》的报告，该报告措辞谨慎地认为"碳关税"可能符合 WTO 规则。英国著名学者波尼和波义尔指出："WTO 和 GATT 倾向于不赞成单边主义。然而，有人为'创造性的'单边行动提出了至少两点理论依据。首先，一个单边行动可以是新的国家实践，其在公认的国际法标准下可以发展为习惯法……这是一个创造性的变化，是国际法'立法'过程的一个重要部分。其次，单边措施可以成为国际法中的一个对策。它只能在特定的情况下被采用。"① 杰克逊教授指出："似乎相当强大的理由支持以下一种观点：必须采取国际行动，而且在环保领域业已采取了许多国际行动。"②

可见，作为世界上管理贸易政策的组织，WTO 已无法回避日益严峻的全球环境问题，应在 GATT/WTO 体制中确立环境保护的原则和相关规则。但应当指出的是，确立环保原则和规则势必会对贸易自由化政策产生冲击，无论这种冲击是正面还是负面的，从这个意义上讲就是对 GATT/WTO 体制基础理论的一种异化。当然，这种异化总体上有利于全人类的生存和发展，问题的关键在于如何在环境保护与打着"环境保护"旗号实施贸易保护主义之间画出一条平衡线。

第五节　GATT/WTO 法律异化的成因分析

以"宪政化"思潮为代表、以人权、环境等非贸易事务为切入点的国际经济法异化动向之所以产生具有复杂而深刻的国际背景。国际上普遍认为，冷战结束后，经济全球化进程加快，东、西方之间政治、军事障碍的消除为国际贸易大发展开创了历史性机遇，经济发展成为国际社会的主题，冷战时期错综复杂的国际政治、军事斗争被各国间的经济、贸易竞争所取

① 〔英〕帕特莎·波尼、〔英〕埃伦·波义尔：《国际法与环境》（第二版），那力等译，高等教育出版社，2007，第 679 页。

② John H. Jackson: *Sovereignty, the WTO, and Changing Fundamentals of International Law*, Cambridge University Press, 2006, p.244.

代，国际关系呈现新的特点，这些都成为导致国际经济法异化的重要因素。此外，人类面临的日益严重的环境问题，特别是近年来面临的全球变暖问题等，都对 GATT/WTO 多边贸易体制产生挑战，从而对国际经济法体制产生异化影响。"法律体制作为社会制度的一个部分，如果要对其结构变化做出解释的话，我们必须对那些能够影响、限制和促进法律制度变化的外部因素进行鉴别。"①

笔者认为，从总体上看，造成 GATT/WTO 体制异化的因素主要有以下几点。

首先，中国、印度等新兴市场的经济发展迅速，国际竞争力大大增强，这些新兴市场灵活的经济政策和吸引外资政策，特别是与发达国家相比低廉的劳动力、生产资料成本成为它们吸引国际资本的巨大优势，大量国际资本纷纷涌向这些国家，其生产的商品也因成本低而形成国际市场低价的比较优势，无疑大大冲击了发达国家的同类商品生产，发达国家或地区特别是美国的劳工组织、工会等开始产生不满，直接推动发达国家政府和议会把原本属于国内事务的劳动权利推向国际关系领域，促使其与国际人权法规则相融合，冲击国际贸易法律制度中的贸易自由化原则和比较优势论理论基础。

其次，在国际人权领域，第二次世界大战以后的一段历史时期，人权法的实践并未像人们所期待的那样取得辉煌成就，"在冷战时期，国际法的自然法方法再度让位于实用主义。对于极权体制来说，人权的性质是外来的。冷战现实迫使政府，甚至那些民主国家政府更多地关注国家安全，而非人权保护。在这样的背景下，人们毫不惊讶现实政治中对于尊重人权的条约打击不轻……只是在冷战结束后，而且极权体制瓦解后，权力斗争和国家间的敌意减少到某种程度，这就为实践中的国际人权保护提供了某些空间"。②冷战后国际形势的深刻变化为人权理论和实践的扩散提供了巨大发展空间，运行颇为成功的 GATT/WTO 多边贸易体制引起人权领域的高度关注。

---

① John H. Jackson：*Sovereignty，the WTO，and Changing Fundamentals of International Law*，Cambridge University Press，2006，p. 9.

② 孔庆江：《一个贸易的人权方法？一些反思》，Thomas Cottier，Joost Pauwelyn，and Elisabeth Burch，"Linking Trade Regulation and Human Rights in International Law：An Overview"，*in Human Rights and International Trade*，Edited by Thomas Cottier，Joost Pauwelyn and Elisabeth Burgi Bonanomi，Oxford University Press，2005，p. 233。

长期以来，在西方传统经济学理论中，主流思想坚决反对所谓劳动权与贸易政策相联系，它们甚至认为国际劳动标准，以及美国的劳动法规、工会组织是对自由市场的一种"扰乱"（distorts），而且与静态效率（static efficiency）相矛盾，① 有人更是直截了当地说工会就是为了提高工资而工作和存在。但随着经济形势的变化，美国经济学界的传统观念也发生了改变，用美国学者的话说就是：美国的大规模工业生产已面临着发展中国家出口流水线的直接挑战，发展中国家那些低工资、低安全条件、低健康条件、简陋的工作条件形成的"血汗工厂"（sweatshop）与美国大规模生产中的高工资、高安全条件、高健康条件、舒适的工作条件相比形成巨大反差，这种"比较优势"使美国工人深受其害，必须加以彻底改变。

冷战结束后，在人权组织看来，将与国际贸易联系最为紧密的劳动权作为国际人权运动的一部分或者前锋是非常明智的选择，这样就会使国际人权运动得到各国劳动组织、工会以及国际劳工运动的支持，从而壮大实力，因为许多发达国家的工会组织对发展中国家的低劳动标准竞争早已产生怨恨。对此，美国学者曾指出："在影响美国对外政策运用人权的立法实践遭受挫折后，特别是里根政府第一任期的头两年，人权分子认为存在采取美国单边利益行动推进发展中国家基本劳动权利的可能性。这一理念（的提出）使得人权活动团体更易得到劳动组织的支持（它们担心低劳动标准造成的出口产品竞争）。从人权的角度看，劳动标准条件给予美国（贸易政策）授权的推动发展中国家社会进步的外交政策以牙齿。"②

可见，冷战结束后国际形势的变化，特别是经济竞争已取代政治、军事斗争的发展趋势是劳动权与人权交融并开始进入国际贸易领域、导致GATT/WTO 体制开始走向异化的重要国际背景。对此现象，西方学者曾做过深刻研究。美国著名学者阿尔斯通教授（Philip Alston）一针见血地指出："由于冷战结束后，国际贸易变得更为重要，此外不断出现的市场经济体以及美国和其他发达经济中保护主义压力的增长，（在这种背景下）刺激性或

---

① Stephen Herzenberg："Infrom the Margins：Morality，Economics and International Labor Rights"，included in *Human Rights，Labor Rights and International Trade*，edited by Lance A. Coupa and Stephen F. Diamond，University of Pennsylvania Press，1996，p. 100.

② Stephen Herzenberg："Infrom the Margins：Morality，Economics and International Labor Rights"，included in *Human Rights，Labor Rights and International Trade*，edited by Lance A. Coupa and Stephen F. Diamond，University of Pennsylvania Press，1996，p. 104.

报复性贸易措施变得更有吸引力，这将最终成为现实，如果它们不仅从经济因素来考量，而且从人权角度考虑的话。"① 另一位美国学者戴尔蒙德则说得更加透彻："正式的美国劳工运动与美国政府外交政策的紧密联系建立在共同的反对共产主义的基础上，既然目标已经瓦解，美国劳工运动独立、民主的外交政策新计划的大门似乎即将打开。"②

　　面对人权理论对 WTO 体制的巨大冲击，杰克逊教授曾做过分析，他指出："首先，人权拥护者有着利用贸易措施作为制裁手段促进各国合乎人权规范的强烈愿望；其次，充分发挥市场在某些人权保护方面的有效性作用。"③ 可见，实用主义是人权支持者拥趸或者批判 WTO 现行体制的指导思想。不过，应当指出，尽管杰克逊教授支持以民主、人权为核心的"宪政化"理论，支持 WTO 体制与人权之间应当保持密切联系，但对于如何在 GATT/WTO 体制中贯彻这样的原则持谨慎态度，熟知 GATT/WTO 体制经济学原理的杰克逊教授不无担忧地提醒说："由此产生一个问题是：关于贸易与经济交往的国际机构和国际规范（指 WTO 及其法律制度。——作者注）是否应当明文承认一些必要的人权并赋予其相应的法律地位。这样一来，就会产生一个话题，国家能否承认上述补充作用，如果该国如此行事，能否认定其行为符合贸易、财政和其他经济行为领域业已存在和即将产生的条约。"④

　　最后，导致 GATT/WTO 法律制度走向异化的另一个重要因素是环境保护运动的高涨。近些年来，随着地球环境的不断恶化、气候变化对人类生存和发展日益严重的威胁，全球性可持续发展议题受到全世界瞩目，国际贸易形态对环境的影响成为各方关注的焦点，作为调整国际经济关系的国际经济法势必要做出反应，"环境问题越来越严重，越来越受到国际社会的

① Philip Alston："Labor Rights Provisions in US Trade Law—Aggressive Unilateralism?" included in *Human Rights*, *Labor Rights and International Trade*, edited by Lance A. Coupa and Stephen F. Diamond, University of Pennsylvania Press, 1996, pp. 71 – 73.

② Stephen F. Diamond："Labor Rights in the Global Economy—A Case Study of the North American Free Trade Agreement", included in *Human Rights*, *Labor Rights and International Trade*, edited by Lance A. Coupa and Stephen F. Diamond, University of Pennsylvania Press, 1996, pp. 207 – 208.

③ John H. Jackson：*Sovereignty*, *the WTO*, *and Changing Fundamentals of International Law*, Cambridge University Press, 2006, p. 251.

④ John H. Jackson：*Sovereignty*, *the WTO*, *and Changing Fundamentals of International Law*, Cambridge University Press, 2006, p. 252.

关注。国际环境问题、全球环境问题需要而且目前只能依靠国际法来规制和解决"。① 作为国际经济法领域最为成功的 GATT/WTO 体制面对环境保护这一时代主题不能不有所作为，正如沃格尔（David Vogel）教授指出："只要有环境保护性规则的存在就会影响贸易，其要么通过制定进口产品必须符合的标准来直接影响贸易，要么通过间接方式来影响贸易。"②

与人权理论导致的异化动向不同，WTO 对于环境政策一开始就持欢迎态度。实际上，自 1995 年以来，WTO 对环境保护问题予以高度关注，不仅在建立 WTO 的马拉喀什协定的序言中确立了"可持续发展"的政策目标，而且成立伊始 WTO 就设立了专门的贸易和环境委员会，这成为环境议题融入 WTO 体系的重要标志，1998 年 WTO 上诉机构对美国海龟—海虾案做出有利于环境保护的历史性裁决使 WTO 赢得普遍好评。③ 正如 WTO 前任总干事萨瑟兰所言："环境政策制定现已成为国家和国际政策制定中发展最为快速的领域，而且现在重视 GATT/WTO 与环保的关系完全是适宜的，以确保贸易政策和环保政策之间有效的政策协调和国际合作。"④ 可见，环境保护导致的 GATT/WTO 体制理论的异化从某种意义上讲是适应时代要求的一种进步。

尽管如此，这种异化动向对 GATT/WTO 贸易自由化理论和政策产生的冲击绝不可小视。著名学者波尼和波义尔曾总结说："对于一个国家国内的环境保护可能需要三种不同的贸易限制：①对于不符合国内环境规范的商品或服务施行进口限制；②对进口商品采用与国内商品同样的法规和要求（包括标签、包装以及回收等）；③为了保存自然资源而采取的出口限制。"显然，这些贸易限制措施与 GATT/WTO 贸易自由化理论相背离，为了贯彻环境政策，GATT/WTO 法律制度必须进行修订。正如以上两位学者指出："WTO 应该明确承认环境价值。有些条款必须修改，有些内容必须进行补充……新的贸易—环境冲突已露端倪，尤其在食品安全、知识产权、服务贸易和补贴领域。对新的环境问题及其影响的密切关注，保护发展中国家

---

① 〔英〕帕特莎·波尼、〔英〕埃伦·波义尔：《国际法与环境》（第二版），那力等译，高等教育出版社，2007，第 xii 页。

② 李寿平：《多边贸易体制中的环境保护法律问题研究》，中国法制出版社，2004，第 2 页。

③ 参见刘敬东《WTO 法律制度中的善意原则》，社会科学文献出版社，2009，第 13 页。

④ News of the Uruguay Round, January 28, 1994, at 5, 转引自《中国国际经济法学会 2009 年年会论文集》（上册），第 530 页。

进入全球市场，是 WTO 面临的新问题和重要任务。"①

从以上分析和研究，我们可以看出，东西方冷战结束后国际形势发生的巨大变化——新兴市场崛起对西方传统势力的冲击导致国际经济竞争加剧、人权理论和实践的拓展、环境保护问题的日益重要，均对 GATT/WTO 贸易自由化理论产生冲击和挑战，成为导致体制和基础性理论产生异化的基本要素。

第六节　对异化理论的质疑及调和理论分析

应当指出，以"宪政化"为代表的国际经济法异化理论尽管得到众多西方学者和一些国际组织的大力支持，但也并非没有质疑和反对的声音。在 GATT/WTO 体制的改革问题上，一些学者反对修正多边贸易体制赖以建立和运行的、以贸易自由化为核心的经济学理论基础。此外，即便在异化理论倡导者或支持者阵营中，也存在着如何改革 GATT/WTO 现有体制的争论。

我们考察一下国际上对"宪政化"理论提出的质疑和反对观点。

对于彼得斯曼教授的"宪政化"理论，一些国际法学者指出，这个理论与国际现实相去甚远，柯蒂尔等人就认为："尽管走向宪政化的国际贸易法制还有许多步骤，它们远未建立一个全方位的宪政体制可回应彼氏理论提出的宪法性期望，但这是重要的：理解他的宪政化理论的主要关切，（这些关切）应在于表明市场权利、非歧视与人权之间的适应性，以及存在着它们和谐地共存于一个宪法性方法的范围之下的可能性，正像欧洲联合过程中逐渐产生（宪政化）的那样。然而，彼氏理论的确与现行制度基础和框架相矛盾，这一框架远离他的理解。"② 在他们看来，彼得斯曼教授的"宪政化"理论可借鉴之处在于：呼吁人们关注市场经济中的人权、环境等

---

① 〔英〕帕特莎·波尼、〔英〕埃伦·波义尔：《国际法与环境》（第二版），那力等译，高等教育出版社，2007，第 701～702 页。

② Thomas Cottier, Joost Pauwelyn, and Elisabeth Burch, "Linking Trade Regulation and Human Rights in International Law: An Overview", *in Human Rights and International Trade*, Edited by Thomas Cottier, Joost Pauwelyn and Elisabeth Burgi Bonanomi, Oxford University Press, 2005, p. 7.

非贸易问题。

在国际上，对彼得斯曼教授的宪政化理论批评最为激烈的就是阿尔斯通教授，两人还曾为此形成一场论战。在 2004 年的一次学术会议上，阿尔斯通教授分析了现代国际法框架以及实践，大量阐述了许多与"宪政化理论"迥异的问题，形成了对彼氏理论最为全面的一次批驳。① 在阿尔斯通看来，在人权法与贸易法的关系上，究竟谁有权解释和适用被广泛定义的人权标准才是首要问题，而这正是"宪政化"理论所忽视的，两种法律制度的性质不同、体制差别、法律基础迥异都证明国际经济法"宪政化"理论只不过是一种臆想，不可能真正实现。

对于"宪政化"理论关于 GATT/WTO 体制应建立人权原则的主张，孔庆江教授就曾指出：人权法来源于自然法原理，而贸易法则是实证法的典范，二者不存在融合的基础，"人权概念是一个神圣的概念，如果不是源于自然法概念，也是基于自然法（而产生）……然而，贸易的性质却是非常务实的，而且贸易法也是非常务实的。从实证法的角度来看，国家不受贸易法的拘束，除非它愿意接受（这种拘束）"。② 为了证实以上观点，他还考察了亚里士多德关于自然法和实证法之间本质区别的论述，"自然法是由我们对我们是什么以及人类本性的理解所决定的。实证法仅是由立法者的意志所决定的。在自然法下，某些事是被禁止的，因为它本身是错误的，即不符合人类本性。在实证法之下，某些事情被禁止是因为立法者不想要它。两类法律截然不同。如果亚氏的观点是正确的，即如果自然法和实证法是相对的，那么，对于人权是否与 WTO 规则有关的问题，答案就有赖于解释者的立场。换句话说，就是国际贸易的人权方法是否能被合法化取决于观测者是从自然法角度还是实证法角度来处理这个问题"。③ 基于此，孔庆江

① Thomas Cottier, Joost Pauwelyn, and Elisabeth Burch, "Linking Trade Regulation and Human Rights in International Law: An Overview", *in Human Rights and International Trade*, Edited by Thomas Cottier, Joost Pauwelyn and Elisabeth Burgi Bonanomi, Oxford University Press, 2005, p. 7.

② 孔庆江：《一个贸易的人权方法？一些反思》, in *Human Rights and International Trade*, Edited by Thomas Cottier, Joost Pauwelyn and Elisabeth Burgi Bonanomi, Oxford University Press, 2005, p. 232。

③ 孔庆江：《一个贸易的人权方法？一些反思》, in *Human Rights and International Trade*, Edited by Thomas Cottier, Joost Pauwelyn and Elisabeth Burgi Bonanomi, Oxford University Press, 2005, p. 232。

认为在国际贸易法中植入人权方法完全是多余的，这样反而会破坏自由贸易原则，他指出："自由贸易是人权。WTO 推动的自由贸易制度是对人权的保证。WTO 制度是合适的，因此对贸易实施人权方法是多余的，由于人权方法将限制经济自由，人权条约将不会通过减少经济自由而提高其他自由……这是盲目的：对于贸易自由施加道德影响，它将威胁市场自由前景——一个提供了保护公民社会的、最有希望的前景。"① 在他看来，"宪政化"理论主张的人权原则不但不能促进人权，相反地，会损害自由贸易和市场经济，从而破坏现代公民社会赖以生存的基础。

实际上，由于考虑到 GATT/WTO 多边贸易体制具有的贸易自由化等经济学理论基础，一些支持"宪政化"理论的学者对于"宪政化"理论主张的彻底改造 WTO 体制的观点也并非完全赞成，杰克逊、柯蒂尔等人就曾提出"利益平衡"原则这一调和理论。

尽管同意"宪政化"的指导思想和原则，但杰克逊教授主张，"宪政化"理论在 GATT/WTO 体制中的实现应确立"利益平衡"原则，亦即平衡多边贸易体制中贸易自由化原则与民主、人权等宪法原则之间的关系。在讨论人权与国际贸易问题时，杰克逊曾指出：对于人权以及"宪政化"问题，美国和欧洲的理解迥异。杰克逊教授更趋向认为 WTO 法律制度应当奉行一种"平衡"理论，他指出："什么是公民的目标？……试图实现他们家庭生活（目标）的公民……且什么能提高实现这些目标的能力？这些问题使人意识到经济是这些需求的绝对核心。但在大西洋两岸，对于如何体制性地构建政府以帮助每一个公民存在着观点上的不同。多年来，美国意识到：这是国家的工作，因为对于美国而言，国家已成为人权和它的公民经济财富的强大保护者。在欧洲，20 世纪的前半段是一场灾难，发生了两次世界大战，这自然导致一种观点：对于提供足够的保护来讲，国家是不可依赖的，因此，公民必须寻求现在已变得非常重要的（且成功的）地区性国际组织帮助。这些因素导致国际法与国内法关系定义上的一系列分歧。一些人希望国际标准可自动地成为国内标准。另一种观点则是，国际体制在许多情况下远非民主、缺少合法性，因此，这一方式是十分危险的，某

---

① 孔庆江：《一个贸易的人权方法？一些反思》，in *Human Rights and International Trade*，Edited by Thomas Cottier, Joost Pauwelyn and Elisabeth Burgi Bonanomi, Oxford University Press, 2005，p. 234。

种意义上是反民主的。许多人依然认为，国家作为一个整体，在大多数情况下相对于国际体制可更好地防止政府的权力滥用，尽管这已随着时间的变化而发生了变化。这些事情影响着'宪政化'概念，我们可从 WTO 中看到某种迹象，特别是它拥有超强的争端解决机制，WTO 已做出的 27000 页司法报告探讨了这些事项的边缘，诸如，在著名的美国海龟—海虾案中，一个被明确证实的特点是（WTO 欲）'平衡'竞争政策目标。"①

为了进一步说明 WTO 多边贸易体制中平衡理论的重要性，杰克逊教授强调说，一个标准的国际体制在短期内是很难改变的，WTO 上诉机构运用了平衡利益的方法解决了某些压力和难题，这本身对于"宪政化"政策是有益的："在美国海龟—海虾案中，取代贸易的关键压力来自环境政策，但你可以认为人权也是一种压力。上诉机构声明它不应当仅仅考察贸易价值，它的视野应更为广泛。因此，它对条约文本予以润色并将某些事物合理化，同时讨论了（二者之间的）平衡问题。对于许多此类与贸易相关领域的概念性问题来说，这种平衡是非常关键的。你也可以看到欧洲人权公约的司法程序中正在进行的许多'平衡'，还有美国最高法院运用的'平衡'。"② 为此，杰克逊教授主张，对于当前的人权关切，还是应当通过在 WTO 制度中确立平衡理论加以解决。杰克逊进一步指出："一个需要牢记的问题是，我们是否正在处理一个'活的宪法'。如果是，那么，与相对来说比较僵硬的国家同意理论以及不同的法律思想相比，我们必须设想的事就是应有某些革新的方面。但人们也可以强调，尽管存在这些发生变化的道理，但国家持久的、非常关键的作用依然存在——对于人权保护似乎更是如此。"③ 可见，熟知 GATT/WTO 贸易自由化原理和法律体制的杰克逊教授虽然同意以"宪政化"理论来审视 GATT/WTO 现行体制和理论基础，但他更多地从现实角度考虑，并不完全支持彼得斯曼教授"宪政化"理论关于彻底改造 GATT/WTO 体制和理论基础的观点，而是主张在 WTO 多边贸易体制中通过"利益平衡"原则和方法协调贸易自由化政策与"宪政

---

① John H Jackson：Preamble，*Human Rights and International Trade*，Edited by Thomas Cottier，Joost Pauwelyn and Elisabeth Burgi Bonanomi，Oxford University Press，2005.

② John H Jackson：Preamble，*Human Rights and International Trade*，Edited by Thomas Cottier，Joost Pauwelyn and Elisabeth Burgi Bonanomi，Oxford University Press，2005.

③ John H Jackson：Preamble，*Human Rights and International Trade*，Edited by Thomas Cottier，Joost Pauwelyn and Elisabeth Burgi Bonanomi，Oxford University Press，2005.

化"原则之间的关系。

不仅杰克逊教授，国际上其他一些著名学者都赞同通过利益平衡原则纳入非经济性的宪政原则，认为这个原则应当可以成为处理各种非贸易事务与 WTO 法律制度关系问题的指导思想。曾经主持美国国际法学会人权与国际贸易专题研究项目的柯蒂尔教授、鲍威林教授以及伯奇教授曾在 2005 年为该项目出版的论文集序言中强调指出："不论这种模式（指处理人权与贸易关系的宪政化理论。——作者注）是否可被称为宪政模式，或一个依附性的自由主义新发展，这都不重要。这个模式必须能协调不同的和分散的价值，而且，其他因素表明这一模式要求在 WTO 法内部平衡市场准入和同样合法的非经济目标。人权就包括了这些目标，经济的和非经济的价值二者兼有，而且一个合法的国际制度应能处理这一问题。（人权的）影响应被谈判并被司法实践所考虑。"① 可见，尽管这些学者认为 GATT/WTO 现行体制应当贯彻"宪政化"理论，但在具体实现"宪政化"目标的方法上却主张采取折中、调和政策。

笔者认为，正像前文分析的那样，以"宪政化"思潮为代表的 GATT/WTO 理论异化是时代发展、国际形势巨变后的产物，一味地加以拒绝是不现实的主观主义表现。对于"宪政化"理论应当具体分析，GATT/WTO 多边贸易体制及其法律制度赖以生存的贸易自由化理论基础不应被损害和抛弃，在这个大原则之下，对于人权、环境等非贸易因素与贸易法律制度之间的关系重新予以审视和衡量，充分立足于 WTO 现有体制框架和机制解决人类的重大关切，努力保证国际经济法的异化现象不会走向保护主义的极端。

---

① Thomas Cottier, Joost Pauwelyn, and Elisabeth Burch, "Linking Trade Regulation and Human Rights in International Law: An Overview", in *Human Rights and International Trade*, Edited by Thomas Cottier, Joost Pauwelyn and Elisabeth Burgi Bonanomi, Oxford University Press, 2005, p. 21.

第二章
贸易与环境关系的历史回顾

  国际上普遍认为，贸易主义和环境主义争论的根源在于对环境的哲学认识存在差异，贸易主义将环境从属于人类的目的，环境主义以自然为本。环境保护与自由贸易二者既互相依存，又存在重大的矛盾；在人类发展的过程中，二者都受到重视，但又很难和谐一致。贸易与环境之争的深刻本质是功利主义与生态主义的思想分歧。

  贸易与环境本质具有统一关系，就是环境与发展的关系，无论是自由贸易还是环境保护都不是终极目的，而只是达到终极目的的一种手段。终极目的应该是人类生活水平的提高，全球经济的繁荣与发展，就业的增加。

  贸易与环境的协调发展应该建立在可持续发展理论之上，同时它也是可持续发展的一部分。现在，可持续发展既是全人类面临的重大课题，也是世界各国要实现的发展战略和目标，还是协调贸易与发展之间关系的根本指导原则。短期内将两者的关系协调好绝非易事，因为贸易目标和环境目标存在相当大的差异。全球环境政策的目标为的是对全球环境资源进行管理，需要在明确认识环境资源有限性的前提下，实现可持续发展。贸易政策为的是防止出现新的贸易限制措施来保护贸易、取消现有的贸易壁垒和阻碍贸易的法规来增加贸易收益，所以如何平衡环境保护和自由贸易两个体系、遵循何种原则是关键问题。从长期看，处理贸易与环境的关系需要重新审视两种体系中的相关因素，最终在一个新的相互结合的体系中将两个问题综合起来考虑。

第一节　GATT 期间的贸易与环境

  WTO 曾指出，贸易与环境的争论不是一个新鲜话题。贸易与环境保护之间的联系，包括环境政策对贸易的影响和贸易对环境的影响等，早在 20世纪 70 年代就被承认。20 世纪 70 年代初，涌现出大量关于经济增长对社会发展以及环境影响的国际关注。在这一国际背景推动下，1972 年人类环境的斯德哥尔摩会议（1972 Stockholm Conference on The Human Environment）召开。[1]

在斯德哥尔摩会议的筹备阶段，与会者要求 GATT 秘书处参与筹备工作并做出贡献。GATT 秘书处根据自身的职责，准备了一项题为《工业污染控制与国际贸易》（*Industrial Pollution Control and International Trade*）的研究报告。该报告着重分析环境保护政策对国际贸易的影响，反映了 GATT 贸易官员对于环境政策是否会成为贸易的障碍以及形成一种新型贸易保护主义的担心。

1971 年，时任 GATT 总干事向 GATT 全体缔约方提交了该研究报告，督促它们考察环境政策对于国际贸易的潜在影响。该报告引发的一系列讨论开始出现，一些缔约方建议，GATT 应建立一种机制以便它们更全面地考察工作。在这方面，经济合作与发展组织（OECD）已有先例，该组织建立了一个环境委员会，除了处理其他事项外也处理大量的贸易与环境问题。

从历史角度上看，在 GATT 时期，贸易与环境关系的发展经历了以下几个阶段。

一　"环境措施与国际贸易小组"的建立

在 1971 年 GATT 总理事会会议上，代表们一致同意在 GATT 体制中建立"环境措施与国际贸易小组"（即广为人知的 EMIT Group）。该小组将仅在缔约方请求之下召开会议，并对全体缔约方开放。但直到 1991 年，在长达 20 年的时间里，GATT 缔约方没有推动该小组活动的请求。1971 ~1991年，环境政策开始对贸易产生不断增长的影响，伴随着贸易量的增长，贸易对环境的影响也越发显现。

在东京回合谈判期间（1973 ~ 1979 年），一些缔约方提出有关环境措施（以技术法规和标准的形式）可能构成贸易壁垒的程度问题应被重视并讨论。在这些缔约方的推动下，关于技术贸易壁垒的东京回合协定，即《标准法典》（*Standard Code*）进入此次回合谈判的议程，一些缔约方呼吁在技

---

[1]　WTO，*Trade and Environment at the WTO*，Printed by WTO Secretariat – 3122. 5，p. 1.

术法规的起草、采纳和适用中应坚持非歧视原则以及透明度原则。

1982 年，一些发展中成员表达了它们对发达国家基于破坏环境或健康以及安全的理由禁止它们的产品继续向发达国家出口的担忧。1982 年 GATT 缔约方部长会议做出了 GATT 应考察将被国内禁止的产品（基于对人类、动植物的生命及健康有害的理由，或环境理由）出口置于控制之下所必需的措施的决定。在 GATT 缔约方的推动下，1989 年 GATT "关于国内禁止产品和其他有害物质出口工作小组"成立。

二 乌拉圭回合谈判的相关进展

在乌拉圭回合谈判期间（1986～1993 年），与贸易有关的环境事项再次被提出。结果是，谈判各方对关于技术贸易壁垒的东京回合协定，即《标准法典》的内容做出调整，而且某些环境因素被考虑在服务贸易总协定、农业协定、实施卫生与植物卫生措施协定、补贴与反补贴措施协定以及与贸易有关的知识产权协定的内容之中。

1991 年，墨西哥与美国之间爆发关于美国禁止从墨西哥进口用一种可导致海豚意外死亡的捕网捕捞的金枪鱼争端（美墨"金枪鱼案"），这一案件使得环境保护政策与贸易之间的关系成为各方关注的焦点。

墨西哥声称，美国实施的该禁止行为与 GATT 规则不符。尽管存在极大争议，但 GATT 专家组却做出了有利于墨西哥的裁决。该专家组报告最终未被全体缔约方接受，专家组对本案的裁决受到了国际环境组织的强烈批评，它们认为，这一裁决说明，贸易规则已成为环境保护的障碍。

三 "环境措施与国际贸易小组"的重启①

在乌拉圭回合谈判期间，环境领域的国际立法活动也取得了重要进展。

经济增长、社会进步以及环境之间的关系是有关国际环境问题"斯德哥尔摩会议"的议题，但对这一议题的考察贯穿了 20 世纪 70 年代和 80 年代。

1970 年 7 月，美国麻省理工学院的一个国际研究小组启动了一项关于世界范围内经济持续增长所产生的影响及其限度的研究。该研究的结论提出，即便在对技术进步最乐观的假设前提下，世界能支撑经济和人口目前

---

① WTO, *Trade and Environment at the WTO*, Printed by WTO Secretariat - 3122.5, p. 4.

增长率的期限也超不过几十年。然而，随着更多的技术进步对能源节约的贡献的证据出现，以及价格在规制能源相对短缺和消费习惯方面和分配资源方面的积极作用不断显现，以上研究提出的"增长的限度"这一结论被很快推翻了。

1987 年，环境与发展国际委员会发表了一份题为《我们共同的未来》的报告（即《布伦特兰报告》，*Brundtland Report*），该报告首次使用"可持续发展"一词）。该报告将贫困列为环境恶化的几个重要原因之一，并警告说，不断增长的国际贸易导致的较快经济增长将导致各国对必需资源的争夺，由此，将引发所谓的"贫困的污染"。

1991 年，欧洲自由贸易联盟（EFTA）成员（在那时，其成员为奥地利、芬兰、冰岛、列支敦士登、挪威、瑞典和瑞士）要求 GATT 总干事尽快召开 EMIT 小组会议。它们认为，必须启动这一行动，以便提供一个可以讨论与贸易有关的环境事务的论坛。它们指出，即将召开的 1992 年联合国环境与发展会议（UNCED）需要 GATT 在这一问题上有所作为。

随着 GATT 体制中贸易与环境关系的不断发展以及环境领域自身取得的进展，欧洲国家提出再次启动 EMIT 小组的呼吁得到了积极响应。尽管起初发展中缔约方不愿意在 GATT 中讨论环境问题，但它们最终同意，在该议题上有顺序地开展讨论。为了考察环境保护政策对 GATT 运行可能产生的影响，EMIT 小组集中研究环境措施（例如，生物标签方案，eco - labeling schemes）对以下事务的影响。

a. 国际贸易。

b. 多边贸易体制规则与多边环境协定（MEAs）（诸如，对有害废物的跨境流动以及处置进行控制的巴塞尔公约）中包含的贸易条款之间的关系。

c. 影响贸易的国内环境法规的透明度。

在 GATT 体制内，EMIT 小组的启动适应了国际环境领域的最新发展。1992 年，联合国环境与发展会议（即广为人知的"地球峰会"）召开，该峰会将国际贸易对减少贫困以及抗击环境恶化的作用作为重点议题。会议安排的第 21 项议程以及通过的行动计划，阐述了通过包括国际贸易在内的诸多途径促进可持续发展的重要性。这是一项历史性的事件，从此次峰会开始，"可持续发展"概念在环境保护与发展之间搭建了桥梁，成为处理贸易与环境之间关系的重要指导原则和法律原则。

第二节　WTO 成立后的贸易与环境关系

当 GATT 乌拉圭回合谈判快要结束的时候（在 EMIT 小组成立后），人们把目光再次集中到与贸易有关的环境问题以及即将诞生的世界贸易组织（WTO）在贸易与环境领域的作用问题上。

建立 WTO 的马拉喀什协定的前言纳入可持续发展原则的重要性，指出 WTO 成员认识到："在处理它们在贸易和经济领域的关系时，应以提高生活水平、保证充分就业、保证实际收入和有效需求的大幅增长以及扩大货物和服务的生产和贸易为目的，同时应依照可持续发展的目标，考虑对世界资源的最佳利用，寻求既维护和保护环境，又以与它们各自在不同经济发展水平的需要和关注相一致的方式，加强为此采取的措施。"这是 GATT/WTO 体制法律原则的一个重要转变，从此，"可持续发展"原则成为多边贸易体制的指导性法律原则。

乌拉圭回合谈判通过了《关于贸易与环境的部长会议决定》，该决议决定，在 WTO 体制内建立"贸易和环境委员会"（CTE）。CTE 的使命十分广泛，包括确定贸易措施与旨在促进可持续发展的环境措施之间的关系，以及在是否接受多边贸易体制条款修正建议的问题上提供适当建议等项内容。该决议包含的 CTE 工作计划，涵盖了比 EMIT 小组工作更为广泛的议题。

根据上述部长会议决议，CTE 由 WTO 全体成员以及来自政府间国际组织的一些观察员组成。它向 WTO 总理事会报告工作。CTE 于 1995 年初召开了第一次会议，此次会议归纳和总结了 CTE 自身应当承担的任务和使命。1996 年 12 月，在新加坡部长会议筹备期间，CTE 总结了自它成立以来讨论的各种不同意见，并草拟了提交给部长会议的结论性报告。自那时起，CTE 大约一年召开三次会议。与此同时，CTE 还举办了一系列与 MEAs 秘书处之间的信息交流会，以深化 WTO 成员方对 MEAs 与 WTO 规则之间关系的理解，并为非政府组织举办了一系列的公开座谈会，听取非政府组织对 WTO 体制内贸易与环境之间关系的意见和建议。[①]

2001 年 11 月，WTO 多哈部长会议决定，WTO 启动与贸易和环境有关

---

① WTO, *Trade and Environment at the WTO*, Printed by WTO Secretariat – 3122. 5, pp. 4 – 6.

的某些议题的谈判。这一谈判在为此目的而成立的一个"贸易与环境特别会议委员会"（CTESS）的指导下进行。同时，WTO 多哈部长会议要求 CTE 对它工作计划中的三个重要内容给予特别关注。此外，WTO 部长会议要求 CTE 和 WTO 贸易与发展委员会作为论坛，提供给 WTO 成员方在多哈回合启动的谈判中讨论有关环境与发展方面的议题。

第三节　WTO 讨论的主要议题及其基本结论

如上所述，作为贸易与环境论坛国际层面的众多发展成就之一，环境事务被 GATT/WTO 体制所逐渐予以重视。一方面，在该体制内，发达成员方迫于国内环境利益团体不断增长的压力，不断提出应当调和它们意识到的贸易与环境政策之间的"互不相容"问题。但另一方面，发展中成员却担心环境因素将成为它们从事国际贸易的巨大代价。发展中成员特别担心，一个新的"绿色"壁垒被附着于市场准入的机会之上。在这种背景和争论中，经过各方谈判和协调，WTO 对于贸易与环境之间关系问题的讨论得出了以下重要结论。

一　GATT/WTO 体制为环境保护提供了足够的政策和规则空间

在马拉喀什协定的序言中，WTO 全体成员方已经确定了可持续发展原则的重要性。此外，WTO 多哈部长会议做出的《贸易与环境部长会议决定》阐明 CTE 的工作目标在于使"国际贸易与环境政策相互支持"。但与此同时，WTO 成员方也意识到，WTO 并不是一个环境保护的专业机构，且它不希望成为这种机构。在贸易与环境领域，WTO 的职责应当仅限于制定和监督各成员方的贸易政策以及对贸易有显著影响的环境政策中与贸易相关的内容这一范围。

在处理贸易与环境关系时，WTO 成员不愿预设 WTO 自身对环境问题已有现成答案的假设性前提。它们相信，贸易与环境政策可以互补，环境保护能够夯实经济发展赖以生存的自然资源基础，而贸易自由化可带来环境充分保护所必需的经济增长。为实现这一目标，WTO 的作用应当是不断推进贸易自由化，同时，应当确保环境政策不成为成员方之间贸易壁垒，多边贸易规则也不应成为成员方开展国内环境保护的法律障碍。

在法律规则方面，WTO 认为，现有 GATT/WTO 规则已经为环境保护提供了广泛空间。WTO 成员也认为，GATT/WTO 规则同时也为 WTO 成员方实行国内的环境保护政策提供了规则空间。在 WTO 体制内，成员方只要不在进口产品与国内相同产品之间形成歧视（国民待遇原则）或在不同贸易伙伴进口的相同产品之间形成歧视（最惠国待遇原则），就有权在其国内采取适当的环保政策。"非歧视原则"包括国民待遇原则和最惠国待遇原则，它是多边贸易体制赖以生存的主要原则之一，在处理贸易与环境之间关系问题上，WTO 成员方必须遵循这一原则，因此，WTO 认为，在协调贸易与环境之间的关系时，"非歧视原则"必须为各方所遵从。

二　WTO 对发展中成员的特殊考虑及其立场

WTO 认为，在处理贸易与环境关系问题上，应当考虑发展中成员的特殊情况，并应当帮助它们满足在经济增长过程中的需求。对发展中成员来说，解决贫困问题仍是第一位的政策考量，但同时，WTO 承认，这也是实施环境保护政策的最主要障碍。

在发展中成员看来，对它们的出口产品开放世界市场是 WTO 体制的根本性原则，这一原则不应被包括环境政策在内的其他因素所干扰或破坏。WTO 也意识到，发展中成员出口以及金融和技术转让的贸易自由化，对于发展中成员保护环境和致力于可持续发展工作是必要的。由于许多发展中和最不发达成员严重依赖于自然资源出口，以换取更多的外汇收入，因此，贸易自由化有助于改善对它们拥有资源的分配以及更有效利用，同时，贸易自由化有助于为它们生产的产品增加出口机会。

三　WTO 体制的任务：协调贸易与环境关系

WTO 成员普遍认为，各成员方内部负责贸易事务的官员与负责环境事务的官员之间应进一步加强沟通与协调，这有助于减少国际层面上贸易与环境之间的关系冲突。在很长一段时间内，由于这两个领域的官员之间缺乏协调，WTO 成员方不得不多次举行关于贸易与环境领域可能产生冲突问题的谈判。另外，WTO 成员方普遍认为，通过 MEAs 谈判开展的国际合作应当作为解决跨境（地区和全球）环境问题的最佳途径。

WTO 意识到，以环境保护为由对国际贸易采取单边行动是一个严重的国际问题，WTO 认为，MEAs 为各国提供了一个避免采取单边行动处理环境问题的法律保障。单边解决方式往往带有歧视性，且经常产生国内环境标准的域外适用问题。联合国环境与发展会议（UNCED）明确支持采取针对全球环境问题的协商一致的、合作的多边环境措施。原因在于，此类多边环境措施可减少任意的、歧视性的和伪装的贸易保护主义，且可反映国际社会对全球资源的共同关注和共同责任。[①]

以上简要回顾了从 GATT 到 WTO 建立这样一段历史时期内 GATT/WTO 体制处理贸易与环境之间关系问题的基本历程，从中我们可以看出，随着环境保护浪潮的不断高涨，多边贸易体制也不得不重视这一关乎人类生存与发展的重大课题，在各方努力推动下，GATT 自 20 世纪 70 年代开始关注贸易与环境的关系问题，并成立了相关机构研究此问题，但总体上讲，在开始阶段并不积极，只是到了东京回合谈判期间，关于环境保护的技术标准才得以讨论并体现在一些具体的涵盖协定之中，乌拉圭回合谈判始将环境问题作为谈判的一项重要议题，并在最终文件中纳入了"可持续发展"的基本原则和内容。

WTO 成立后，其所属的贸易和环境委员会正式开展了相关议题的研究，在处理和协调贸易与环境保护的关系上，WTO 强调"非歧视"原则，认为 WTO 体制已为协调贸易与环境保护之间的关系提供了足够的规则空间，同时，WTO 主张应当发挥多边环境保护公约作用，运用多边环境保护公约机制系解决贸易与环境之间冲突的最佳途径，应当避免成员方以环境保护为由采取单边行动，应以协调、合作、多边作为解决贸易与环境保护之间冲突的基本法律原则。

[①]　WTO，*Trade and Environment at the WTO*，Printed by WTO Secretariat - 3122.5，p. 8.

第三章

多哈回合谈判：贸易与环境关系议题

在 2001 年召开的多哈部长会议上，WTO 成员方再次确认它们对健康以及环境保护的承诺，并同意开始包括贸易与环境之间关系某些问题在内的新一轮贸易谈判。除了启动新一轮谈判外，多哈部长会议宣言要求 CTE 在推动它的所有工作议题过程中集中关注三个主要议题，且与 WTO 贸易与发展委员会合作，共同作为讨论谈判有关环境和发展方面议题的论坛。

在多哈回合谈判期间，WTO 试图利用两条路径处理和协调贸易与环境问题。

①CTE 特别委员会（CTESS）方式，该委员会一经成立便开展谈判（此任务包含在多哈部长会议宣言第 31 段）；②CTE 日常工作的方式，在完成 1994 马拉喀什决定规定的原有工作内容的同时（此任务包含在多哈部长会议宣言第 32、33、51 段），处理多哈部长会议宣言中规定的关于贸易与环境的非谈判事务（第 32、33、51 段规定的内容）。

此外，多哈部长会议宣言第 28 段要求成员方"澄清并改进 WTO 有关渔业补贴的纪律，并考虑这一因素对发展中成员的重要性"。关于该议题的谈判则在"规则谈判小组"中开展。

第一节　贸易与环境议题的谈判

根据多哈部长会议宣言第 31 段做出的决定，WTO 成员方正式启动了贸易与环境谈判。WTO 要求，在以下议题中，谈判各方应遵循"旨在提升贸易与环境的相互支持"以及"不对它们各自的成就抱有偏见"的宗旨。

（1）根据多哈部长会议宣言第 31 段（1）项要求，WTO 成员方就 WTO 规则与 MEAs 中规定的特殊贸易义务之间关系开展谈判。谈判的内容限定于有关现行 WTO 规则对同样作为 MEAs 成员的 WTO 成员方适用的范围问题。而且，要求该谈判不得对非 MEAs 成员的其他 WTO 成员权利持有偏见。

（2）根据多哈部长会议宣言第 31 段（2）项要求，WTO 成员就 MEAs 与相关 WTO 委员会之间信息交流的程序以及授予 WTO 相关机构观察员地位的标准问题开展谈判。

（3）根据多哈部长会议宣言第 31 段（3）项要求，WTO 成员方就适当减少或消除对环境友好型产品和服务的关税与非关税壁垒问题开展谈判。

此外，多哈部长会议宣言第 32 段结尾对以上议题谈判提出原则性要求，它指出："按照第 31 段（1）、（2）项规定谈判……的成果应符合多边贸易体制的开放及非歧视性质，不应增加或减少现行 WTO 协定下成员方的权利和义务，特别是在《实施卫生与植物卫生措施协定》上，不得改变该协定规定的权利和义务的平衡，且应考虑发展中成员和最不发达成员的需求。"这一规定旨在提醒全体成员方不能期望通过此次谈判改变 WTO 成员方在现行协定中权利和义务的平衡。

一 WTO 体制内 CTE 的日常工作

除了多哈回合就贸易与环境问题展开多边谈判外，在 WTO 体制下，贸易和环境委员会（CTE）目前还围绕着三个核心议题展开工作。

多哈部长会议宣言要求，在日常工作中，CTE 还应当承担相关的特殊任务。该宣言第 32 段指出，CTE 在完成当前所有日程任务的同时，应当特别关注三个议题：

（1）环境措施对市场准入的影响以及多赢情形；

（2）TRIPS 协定相关条款；

（3）为环境目的实施的标签要求。

除了上述三项重点议题外，按照多哈部长会议宣言第 33 段要求，成员方也要讨论对发展中成员以及最不发达成员的技术援助、能力建设以及环境评价问题。第 33 段指出："我们意识到，在贸易与环境领域技术援助与能力建设对发展中成员，特别是最不发达成员的重要性。我们也鼓励在希望建立国家层面环境评价的成员方之间分享专业和经验。关于这些行动的报告应为第五次会议而准备。"①

在 WTO 体制内，对发展中成员贸易与环境领域的技术援助，主要采取为来自发展中成员的贸易与环境部门的政府代表举办地区培训的方式，并且与联合国环境规划署、联合国环境与发展会议以及多边环境公约的秘书处共同组织各类培训，培训来自发展中成员上述两个领域的官员。

在讨论技术援助问题时，WTO 成员方认为，将贸易与环境官员召集在一起开展培训是改善国家层面合作以及保持政策一致性的基础。WTO 成员方也鼓励在实施技术援助时 WTO 与联合国环境规划署、联合国环境与发展会议以及多边环境公约之间的进一步合作与协调。

多哈部长会议宣言第 32 段同时要求 CTE，就讨论上述议题的进展情况向在坎昆召开的第五次部长会议报告，并应就包括谈判需求在内的未来行动提出适当建议。第 32 段指出："这些事项的工作应包括确认对相关 WTO 规则予以澄清的任何需要。委员会应向第五次部长会议报告，并应就包括谈判需求在内的未来行动提出适当建议。"

2003 年 7 月，CTE 会议通过了拟提交坎昆部长会议的报告。该报告涵盖了在 WTO 多哈部长会议与坎昆部长会议之间 CTE 日常会议所做的主要工作，包括多哈部长会议宣言第 32、33 段所要求的这些事项进展情况综述。

最后，多哈部长会议宣言第 51 段明确要求，CTE 应与 WTO 贸易与发展委员会一道作为讨论谈判涉及的贸易与发展问题的论坛，以便有助于实现可持续发展目标。

WTO 成员方普遍认为，CTE 在处理贸易自由化进程中的环境影响方面具有重要作用。CTE 日常工作采取的是分类方式，同时不断采纳 WTO 秘书处对农业、非农产品市场准入、WTO 规则、服务贸易等谈判领域相关进展的建议和总结。

二　WTO 体制内 CTE 当前的工作重点

自多哈部长会议至今，CTE 已重点围绕以下相关议题展开工作。②

1. 宣言第 32 段：中心事项

第 32 段（1）项：环境措施对市场准入的影响，特别是与发展中成员

---

① WTO, *Trade and Environment at the WTO*, Printed by WTO Secretariat – 3122. 5, p. 10.

② WTO, *Trade and Environment at the WTO*, Printed by WTO Secretariat – 3122. 5, p. 11.

的关系，尤其是其中的最不发达国家；减少并消除贸易限制和扭曲将有利于贸易、环境和发展的情形（多赢情形，win – win – win situations）。第 32 段（2）项：TRIPS 协定的相关条款。第 32 段（3）项：有关环境目的的标签要求。

2. 宣言第 32 段：其他事项

第 1 目和第 5 目：多边贸易体制条款与以环境为目的的贸易措施之间的关系，包括与依据 MEAs 所采取措施之间的关系；多边贸易体制和 MEAs 两种体制适用的争端解决机制之间的关系。

第 2 目：对贸易有显著影响的、与贸易和环境措施有关的环境政策与多边贸易体制条款之间的关系。

第 3a 目：多边贸易体制与以环境为目的的税费之间的关系。

第 4 目：有关为环境目的采取的贸易措施、具有显著贸易影响的环境措施和要求的透明度的多边贸易体制条款。

第 7 目：有关国内禁止性产品出口的事项。

第 9 目：服务贸易与环境决议。

第 10 目：政府间组织与非政府组织关系的适当安排。

3. 第 33 段：技术援助、能力建设以及环境评价

4. 第 51 段：可持续发展论坛

第二节　市场准入与环境措施的关系及其争论

在 WTO 体制内，如何看待和协调市场准入和环境措施之间的关系是 WTO 解决贸易与环境问题过程中最为重要的内容。WTO 认为，在保障科学、可行的环境措施得到尊重的同时，确保成员方市场准入承诺的贯彻和落实是协调二者之间关系的关键所在。

目前看来，市场准入与环境措施之间的关系问题涉及内容广泛而复杂，包括环境措施对市场准入的影响，一些成员实施的产品环境标签的合法性，TBT 条款的解释、运用及修订，为保护环境而实施的国内税收政策的合法性，贸易对环境产生的影响等方面面，WTO 成员方对于上述问题以及对环境、资源至关重要的农业、能源、渔业、林业等领域的补贴问题看法不一，在某些问题上，特别是在补贴问题上，发达成员与发展中成员之间的矛盾巨大。因此，要想短期内实现 WTO 成员之间对市场准入与环境措施之间关系的协调、统一认识还有相当大的难度。①

一　环境措施对市场准入的影响

WTO 已意识到，成员方所采取的环境措施已经对市场准入产生重要影响。1994 年 4 月 15 日，乌拉圭回合谈判做出马拉喀什《关于贸易与环境的部长会议决定》，该决定提出 CTE 的任务之一就是研究、处理"环境措施对市场准入的影响，特别是对于发展中成员，尤其是其中的最不发达国家而言的此种影响"。② 多哈部长会议宣言第 32 第（1）项（第一部分）重申了这一部分内容。

以上这些规定对于 CTE 把握贸易与环境重要决策之间存在的互补性来说特别重要。WTO 认为，不断改善对发展中成员产品的市场准入是实现可持续发展目标的关键。根据 1992 年环境与发展的里约宣言的第 11 项原则，制定环境标准、目标应反映它们适用的特殊环境与发展条件。这一原则意味着，适用于某些国家的环境标准可能并不适合于另一些国家，而且还会对另一些国家带来不确定的经济和社会成本代价，特别是对 WTO 中的发展中成员来说，更是如此。应当指出，在这方面，发展中国家的中小型企业显得特别脆弱。

WTO 成员方普遍认为，环境和健康保护是符合现代国际法的政策目标。然而，也应当承认，实现这些目标所设环境要求对产品和服务的出口会产生负面影响。WTO 强调的是，消除人们对市场准入的担心并不是要弱化环境标准，而是要使出口商能够适应这些标准。在这种情形下，现行 WTO 协定存在着足够的规则空间，以确保环境措施不会不适当地限制出口，例如，SPS 和 TBT 协定中的相关条款可发挥这一作用。

为了在确保市场准入和保护环境之间建立一种适当平衡，WTO 成员方认为，应重点考察环境措施如何能以下列方式加以设计，使其最低程度地影响市场准入承诺：①应与 WTO 规则相符；②环境政策的包容性；③考虑发展中成员的承受能力；④满足进口国的合法目标。

①　WTO, *Trade and Environment at the WTO*, Printed by WTO Secretariat – 3122. 5, pp. 14 – 15.
②　参见《关于贸易与环境的决定》，载《世界贸易组织：乌拉圭回合多边贸易谈判结果法律文本》，对外经济贸易合作部国际经贸关系司译，法律出版社，2000，第 411～413 页。

以上四点实际上是 CTE 对成员方制定相关环境措施提出的要求和标准。应当承认，为了减少环境政策对贸易产生负面影响，吸收发展中成员参与设计和完善相关环境措施是必要的。同样，为发展中成员在国际标准制定早期阶段有效提供便利也是非常重要的。

在讨论前述市场准入事务过程中，一些成员方意识到，对可持续发展来说，贸易产品的分类应重点考虑。CTE 可以考察并帮助发展中成员开展产品分类，在这些国家享有比较优势的领域，为对环境友好型产品寻求发展出口市场的刺激因素和途径，这将加强 CTE1996 年新加坡报告中传达的信息：贸易自由化具有创造可适用于贯彻关键性环境政策的资源的潜能。2001 年，在约翰内斯堡全球峰会上通过的"行动计划"重申，需要支持自愿的、与 WTO 相适应的、以市场为基础的对创造性的激励，以及对环境友好型产品的国内和国际市场的扩展。

二　为环境目的而实施的标签要求

马拉喀什《关于贸易与环境的部长会议决定》规定 CTE 的工作内容之一为应当处理"多边贸易体制条款和为环境目的而实施的与产品有关的要求，诸如标准与技术法规、包装、标签和回收要求之间的关系"。多哈宣言第 32 段（3）项也规定了相关内容："为环境目的而实施的标签要求。"从以上决定、宣言的相关内容可以看出，处理环境标签要求是 WTO 处理和协调贸易与环境之间关系的一项重要工作。

WTO 成员对马拉喀什工作计划（即马拉喀什《关于贸易与环境的部长会议决定》规定的 CTE 工作内容）有关环境标签内容的讨论，主要聚焦于生态标签（eco‐labeling，亦译为环保标签）以及处理相关要求（诸如包装要求、回收、再利用、再回收和处置要求等）的事项。自 WTO 多哈部长会议至今，为环境目的实施的标签要求已成为 CTE 日常工作的特别核心内容。

1. 生态标签不断增长的复杂性

当前看来，WTO 成员方政府、产业以及非政府组织使用生态标签的情况正日益增多。而且，也应当意识到，环保标签要求不断增长的复杂性和多样性给发展中成员，特别是发展中成员出口市场的中小企业（SMEs）已造成很大困难。制定环保标签的国际标准可以推动标签要求的统一，且对贸易便利化具有重要潜能，但由于参与的程度有限或参与效果有限，致使发展中成员在这一进程中完全处于不利地位。因此，在制定环保标准和法规过程中，有必要提高发展中成员的参与程度，并改善发展中国家参与的效果。

当前，制定环保标签的标准更趋向立足于对产品生命周期的分析，即考察一项产品从生产到最终处置过程中对环境的影响。实践中，对产品开展生命周期分析并非易事，而且，环保标签经常建立在仅与产品本身或其生产过程的几个因素有关的标准基础上。环保标签计划的普及可能给消费者带来困惑（限制他们认可或信任任何特殊标签的能力），且可能给出口商适应这些标签所依据的众多不同标准造成特殊的困难，特别是当它们以同样的产品为目标时，更是如此。①

2. 环保标签是有效的贸易工具吗？

WTO 一些成员方认为，自愿的、参与性强的、以市场为基础并透明的环保标签计划对消费者获悉环境友好型产品信息是一种潜在有效的方式。而且，实施这些计划似乎比其他方式具有更少的贸易限制效果。与此同时，也应当承认，实施环保标签计划有可能被某些成员为了保护国内市场而滥用。因此，实施环保标签计划应当坚持非歧视性原则，且不可对国际贸易造成不必要的障碍或成为伪装的贸易限制。

以外，也有人质疑实施环保标签计划对保护环境具有积极效果这一假设。实施环保标签所依据的标准，经常是通过国内各利益团体之间的协商而确定的，而环保标签使用者一个共同的抱怨就是，标签所依据的标准更趋向迎合某个地方的关切，通常不考虑国外供应商的观点以及这些供应商所属国家所处的特殊环境情势。例如，一个存在严重空气污染的国家制定的标签可能将重点放在空气污染控制措施上，而其他国家关心的主要环境问题却是水污染而不是空气污染，依据前者制定的环保标签无疑会使后者的供应商产生巨大困惑。②

3. 有关 PPMs 事项

在关于环保标签的争论中，另一个特别棘手的事项，就是生产过程以及生产方式（PPMs）相关标准的运用问题。

WTO 一些成员认为，如果一个成员的产品生产方法在最终产品上留有

① WTO，*Trade and Environment at the WTO*，Printed by WTO Secretariat – 3122. 5，p. 16.

② WTO，*Trade and Environment at the WTO*，Printed by WTO Secretariat – 3122. 5，p. 17.

痕迹（例如，在棉花生长中使用了杀虫剂，棉花本身就会存有杀虫剂残留物），那么，该成员就应在 WTO 规则规定的权利范围内为产品的生产方式制定相关标准。但是，在已知的"非正常 PPMs"（或"非生产相关 PPMs"）——亦即在最终产品上未留有痕迹的 PPMs（例如，在棉花生长中使用了杀虫剂，但棉花本身并没有杀虫剂残留物）——基础上寻求 WTO 对各项措施的协调方面，WTO 成员方之间存在着不同意见和争论。

许多发展中成员认为，基于"非正常 PPMs"标准而在产品之间形成了歧视的环境保护措施，例如，某些基于这类标准制定的环保标签措施，应被认为与 WTO 规则不符。

"非正常 PPMs"问题至今未能很好解决，并已造成 WTO 内部对 TBT 协定应否包含及允许基于"非正常 PPMs"所采取的措施及其范围产生了一场法律大辩论。当前，对 TBT 协定能否继续有效实施的一个主要挑战是，成员方越来越多地以生产过程为基础，并非以产品本身为基础制定相关法规和标准（不仅在环境领域）。这就要求，各成员方应对 TBT 协定中与对等、相互承认有关的规则予以更多关注，从而寻求一种解决国家间不同环境标准所产生矛盾、冲突的有效途径。

在对等原则方面，TBT 要求成员方承认它们的贸易伙伴制定标准的对等性，即使这些标准不同于其国内标准，只要它们已达到同一最终目的，即可被认为是正常标准。就发展中成员而言，对其认证体制对等性的承认是一个值得特别关注的领域。

在相互性原则方面，TBT 要求，如果评估程序被确信具有了一致性，评估体制具有可依赖性和相关能力，那么，各成员方就应当认可贸易伙伴运用这一评估程序评价进口产品是否符合标准。在 WTO 中，有人主张 TBT 中的对等性和相互承认原则可有效地适用于环保标签领域，在该领域，成员方将逐步承认它们的贸易伙伴制订的环保标签方案，即便这些方案基于与它们自身标准并不相同的标准，只要这些标准成功地满足了既定目标即可。

4. TBT 协定

大多数成员方认为，现有 WTO 规则足以处理业已出现的、备受关注的环保标签事项。该事项在 SPS 和 TBT 执行中已取得令人满意的效果。尽管如此，在以环境为目的的标签标准制定方面，目前 WTO 成员方之间尚无一个有利于谈判的共同谅解或指导性意见。至今，关于这个事项的进一步工作是否需要涵盖对现有规则的澄清也不明朗。对于一些成员来说，它们认为，TBT 和 SPS 已对强制性和自愿性的标签计划创造了一个适当的权利和义务之间的平衡，无须再另订新的谅解或协定。

关于自愿性环保标签项目，制定"TBT 对准备、接受和适用标准的良好行动指引"无疑是重要的，并且，应当鼓励那些正完善标签要求的机构接受该指引的行动。2000 年，TBT 委员会曾就一套"国际标准的完善原则"的内容达成一致，这些原则无疑对这项工作提供了有益的指导。TBT 委员会的这一决定涵盖了完善包括环保标签标准在内的各种产品标准的指导原则，即透明度、开放、不偏不倚和同意原则，有效性、相关性和一致性原则，以及只要可能就应对发展中成员的需求和利益做出反应的原则。

另外，在 WTO 成员方之间，关于环保标签问题的另一个争论焦点是，哪里是讨论该事项的合适场所？

在 WTO 内部，关于讨论环保标签事项适当场所的问题争论十分激烈，各种观点五花八门。一些成员认为，考虑到包含在多哈部长会议宣言第 32 段（3）项中的任务要求（CTE 给予以环境为目的的标签要求特别关注），CTE 需要澄清它在环保标签方面的工作，因此，在 CTE 中的讨论形成的意见应被作为 TBT 委员会研究环保标签问题的依据和来源。

然而，另一些成员方持有不同观点。它们主张，TBT 委员会更适合完成考察 WTO 规则与环保标签事项之间关系的任务，因为，该委员会正在讨论包括环保标签在内的、具有普遍意义的标签事项。它们坚持认为，CTE 争夺或重复这项工作的做法是不明智的。在这些成员方看来，对 CTE 来说，在对行动计划做出决定之前，应当充分考虑 TBT 委员会已取得的工作成果。

在第二次对 TBT 协定每三年一度的审议过程中（2000 年 11 月），TBT 委员会"重申任何关于标签要求应与协定规则相一致的重要性，并且，它特别强调，环保标签要求不应成为伪装的贸易限制"。2001 年，TBT 委员会同意启动关于环保标签问题的各种层次的讨论，这些讨论涵盖了已遍及市场的所有环保标签方案（一些是强制性的，一些是自愿的，还有些是基于非正常 PPMs 而制定的）。

此后，在第三次三年一度的审议中，TBT 委员会再次考察了有关环保标签的具体事项，反映在其审议报告中的"其他因素"中，该委员会同意，在未来执行和适用 TBT 过程中，继续考虑成员方对环保标签事务的关注。

在 TBT 委员会的支持下，2003 年 10 月，WTO 开启了环保标签事务的培训工作。这一工作的目的，是为了使成员方更好地理解在执行 TBT 过程中准备、接受和适用标签的要求以及这些要求对于市场准入的影响。同时，这一培训工作为成员方提供了一个从更广泛领域和具体实践中（包括消费者、产业界、进口商、出口商和法规制定者的）获得相关信息的机会。这项培训工作以实际案例研究为基础，并特别注重发展中成员的关切，考虑到了一系列涉及 WTO 成员利益的不同领域和具有不同目标的产品标签计划。①

在贸易实践中，一些国家已制定了适用于它们自身市场的包装要求以及为此目的而实行的回收、再利用或包装物处置的政策。由于制定和实施这些要求和政策可能增加出口商的成本，因此，即便对国内产品和进口产品实施了同样的要求，上述要求和政策也可被视为对贸易的潜在障碍，并将有可能导致歧视性待遇。例如，在许多亚洲国家，木材可被用于包装，而在欧洲木材却被认为是不可再利用的，如果欧洲国家禁止进口产品使用木材包装，这就会对来自一些亚洲国家的产品形成贸易障碍。

关于一些成员方对废旧产品处置制定的要求可能对贸易形成潜在影响问题，许多成员方表达了以下关注：（1）废旧品处置权被授权给某些成员方国内产业集团，且被设计为有利于它们利益的、规制废品处置项目的选择标准范围；（2）外国供应商可被允许参与设计和起草处置标准的程度；（3）国外供应商所钟情的包装可被这些处置标准接受的程度；（4）参与这些处置标准项目的费用；等等。目前看来，如果这些问题不能得以妥善解决，WTO 成员方之间就会因此而产生更多的贸易争端。

5. 为环境目的而实施的税收政策

马拉喀什《关于贸易与环境的部长会议决定》曾提及与环境相关的税收政策问题，即 CTE 的工作之一：处理"多边贸易体制条款与基于环境目的而实施的征税和收费之间的关系"。

征收环境税和环境费，被许多 WTO 成员方政府作为一种有效的经济手段，用于实现其国内的环境政策目标。实际上，现有 WTO 规则已对成员方政府针对贸易产品实施国内税费的方式（当这些税费被施加于进口产品或被退还给出口商时）进行了规范。当前，诸如能源税（如碳税）和对运输、生产等环境敏感型环节投入增税的建议，对于贸易和环境政策制定者来说，

---

① WTO, *Trade and Environment at the WTO*, Printed by WTO Secretariat – 3122.5, p.18.

具有广泛的利益和重要性。

依据现有 WTO 规则以及 WTO 争端解决的司法实践，"产品"税费可在边境征收，而一般来说，对"生产过程"征税是不被接受和认可的。例如，一项对燃料征收的国内税可合法地适用于进口燃料，但对生产一吨钢中消耗的能源所征的税，则不能适用于进口钢材。因此，现有 WTO 规则就会引发各方对国内生产商的生产过程被征收环境税费所产生的竞争性影响的关注和争论。鉴于这个问题的复杂性，CTE 已经开始关注现有 WTO 规则应在多大程度上与环境税费相协调这一工作的重要性。①

6. 贸易自由化对环境的影响

马拉喀什《关于贸易与环境的部长会议决定》提出，应当"消除贸易限制和扭曲的环境利益"。多哈部长会议宣言认为——第 32（1）段（第二部分）——消除或减少贸易限制和扭曲的情形将有利于贸易、环境与发展。

1996 年，CTE 在新加坡发表了一份报告，在该报告中，WTO 成员方表达了对进一步扩展在特别领域中消除贸易限制和扭曲所具有的潜在环境利益分析的关注，成员方普遍认为，在某些领域推行的贸易自由化，具有有益于多边贸易体制和环境保护的潜在能量。

此外，WTO 秘书处的一份背景资料指出，很大程度上，贸易自由化并非环境恶化的主要原因，贸易政策工具也不是解决环境问题的最佳政策选择。消除贸易限制和扭曲的环境利益之间的关系似乎是间接的且总体上不是容易鉴别的，当贸易政策不是唯一对经济行为具有影响的领域时，更是如此。

尽管意识到贸易政策与环境保护二者间关系的复杂性，WTO 秘书处在其发表的研究报告中，还是提出了在消除贸易限制与改善环境质量之间建立一个积极关系的途径的相关建议。（1）应当通过促进竞争实现更有效的资源利用和消费模式；（2）应当通过贸易扩张以及对可持续性开发自然资源的鼓励减少贫困；（3）应当通过市场自由化实现与环境相关的产品和服务的可适用性的增长；（4）应当通过一个持续不断的多边磋商机制营造开展国际合作的良好氛围。

对于发展中成员来说，贸易是保障环境保护所需资源的重要手段。1992 年联合国环境与发展大会（UNCED）做出的关于"向发展中成员大规模转

---

① WTO，*Trade and Environment at the WTO*，Printed by WTO Secretariat – 3122.5，p. 21.

让资金和技术以帮助它们满足经济发展和环境保护需求"的政治承诺，发达国家至今尚未兑现。在这种形势下，WTO 认为，有益于发展中成员产品出口的贸易自由化，对于帮助它们实现可持续发展而言是基础性的，对此，发展中成员多次加以强调，但至今未见发达成员方的实际行动。

以上讨论了有关市场准入与环境措施之间的几个关键性问题以及 WTO 成员对这些问题的认识、态度和立场，除此之外，在一些关乎环境、资源保护的具体领域，WTO 成员方之间的争论则更为激烈，某些观点针锋相对，难以达成共识。[①]

A. 关于农产品的主要争论。

在这个问题上，WTO 成员方内部存在两个不同的观点。一些成员认为，改革农产品贸易应为环境、贸易与发展提供"多赢"模式。对贸易和生产具有严重扭曲作用的农业补贴，不仅对采取这类政策的成员方会形成不利影响（刺激集约型农业生产），而且还对其他成员方的环境，特别是发展中成员的环境造成破坏性影响。这类补贴使农产品价格产生了不确定性，降低了发展中成员农产品回报率，打击了它们的农业生产和投资积极性。这些成员认为，较低的农产品回报率与贫困现象密切相关——而贫困是导致环境恶化的一个重要原因。相反，农产品回报率的增长无疑会使发展中成员生产者的收入获得提高，只有这样才能改善发展中成员保持和追求可持续农业生产的资金能力。

但是，与以上观点相反，另一些 WTO 成员方则认为，某种程度的国内支持对于保护因农业生产而引起的不同环境利益是必要的，这些利益包括文化传统的保护、土地的保有、水资源利用以及保护生物多样性等，因此，包括补贴在内的对农产品的某些国内支持政策，无疑有益于改善环境和保护环境，对此，WTO 应当允许。

以上两种观点针锋相对，反对农产品补贴的主要是发展中成员，而支持保留农产品补贴政策的主要是 WTO 中的发达成员。

B. 关于能源产品问题的主要争论。

一些成员方认为，WTO 制定的能源政策应为环境、贸易与发展提供一个潜在的"多赢"模式。它们认为，经合组织（OECD）现行的税收和补贴体制对于石油产品来说是不公正的，带有明显的歧视性。在许多 OECD 国

---

① WTO，*Trade and Environment at the WTO*，Printed by WTO Secretariat – 3122.5，p. 23.

家，对煤炭和燃气的税收微不足道，而且，煤炭产品享有政府补贴。这些成员建议，对能源产品的上述补贴应当取消，燃料税也应被重新设计，从而更好地反映能源产品的碳排量，确保能源产品的污染源（具有高碳排量）被惩罚，而不是被鼓励。然而，其他一些成员方却认为，CTE 不是讨论减少气候变化措施影响的合适场所，《联合国气候变化框架公约》（UNFCCC）和京都议定书（*Kyoto Protocol*）完全可以解决这一问题，WTO 无须插手。

有关能源产品的争论是 WTO 成员方之间关于环境政策的一个重要争论，至今仍未能达成妥协方案。

C. 关于渔业问题的主要争论。

多哈部长会议宣言第 28 段 "考虑到渔业对发展中成员的重要性" 要求成员方 "澄清并改进渔业补贴方面的 WTO 纪律"。对这个问题的讨论，主要集中于规则谈判小组工作中的 "补贴和反补贴协定" 条款。与此同时，根据 WTO 多哈部长会议宣言对 CTE 的工作安排第 6 项内容，CTE 也在充分研究渔业补贴问题。

WTO 成员方普遍认可在渔业领域实现可持续发展目标的重要性。一些成员认为，各国对现已开放、准入的渔业领域的不当管理已经导致了严重后果，世界各地渔业产品需求的不断增长已成为过度开发以及非法的、未经报告的、非常规的捕鱼所导致的世界渔业生产滑坡的根源。在这些成员看来，渔业补贴政策可成为降低渔业产能的有效工具，例如，通过回购渔船计划来实施补贴的政策，就可以减少对渔业资源的过度破坏，增强渔业的可持续发展。

但是，其他一些成员则认为，超产能、经常性以及对渔业的过度开发均是由某些成员方实施的补贴政策所引发，即便成员方内部明显有效的管理体制发挥了作用，其实施的渔业补贴政策也可能降低渔业管理的稳定性，并损害减少超产能的目标。在这点上，贸易自由化以及可持续资源管理将刺激具有长期环境利益的更有效生产方式。

以上不同观点的争论至今仍十分激烈，WTO 成员方在短期内很难达成一致的谅解。①

D. 关于林业问题的主要争论。

全球可持续发展峰会（WSSD）制订的执行计划非常重视林业管理的可

---

① WTO，*Trade and Environment at the WTO*，Printed by WTO Secretariat – 3122. 5，pp. 24 – 25.

持续性原则。该峰会指出，由于森林为人类提供了诸如减轻全球变暖以及保持生物多样性等多方面利益，因此，各国应当以一种包括讨论与贸易有关的相关事项等在内的跨行业方式来协调各自制定的林业政策。尽管 WTO 成员方一致认为实现可持续发展对全球林业具有重要性，一些成员强调，实现林业可持续发展目标有各种不同的途径，因此，WTO 有必要考察成员方实施的保护森林措施，以确保国家无法从其林业资源经济上获取利益。

在 WTO 中，一些成员方担心，国际上依靠非法砍伐森林而生产的产品进出口会降低林业资源国保护森林的努力，并且将严重影响环境、经济和社会等其他目标的实现。一些成员方认为，应当强调对森林资源采取适当国内规制的重要性以及各成员方执行、监督和贯彻这些规制的能力。此外，一些 WTO 成员认为，WTO 还应更多关注这一事实：贫困才是产生滥伐森林资源问题的根源，贫困现象加速了非法的林业资源开发。

一些成员方强调，尽管制定和实施制止非法开发的国内措施是必要的，在多边贸易体制下寻求各成员方之间合作的国际途径也是十分重要的。还有一些成员方则认为，该事项更适合于在其他地方解决，它们严重质疑 WTO 解决这个问题的合法性、有效性。①

第三节　WTO 协定规则与环境措施的关系

关于贸易与环境的部长会议决定要求 CTE 的工作任务之一是，处理"与贸易有关的环境政策与具有显著贸易影响的环境措施之间，以及与多边贸易体制条款之间的关系"。WTO 认为，这项工作任务所考察的重点问题在于，WTO 如何对待环境补贴政策，其他应当关注的事项包括对贸易协定所做的环境评估。

一　与贸易有关的环境政策：补贴

补贴行为对于环境保护具有积极的影响力，但其同时具有的消极影响也不容小视。一国制定的补贴政策如果具有积极的外部环境效应，那么，这种补贴将有利于环境保护。但同时，补贴政策也可能对环境保护产生消

---

① WTO，*Trade and Environment at the WTO*，Printed by WTO Secretariat – 3122.5，p. 25.

极的影响，因为实行补贴政策可能带来巨大的环境压力（例如，由于实施对某些产业的补贴政策，从而产生了鼓励对某些自然资源的过度利用效果等）。在农业和能源领域，WTO 成员方普遍认为，补贴行为扭曲了正常的贸易，而且，在某些情况下，补贴行为正是导致环境恶化的主因。鉴于补贴政策对环境保护具有双重作用的可能性，环保主义者建议，WTO 多边贸易规则应为那些具有良好环境影响的行为或技术的补贴提供更多的规则灵活性，而不是一概否定此类补贴的合法性。

在乌拉圭回合谈判期间，谈判各方已经意识到补贴行为对环境可能产生的积极影响以及消极影响，因此，许多关于环境的新规则和豁免条款被纳入《农业协定》和 SCM（尽管 SCM 第 8.2c 条已经期满）。根据《农业协定》相关条款，当某些条件被满足时，环境补贴则可从"国内支持减少"义务中豁免执行协定义务。

在 CTE 的工作中，能源补贴的内容也已被涉及，其关注点集中于 SCM 关于出口补贴规则的修改工作，其目标旨在规定"对用于出口的能源税收减免可不被视为出口补贴"。该协定第 1 附件和第 2 附件强调，对"出口产品生产过程中消耗的投入物"的税收豁免或减免不构成出口补贴，这一豁免适用于物理结合的投入物、能源、燃料以及在生产出口产品过程中所消耗的催化剂。

WTO 某些成员认为，这一条款是对出口产品更多采用能源聚集性技术的一种鼓励。但至今为止，CTE 尚未就有关此类补贴的范围达成一致，成员方已同意，未来开展更多的对此类政策的考察和分析。CTE 在其他工作项目下也在考虑补贴问题，但更多的是考虑补贴行为与它们造成的特别贸易扭曲以及在某些领域（诸如农业和渔业）的环境破坏影响有关的问题。[①]

二 对贸易协定开展的环境影响评估

最近几年来，由于受到来自 NGO 的巨大压力，一些 WTO 成员方政府开始对其对外签署的贸易协定开展环境影响的评估。例如，美国和加拿大已准备对《北美自由贸易协定》以及乌拉圭回合所达成的各项贸易协定予以评估。根据马拉喀什《关于贸易与环境的部长会议决定》相关规定，美国

---

① WTO，*Trade and Environment at the WTO*，Printed by WTO Secretariat – 3122.5，p. 27.

建议，政府应当在国内层面对美国签署的贸易协定开展环境影响评估。CTE在最近几年对于贸易协定的环境影响评估工作已经投入了更多关注，多哈部长会议宣言也包括了与此有关的内容（第 33 段），宣言鼓励成员方与其他成员方分享如何开展国内环境影响评估方面的经验和专业知识。

在 WTO 贸易谈判中，环境影响评估的重要性业已被多哈部长会议宣言第 6 段所提及，全球可持续发展峰会（WSSD）执行计划也确认了开展环境影响评估的重要性。多哈部长会议宣言第 6 段规定："我们注意到成员方在自愿基础上对贸易政策进行国家环境评估的努力。"

在根据多哈部长会议宣言第 33 段开展的讨论中，WTO 成员方强调了在环境影响评估问题上信息交换的重要性以及发展中成员在这方面可能遇到的困难。一些成员强调指出，除非自愿，在成员方国内层面开展的环境影响评估应当与国家的优先利益一致，且发展中成员承担的义务不应当因为被施加统一的环境评估程序而变得更为沉重。

三　被国内禁止的产品出口问题

马拉喀什《关于贸易与环境的部长会议决定》规定的 CTE 工作任务之一为研究、处理"国内禁止的产品出口事项"。

该条款内容涵盖那些基于对环境或人类、动物或植物生命健康形成危险原因而被国内禁止或限制销售和使用但依然出口的产品。在这方面，应当特别关注许多发展中成员和最不发达成员缺乏处理这些产品的能力和可用的资源问题。

其实，GATT 早在 1982 年就已经考察了"国内禁止的产品出口"（DPGs）问题。GATT 缔约方中的许多发展中成员关心这样的事实：一些在出口国基于健康和环境原因而被禁止或严格限制在其国内销售的产品正在向发展中成员出口，这无疑将引发道德上的关注。发展中成员认为，这一问题需要在多边贸易体制内解决。

在 1982 年 GATT 缔约方部长会议上，缔约方一致同意，GATT 应当研究这一问题，并指出全体缔约方应将它们生产和出口的、基于健康或环境原因在其国内被国内行政当局限制的任何产品名单通知 GATT。该决定通过后，GATT 建立了一个通知程序，但在实践过程中缔约方却只愿意向 GATT 通知那些已被禁止出口的 DPGs 产品，而不愿将那些它们仍在出口的产品通知 GATT。因此，从实际效果上看，GATT 为此建立的通知程序是不成功的，况且自 1990 年以后，GATT 就没再收到成员方在这方面的任何通知（尽管 1982 年缔约方所做出的上述决定依然有效）。

为了扭转这一局面，GATT 于 1989 年成立了一个有关 DPGs 出口问题的工作组。该工作组在 1989 ~1991 年共召开 15 次会议，但当工作组的使命期满时也未能彻底解决这一问题。鉴于此，在 1994 年马拉喀什部长会议期间，谈判各方同意将有关 DPGs 的问题纳入 CTE 的工作事项。

尽管近年来国际上已经出现了一些解决 DPGs 问题的国际协定（如《控制危险废物越境转移及其处置巴塞尔公约》），但这些协定主要解决的是化学、药品和危险废弃物问题，而不是用于日常消费的产品问题，WTO 的许多研究报告都指出了这一缺陷。同时，在谈判过程中，一些代表团提出，尽管存在解决这个问题的其他国际协定，但这些协定大都是自愿参加的，WTO 应当在解决这个问题上取得更快和更好的进步。

在 WTO 体制中，CTE 已表示，尽管对 WTO 是否应在解决这个问题上发挥作用还存在争论，但无论如何不能仿效已有的国际协定，也不能代替其他的专门政府间论坛。CTE 承认，与 DPGs 有关的技术援助和技术专业对于根本上解决环境问题以及避免对所涉产品形成不必要的额外贸易限制方面可以发挥极为重要的作用。CTE 提出，应当鼓励 WTO 成员通过双边形式或政府间组织向其他成员提供相关技术援助，特别是对那些发展中和最不发达成员，相关技术援助十分重要，这将有助于提高这些成员监督和控制 DPGs 出口的技术能力。

在 DPGs 出口问题上，WTO 秘书处所准备的资料表明，一些成员方代表团认为，WTO 应当恢复在 1982 ~1990 年 GATT 业已建立的 DPGs 通知程序，因为建立该程序的决议至今仍然有效，并未被撤销。但到目前为止，该通知程序尚未恢复，由于各方意见始终未能达成一致，最近几年，CTE 已将这一建议束之高阁。[①]

四 服务贸易与环境保护

WTO 通过的《关于服务贸易与环境的决定》制订了执行该决定的工作计划，指出："由于保护环境所必需的措施具有保护人类、动物或植物生命健康的明确目的，是否需要规定比第 GATS 第 14 条第 6 款更多的内容尚不

---

① WTO，*Trade and Environment at the WTO*，Printed by WTO Secretariat – 3122.5，p. 29.

明确。"鉴于此，为确定是否需要对 GATS 第 14 条进行任何修改必须考虑这类环境措施，决定要求 CTE 对服务贸易与包括可持续发展在内的环境之间的关系进行考察并提出建议。决定同时要求，CTE 应当考察政府间协定对环境以及它们与 GATS 关系的相关性。

在 GATS 谈判期间，一些代表团曾经建议，GATS 的"例外条款"可被用于考察因"环境""可持续发展""基础设施或交通体系整合""可用竭自然资源的保护"等原因而实施服务贸易限制的合法性问题。在谈判过程中，奥地利和瑞士希望坚持对卡车运输进行限制，它们认为，这种运输对环境有害，该意见引发谈判各方的热议。由于各方分歧严重，在涉及的这些事项上，直到乌拉圭回合结束也未能达成协议，谈判通过的《关于服务贸易与环境的决定》只是反映了一些代表团坚持再次处理该问题的愿望。

在 CTE 中，一些成员提出，WTO 应当在规则中增加比现有规制更广泛的 GATS "例外条款"，但其他成员认为，由于 GATS 条款已经在不断完善，质疑现有 GATS 第 14 条 b 款在处理环境问题的适当性建议无疑是草率的。同时，一些成员方认为，该事项与货物贸易领域中处理环境问题的 1994GATT 第 20 条的适当性问题密切相关。

迄今为止，CTE 对服务贸易与环境问题的讨论毫无进展，WTO 成员方尚未就基于环境目的、可适用于服务贸易且未被 GATS 特别是 GATS 第 14 条 b 款所能涵盖的任何措施内容达成一致看法。

2002 年，WTO 秘书处公布了一份有关服务贸易自由化对环境影响的研究报告。这份研究报告考察了三个服务贸易领域（旅游、城际间陆地货物运输和环境服务），并且概括地提出了如何评估服务贸易自由化对环境影响的初步建议，以供 WTO 成员方谈判时参考。

一些 WTO 成员方认为，在服务贸易领域，正在进行中的谈判目标之一是服务贸易不断进步的自由化，与环境保护有关的相关谈判应在现有 GATS 框架内以及现有日程中进行。一些成员方注意到，GATS 现有框架允许成员方对承诺表以及政府对外国服务提供者施加的条件方面具有一定的灵活性，同时，服务贸易自由化应尊重成员方的国家政策目标、经济发展水平以及每个成员的现有经济规模。

WTO 认为，尽管服务贸易的自由化的主旨在于推动成员方政府不断减少对服务贸易所形成的障碍，但这并非意味着成员方管理服务贸易的政府作用将彻底灭失。相反，服务贸易自由化可以使为实现国家制定的一些政策目标的适当规制需求变得更为突出。例如，环境政策可努力减少服务贸易自由化对环境的消极影响，或发挥其对环境的积极影响，甚至可以两种作用兼有。从这个意义上讲，每个服务领域的自由化对环境所产生的影响可能取决于该领域自由化进程是否能在现有规制条件或有规则的调整之下进行。事实证明，如果适当的规制体系可有效发挥作用，而且服务产品或服务价格反映了生产的全部成本（包括环境成本），那么，这种鼓励更有效利用资源的贸易自由化将有益于环境保护。

WTO 还指出，能否对环境产生积极影响与一个社会能够用以保护环境的资源密切相关，同时，保护环境的可用资源数量是由该国经济发展水平所决定的。换句话说，在更为自由的贸易与可减少贫困的经济增长以及包括更好环境在内的更高生活水准之间存在着积极的联系，对这一点应当充分加以强调。

许多 WTO 成员方认为，就目前而言，在那些可能归因于服务贸易的环境影响与那些可能由其他因素引起的环境影响之间做出区分是一件非常困难的事情。因此，这些成员方提出，可选择另一种考察服务贸易对环境影响的方法，即考察服务贸易自由化对 GATS 规制下贸易自由化的贡献程度。但事实表明，贸易自由化本身并非关键因素，考察由服务贸易自由化引发的、对环境产生的影响可能对于解决上述问题更有意义。

应当指出，尽管一项服务本身往往是无形的，但它所产生的直接环境影响是可以通过它对相关货物消费的影响来进行衡量和评估的。在考察服务贸易自由化对环境产生的影响时，应当注意到源于相关货物供应以及消费对环境产生的影响。

乌拉圭回合谈判期间，在依据联合国产品总分类（CPC）而制定的"服务项目分类表"中，所谓的"环境服务"项目包括：污水处理服务、垃圾处理服务、卫生及相关服务、其他环境服务。尽管"其他"一项中未提及任何 CPC 项目，但可以想见，它应当包括 CPC 环境服务表中的其余部分，即废气清洁、降低噪声服务、自然与景观保护服务，以及其他未涵盖的环境保护服务，目前看来，这一产品清单已被许多 WTO 成员方用于它们的服务贸易特别承诺表中。

截至 2003 年 4 月，WTO 中的 47 名成员已经在至少一个环境服务项目的子项目上做出特别承诺，许多成员已在多个环境服务领域做出了特别承诺，还有一些成员则是在全部子项目上做出特别承诺。成员方在各子项目中所做的承诺数量大体相当。总的来看，与旅游、金融服务或电信服务等服务领域相比，GATS 在环境服务项下自由化受到限制的程度似乎非常之小。

环境服务是一项大多通过商业存在（服务贸易模式第 3 类）并伴随自然人存在（服务贸易模式第 4 类）而实现的服务贸易。环境服务与跨境交易（服务贸易模式第 1 类）和境外消费（服务贸易模式第 2 类）之间的关系不大。跨境交易和境外消费仅产生一些支持性的服务，但从技术上讲，这两项模式对许多与环境相关行为则是不可行的。

一项对成员方承诺表的统计结果所做的研究显示，在服务贸易模式第 1 类之下的承诺经常是无拘束力的，原因在于，某些成员认为它在技术上不可行的。在服务贸易模式第 2 类之下的承诺自由化程度相当高，WTO 成员方对环境服务所做的大多数承诺集中于服务贸易模式第 3 类，服务贸易模式第 4 类中的成员方承诺就像其他服务领域一样，仅限于特殊的服务提供者名单。

五　环境友好型产品与服务关税及非关税壁垒问题

多哈部长会议宣言第 31（3）段的内容是："对环境友好型产品与服务的关税以及非关税壁垒的减少或适当消除。"

根据第 31（3）段提出的要求，WTO 谈判各方应就环境友好型产品与服务的关税以及非关税壁垒的减少或在适当时候彻底消除问题展开谈判。为此，WTO 成员方同意，在非农产品市场准入的谈判、特殊议程以及服务贸易理事会中开展有关环境友好型产品和服务问题的相关谈判。

此外，一些 WTO 成员方呼吁 CTESS 尽快澄清有关环境友好型产品的概念，但并非全体 WTO 成员都支持为谈判目的而对环境友好型产品进行定义。在多哈回合谈判中，负责三项内容谈判的主席已同意就他们所在不同委员会日常工作的进展方面开展合作。

目前，WTO 谈判各方正就关于环境友好型产品定义以及分类的标准问题展开讨论，主要关注以下事项。

（1）具有多种最终用途的产品如何分类。

（2）PPMs 和最终用途标准对于定义环境友好型产品是否必需。

（3）协调机制如何涵盖这些产品。

（4）"环境友好型"概念的相对性问题如何解决（因为被某些国家认为是环境友好型的产品在其他国家却被认为是非环境友好型产品；还有，将那些对环境有益但也对环境有害的产品纳入环境友好型产品名单的问题）。

在讨论环境友好型产品名单时，相关的一些参考意见被提交给 OECD 和 APEC，以供这两个组织参考。一些成员方提出，应当将 APEC 或 OECD 制定的环境友好型产品名单作为讨论环境友好型产品鉴别标准的基础。然而，这种做法的问题是，APEC 或 OECD 制定的名单仅注重某些 WTO 成员集团的利益，大多数发展中成员的利益未能在其中得以体现。WTO 认为，鉴于环境友好型产品所含有的高技术含量，因此，应当避免真正的利益仅倾向于更发达国家情况的出现。在这方面，有人提议，WTO 应当制定包括有利于发展中成员出口利益的产品在内的环境友好型产品名单。[①]

六 多边环境公约（MEAs）与 WTO 协定的关系

马拉喀什《关于贸易与环境的部长会议决定》规定，贸易和环境委员会的第一项任务涉及"多边贸易体制条款与包括根据多边环境协定（采取的）、为环境目的的贸易措施之间的关系"。第五项涉及"多边贸易体制中的争端解决机制与 MEAs 争端解决机制之间关系"。

多哈部长会议宣言第 31（1）段指出，在一定条件下，应就下列问题进行谈判："现有 WTO 规则与 MEAs 规定的特殊贸易义务之间的关系。谈判应限于这一范围：此类现有 WTO 规则在所涉 MEAs 成员之间的适用性问题。谈判不应歧视并非所涉 MEAs 成员方的任何 WTO 成员的权利。"

1. 一般性辩论

WTO 认为，跨境环境问题无论是地区性还是全球性的，多边解决方案均优于单边解决方案，这一点被环境政策和贸易政策制定者广泛认可。依靠单边主义解决跨境环境问题则会冒着损害多边贸易体制的、任意歧视的和伪装的保护主义的风险。联合国环境与发展大会（UNCED）表达了通过 MEAs 谈判处理全球性环境问题的强烈愿望。里约会议第 21 项议程提出：应采取措施以"避免采取单边行动处理出口国管辖之外的环境挑战。处理跨境或全球性环境问题的环境措施应尽可能地取得国际共识基础"。

在鼓励 MEAs 发挥作用的同时，WTO 中的 CTE 也在努力协调解决这

---

① WTO，*Trade and Environment at the WTO*，Printed by WTO Secretariat – 3122.5，p. 34.

些 MEAs 中某些协定所包含的贸易条款问题。这些贸易条款包括 MEAs 成员方之间同意采取的贸易措施以及 MEAs 成员方采取的、针对非成员方的贸易措施。

很大程度上，MEAs 所包含的上述贸易措施与 WTO 规则之间可能的冲突根源是 MEAs 条款违反了 WTO 奉行的不歧视原则，这样的违反可发生在一个 MEA 授权它的成员之间可以对一种特殊产品开展贸易，而却禁止与非成员之间开展完全相同的产品贸易，这种做法无疑违反了 WTO 的最惠国待遇条款，该条款要求 WTO 成员方给予"相似"进口产品以平等待遇。

与此同时，一些 WTO 成员表达了对与 MEAs 相关的争端可能被提交给 WTO 争端解决机制的担忧。同为一个 MEA 中的缔约方，又同为 WTO 成员的两个成员之间的争端最有可能在该 MEA 框架内解决，那么，一个 MEA 成员与一个非成员之间的争端（二者均为 WTO 成员）将最有可能进入 WTO 争端解决机制，因为非成员不能借助该 MEA 中的争端解决条款解决争端。一些成员方提出，WTO 不能等着被迫解决一个与 MEA 相关的争端，同时，WTO 专家组也不能等着被迫对 WTO 与 MEAs 之间的关系发表意见，WTO 成员自身应当通过谈判解决二者之间可能产生的冲突。

在讨论 MEAs 包含的贸易条款与 WTO 规则之间的关系问题时，CTE 已注意到现行有效的大约 200 个 MEAs 中仅有 20 个包含了贸易条款。因此，也有人认为，由于此类条款的数量很少，二者之间的冲突应不至于恶化。

迄今为止，还没有涉及 MEAs 条款的争端被提交到 WTO 争端解决机构。针对二者之间可能发生的规则方面的冲突，一些 WTO 成员在 CTE 会议上提出，国际公法的现有原则足以规制 WTO 规则与 MEAs 的关系。1969 年《维也纳条约法公约》以及习惯法规则本身就可规范 WTO 规则如何与 MEAs 相融合。"特别法"优先原则（更特殊的协定优于一般性的协定）以及"后法"优先原则（后来签署的协定优于以前的协定）均源于国际公法，因此，一些成员认为，这些国际法原则有助于协调 WTO 规范与 MEAs 之间的关系。但另一些成员认为，WTO 仍有必要对 MEAs 条款与 WTO 规则之间的关系做出更多法律上的澄清。

尽管迄今为止在 WTO 与 MEAs 之间从未发生正式冲突，但"智利—剑鱼案"已出现可能发生冲突性裁决的迹象。在该案中，WTO 和 MEAs 似乎均要考察智利采取的措施是否符合《联合国海洋法公约》（UNCLOS）。WTO 争端解决机构和国际海洋法庭（ITLOS）可能就事实问题或该公约的条款解释问题得出不同的结论，因此，裁决上的冲突不可避免。下面就通过对"智利—剑鱼案"的分析来进一步阐释这一问题。

案件的基本事实：剑鱼游弋于太平洋水域，它们的游动范围十分广阔，因此，剑鱼穿越了诸多国家所管辖的边界。20 世纪 90 年代以来，欧盟和智利就南太平洋水域中的剑鱼捕捞问题一直争吵不休，最终，双方将剑鱼争端诉诸不同的国际司法机制，以期获得国际司法机构的支持。欧盟于 2000 年 4 月决定将案件提交 WTO 争端解决机制，智利则于 2000 年 12 月将案件提交给国际海洋法庭（ITLOS）裁决。

本案在 WTO 争端解决机制中的程序：2000 年 4 月 19 日，欧盟请求就防止在以智利捕鱼法为基础建立的智利港口卸载剑鱼问题与智利开展磋商。欧盟声称，根据智利制定的法规，欧盟在东南太平洋作业的捕鱼船不被允许在智利的港口卸载剑鱼。欧盟认为，这一规定导致通过智利的港口运输剑鱼成为不可能。欧盟宣称，智利采取的上述措施与 GATT1994 不符，特别是与 GATT1994 第 5 条和第 11 条的规定不符。

2000 年 12 月 12 日，WTO 争端解决机构接受欧盟提出成立专家组的请求。但欧盟和智利双方当事人于 2001 年 3 月达成协议，同意推迟专家组组成的进程（2003 年 11 月再次推迟）。

本案在国际海洋法庭中的程序：应智利政府请求，智利和欧盟"关于东南太平洋剑鱼资源保护及可持续开发案"的争端解决程序于 2000 年 12 月 19 日在 ITLOS 中启动。

智利请求 ITLOS 裁决，欧盟是否履行了它在《联合国海洋法公约》第 64 条（呼吁在寻求高度洄游鱼种的保护方面开展合作）、第 116 ~ 119 条（关于公海生物资源保护）、第 279 条（有关争端解决）以及第 300 条（呼吁善意以及不能滥用权利）项下义务。而欧盟则请求法庭决定，智利是否违反了以上提到的《联合国海洋法公约》第 64 条、第 116 ~ 119 条、第 300 条、第 87 条（在保护义务之下的关于包括捕鱼自由在内的公海自由）以及第 89 条（禁止任何国家将公海的任何部分置于其主权之下）的规定。

2001 年 3 月 9 日，双方当事人通知 ITLOS 说，它们已达成一个关于此次争端解决的"临时协定"，请求推迟 ITLOS 的审理程序。2004 年 1 月，审理程序被再次推迟两年。

经过多次推迟 WTO 争端解决程序中的专家组程序，智利与欧盟于 2010 年 5 月通知 WTO 取消该案件，ITLOS 的审理程序也已终止，双方就剑鱼争端已达成解决方案。①

由于该案件以双方协商方式解决，故未出现 WTO 裁决与国际海洋法庭裁决相冲突的局面，但类似这种案件裁决发生冲突的可能性依然存在，如何协调加以解决是 WTO 面临的一个重要课题。②

2. MEAs 与 WTO 新加坡部长会议

1996 年 WTO 新加坡部长会议后，CTE 指出，它完全支持针对全球和跨境污染问题的多边解决方案，并要求 WTO 成员方避免在这方面采取单边行动。它声称，尽管贸易限制不是实现 MEAs 目标的唯一或必需的、最有效的政策工具，但在某些情况下，贸易限制措施对于环境保护会发挥重要作用。CTE 认为，WTO 规则已为遵循 MEAs 条款，并以与 WTO 相符的方式采取贸易措施提供了广泛、有价值的法律空间，因此，在这方面，并不需要改变WTO 条款以为此提供更多的便利条件。

关于争端解决，CTE 认为，贸易与环境政策制定者在国家层面更好地开展合作有助于避免因运用 MEAs 包含的贸易措施引发 WTO 争端。它认为，MEAs 成员方之间同意并使用的贸易措施不太可能在 WTO 中产生问题。但与此同时，MEAs 应当要求，在未来谈判 MEAs 条款时，应特别注意贸易措施如何适用于非成员方的问题。CTE 坚信，即便因为一个 MEA 中规定的贸易措施与 WTO 成员发生冲突（特别是与非该 MEA 成员的 WTO 成员产生的冲突），在借助环境专业知识和意见的前提下，WTO 争端解决条款完全可满足解决此类问题的需要。

3. 关于 MEAs 的多哈谈判议程

在多哈部长会议上，WTO 成员方就启动关于协调 WTO/MEAs 关系问题的谈判达成一致。成员方同意，在涉及包含"特殊贸易义务"（STOS）的 MEAs 时，应通过谈判澄清 WTO 与 MEAs 之间的关系。但这一谈判范围只限定于均为一个 MEA 成员的 WTO 成员之间 WTO 规则适用问题。换句话说，成员方不同意对 MEA 成员与非成员之间的规则冲突解决问题开展谈判。

WTO 成员方完全同意通过谈判澄清 WTO 规则与 MEAs 之间法律关系，

---

① http：//www. wto. org/english/tratop_ e/dispu_ e/cases_ e/ds193_ e. htm，visited at November 21，2013.

② WTO，*Trade and Environment at the WTO*，Printed by WTO Secretariat – 3122. 5，pp. 37 – 38.

而不是一旦形成正式争端后将此事留给解决个案的 WTO 争端解决机制。与此同时，它们也明确表示，该谈判只能限于澄清 WTO 规则如何适用于同属于一个 MEA 成员的 WTO 成员方之间的问题。可见，WTO 成员方不愿冒险进入 WTO 规则在 MEA 成员方与非成员之间的适用问题。之所以设计这样的一种限制，是由于 WTO 成员方更愿意通过谈判来澄清 WTO 规则与它们加入的 MEAs 之间的关系，但不愿意因并非 WTO 权利、义务一部分的 MEAs 来改变它们在 WTO 协定中已有的权利、义务。鉴于这一背景，多哈部长会议宣言第 32 段规定，应根据宣言第 31 段（1）项、（2）项开展谈判：

"依据第 31 段（1）项、（2）项开展谈判的结果，应当符合多边贸易体制的开放性、非歧视特点，不应增加或减少成员方在现有 WTO 协定中的权利和义务，特别是在 SPS 协定中的权利义务，也不应改变这些权利和义务的平衡，且应考虑发展中成员及最不发达成员的需求。"

该议题的谈判开始后，参与谈判的各代表团积极参与制定一个"关于（谈判）使命的共同谅解"。目前，该谅解已在两项基础议题方面（MEAs 中的"特殊贸易义务"认定以及对 WTO – MEAs 关系的更概念化讨论）取得进展。参与谈判的各代表团已考察了这个使命中的诸多事项，诸如"现有 WTO 规则""特殊贸易义务""MEAs 规定的条款""MEAs""所涉 MEA 成员方之间"等名词的定义，一些成员开始期望并评估该项使命可能产生的效果。

关于何为"MEAs"，一些人认为，WTO 有必要澄清这一概念以不超越该使命的授权界限，而另一些人则认为这是不必要的，在这些人看来，谈判重心应放在包含"特殊贸易义务"的六个 MEAs 条款上。但截至目前，WTO 成员方尚未同意将相关谈判仅限定于 MEAs 的特别条款上。

关于何为"特殊贸易义务"，一些成员方认为，它们必须是 MEAs 明确规定并带有强制性的贸易措施。谈判过程中，关于 MEAs 中一些贸易措施是否应被认定为"特殊贸易义务"仍有争论。一些成员方提议，在界定"MEAs 规定的""特殊贸易义务"时，应注意到 MEAs 的整体操作框架，它们要求会议决议必须考虑这一问题。此外，成员方谈判形成决议应采取的形式及其法律地位问题也是谈判中争论的话题。

当前，一些成员方提出了谈判"形成谈判成果"，诸如，应制定规制 WTO – MEAs 关系的某些"原则和公式"，以及应就 MEAs 中某类贸易措施与 WTO 规则建立一致性。然而，CTESS 存在一个普遍共识就是，目前讨论谈判可能形成的成果的时机尚不成熟。①

七 环境保护政策和 TRIPS 协定

马拉喀什《关于贸易与环境的部长会议决定》规定的第 8 项任务、多哈部长会议宣言"第 32 段（2）项"规定的内容是："与贸易有关的知识产权协定相关条款。"

TRIPS 协定的目标，在于促进对知识产权的有效和充分保护。知识产权保护体现不同功能，诸如，鼓励创新以及包括对环境有意义的技术发明信息的披露等。应当指出，在贸易与环境的关系语境下，TRIPS 协定所具有的意义越来越大。

多哈部长会议宣言要求 CTE 把工作重点放在考察 TRIPS 协定相关条款上。TRIPS 理事会也已被要求根据对 TRIPS 第 27.3（b）条规定的审议，制定考察 TRIPS 协定与《生物多样性公约》以及保护传统文化与民间传说之间关系的工作计划。

实际上，TRIPS 协定与环境之间的联系是复杂的，且其中的许多事项是具有争议性的。CTE 对这一事项的讨论，主要围绕两个问题：环境友好型技术的转让，TRIPS 与《生物多样性公约》某些条款的一致性问题。

1.《生物多样性公约》与 TRIPS 协定的关系

关于 TRIPS 与《生物多样性公约》某些条款的一致性问题，目前存在有三个观点。

一部分成员认为，WTO 有必要修订 TRIPS 协定条款，以涵盖《生物多样性公约》中的某些基本原则。TRIPS 条款修正案应要求，申请与生物材料有关的或与传统文化有关专利的申请人：a. 披露发明中使用的生物资源以及（或）传统文化的来源和所属国；b. 出示当局批准事先同意的证据；c. 出示公平和平等的利益分配证据。

但另一些成员则认为，《生物多样性公约》与 TRIPS 协定之间根本不存在冲突，且二者是相互支持的关系。在这些成员看来，二者具有不同的目标和目的，且处理不同的事务，实践中也并未出现特殊的冲突实例。

除以上两种观点外，还有一部分成员认为，尽管《生物多样性公约》和 TRIPS 协定相互支持，但它们在具体执行过程中可能产生冲突。因此，

---

① WTO，*Trade and Environment at the WTO*，Printed by WTO Secretariat – 3122.5，p. 41.

二者的法律体制需要以相互支持的方式来实施，以避免损害它们各自制定的目标。

大多数成员认为，TRIPS 理事会已经并正在处理关于二者之间关系问题，因此，CTE 应避免重复开展这项工作。

2. 关于环境友好型技术的转让问题

在技术转让方面，某些成员认为，TRIPS 现有关于专利保护的规定增加了为了满足不论是普遍性还是某些出口市场的环境要求而获得新技术的困难和成本。同时，对生物多样性的保护和可持续利用问题也日渐突出。

生物技术领域快速进步预示着，由获取生物资源而产生的问题也会愈发突出。发展中成员（许多是此类生物资源和生物多样性的主要供应者）强调，在这方面应遵循"公平交易"原则（a quid pro quo），作为为它们的生物资源提供准入，以及作为贯彻旨在保护和可持续利用生物多样性政策回报，它们应更易获得技术转让。

事实证明，解决环境友好型技术转让问题这项工作是 CTE 工作计划中的一个特别敏感事项，某些成员提议，应制定基于环境原因、为满足 MEAs 要求而使用技术的转让在 TRIPS 协定条款中的豁免规定，而另一些成员则主张，TRIPS 关于知识产权保护的规则是此类技术转让的必要前提条件。[1]

八 WTO 透明度以及与其他组织的关系

马拉喀什《关于贸易与环境的部长会议决定》第 4 项任务是："涉及被用于环境目的的贸易措施透明度的多边贸易体制条款。"第 10 项任务是："在与政府间组织和非政府组织关系上的适当安排方面进入相关实体。"

多哈部长会议宣言第 31 段（2）项规定的任务是："MEAs 秘书处与相关 WTO 委员会之间的信息的程序，以及授予观察员地位的标准。"

1. 贸易措施的透明度

成员方认为，透明度是 WTO 处理贸易与环境工作的一个重要内容。WTO 内现有大量的通知机制，增加了与贸易有关的环境措施（TREMS）的透明度。关于贸易法规的公布和实施的 GATT 第 10 条，1979 年《关于通知、磋商、争端解决以及监督的谅解》，TBT 和 SPS 协定中的透明度条款，

---

[1]　WTO, *Trade and Environment at the WTO*, Printed by WTO Secretariat – 3122. 5, p. 43.

均为在多边层面保证与贸易有关的环境措施的透明度提供了广泛的体制性基础。

2. 与非政府组织（NGO）的关系以及公众获取 WTO 文件

作为 1996 年 7 月 18 日通过的总理事会决议的一部分，WTO 成员同意改进公众获取 WTO 文件的工作，并应当加强与 NGO 之间的交流工作。根据总理事会决议的相关规定，CTE 做出了以下决定。

A. 要求 WTO 允许 NGO 作为观察员参加 CTE 的建议并不适当。

参加谈判的许多成员方代表团认为，通知公众以及与 NGO 之间建立关系的主要职责还在于成员方国内层面。这与 WTO 特殊性质有关，WTO 既是一个包括成员方权利义务的、具有法律拘束力的机制，又是一个多边谈判的国际场所。

B. 成员方普遍提出，WTO 处理贸易与环境关系方面工作的透明度应当进一步加强，而且 WTO 有必要对这个领域的公共利益做出回应，以避免公众对 WTO 在环境保护方面的作用产生误解。

C. 要求 WTO 秘书处在 NGO 和 WTO 成员方之间扮演中间人角色，且为彼此之间的信息和观点交流提供畅通的渠道。

为实现以上目标，近年来，除了日常与 NGO 代表联系以外，WTO 秘书处还组织了许多 NGO 座谈会，为市民社会与政府代表交流 WTO 与贸易和环境之间关联有关事务的有效信息提供了很好的机会。

在文件公开方面，2002 年 5 月 14 日，WTO 总理事会制定了关于 WTO 文件发布与解禁的程序，该程序的基本原则是大多数 WTO 文件应当向全体公众公开。[①]

九 相关信息的交换

多哈部长会议宣言第 31 段（2）项规定，WTO 应就 MEAs 秘书处与相关 WTO 委员会之间日常信息交换程序展开谈判。

事实证明，WTO 与 MEAs、联合国环境规划署（UNEP）之间合作与信息交换的现有方式是有价值的，但亦应进一步改进。联合国环境规划署（UNEP）正努力组织与"贸易与环境特别会议委员会"（CTESS）成员之间开展会议交流，此类会议为各方的信息交换提供了一个很好的场所，大量

---

① WTO，*Trade and Environment at the WTO*，Printed by WTO Secretariat – 3122.5，p.45.

环境领域的官员参加了 CTE 和"贸易与环境特别会议委员会"（CTESS）的各种会议。

在 CTESS 谈判中，一些 WTO 成员方提出了关于 WTO 与 MEAs 秘书处合作以及信息交换方面的如下建议。

A. CTE 中有关 MEAs 信息的会议应当正规化，且应以日常工作为基础组织这些会议。

B. 汇集具有共同利益的 MEAs 规定的方法，举行有关特别议题的 MEAs 信息会议。

C. 单独或与 CTE 共同在 WTO 其他机构中组织与 MEAs 之间的会议。

D. 组织并开展 WTO、联合国环境规划署（UNEP）以及 MEAs 之间的技术援助和能力建设项目。

E. 在尊重信息保密的同时，促进各方之间的文件交换。

F. 为来自贸易和环境领域的政府代表之间的信息交换开辟渠道。

G. 为解决贸易与环境问题建立一个电子数据库。

此外，许多代表团强调，在信息交换方面，保持灵活性是重要的，同时，应当关注 WTO、MEAs 以及小代表团之间资金和人力资源的有限性问题。另一些成员则提出，负责与联合国环境规划署（UNEP）和 MEAs 联系的 WTO 委员会的职责应予以具体、明确。

根据多哈部长会议宣言第 31 段（2）项的规定，"贸易与环境特别会议委员会"（CTESS）于 2002 年 11 月 12 日举办了一次与六个 MEAs 秘书处以及联合国环境规划署（UNEP）之间的关于 MEAs 信息的交流会，会议期间各方成功地交换了各自的立场和意见。[①]

十 观察员地位问题

根据 1996 年通过的关于 WTO 政府间国际组织观察员地位的指导意见的总理事会决议，CTE 同意，以永久性为基础对那些以前以特别观察员身份参加 CTE 会议的政府间组织和具有此类要求的政府间组织开放观察员地位。

目前，已有 25 个政府间组织在 CTE 的日常工作中被授予观察员地位。然而，由于有关观察员地位问题的总理事会谈判出现政治僵局，CTE 未再考虑其他组织的任何新请求，这就造成一些来自包括某些 MEAs 在内的国际

---

① WTO, *Trade and Environment at the WTO*, Printed by WTO Secretariat – 3122. 5, p. 46.

组织的观察员地位请求至今悬而未决。

观察员地位问题也已在贸易谈判委员会以及履行不同职责的谈判小组，包括"贸易与环境特别会议委员会"（CTESS）中引起强烈反响。由于多哈部长会议宣言第 31 段（1）（2）项规定的谈判使命与 MEAs 相关，因此，"贸易与环境特别会议委员会"的成员试图从 MEAs 的专业性中寻找解决以上问题的办法：以特别的、一事一会的方式，邀请一些 MEAs 秘书处参加会议。

成员方提出，在授予观察员地位的标准问题上，"贸易与环境特别会议委员会"应当依据多哈部长会议宣言第 31 段（2）项规定开展关于 WTO 相关委员会授予 MEAs 秘书处观察员地位标准问题谈判。第 31 段（2）项的使命旨在保障 MEAs 能够参与 WTO 的相关工作，并加强二者工作之间的互补性。

在此问题上，有人提出，多哈部长会议宣言第 31 段（1）项中的谈判应当具有外溢效应，这有助于降低 WTO 和 MEAs 规则执行过程中可能产生的冲突。

目前，已有四个 MEAs 秘书处在 CTE 中具备了观察员地位（《生物多样性公约》、《濒危野生动植物物种国际贸易公约》、《养护大西洋金枪鱼国际公约》，以及《联合国气候变化框架公约》），但是在 CTE 和其他各类 WTO 委员会中，一些 NGO 申请成为新观察员的请求至今悬而未决。

第四节　与环境保护相关的 GATT/WTO 条款

GATT1994 以及 WTO 涵盖协定中的一些条款与环境保护具有直接的法律联系，可成为成员方实施环境保护政策或措施的法律依据，与此同时，这些条款也起到了防止环境措施滥用的法律规范作用。在 GATT1994 及 WTO 涵盖协定中，与环境问题具有直接关联的条款如下。

一　GATT1994：关于非歧视的第 1 条和第 3 条

非歧视原则有两部分内容：包含在 GATT 第 1 条中的最惠国待遇（MFN）原则，以及包含在第 3 条中的国民待遇原则。

根据第 1 条规定，WTO 成员方给予其他成员方的产品待遇不得低于其给予其他任何成员的产品待遇，故一成员不能给予他国产品特别的贸易优惠或者歧视他国产品，所有成员均应处于平等地位，且应分享消除贸易壁垒所带来的利益。同时，MFN 原则也确保发展中成员以及其他缺乏经济实力的国家无论何时或处于何处谈判都能自由地从最佳贸易环境中获益。

非歧视的第二项内容是国民待遇原则，GATT1994 第 3 条规定，一旦货物进入一个成员方市场，它们所得到的待遇应不低于该成员方国内生产的相同产品。

非歧视原则是多边贸易体制规则赖以建立的基础，根据非歧视原则，在与贸易相关的环境事务上，WTO 成员方应确保其国内的环境保护政策不得以一种在外国产品和本国生产的相同产品之间，或在从不同的贸易伙伴进口的相同产品之间造成任意的歧视的形式而被采用。非歧视原则可以起到防止环境保护政策的滥用及被利用为伪装的国际贸易限制的作用。

二　GATT1994：关于普遍减少数量限制的第 11 条

GATT1994 第 11 条规定，应当减少国家制定或维持的对进、出口产品的数量限制。该条款以鼓励国家将数量限制转化为关税（一种更为透明且具有较少贸易扭曲的手段）的方式防止此类限制。由于 WTO 成员方以环境因素对某种产品采取进口数量限制措施而违反该条款，因而，产生了一些贸易争端，由此可见，该条款涉及贸易与环境关系的议题。

三　GATT1994：关于"一般例外"的第 20 条

早在 1947 年谈判时，关于"一般例外"的第 20 条就列举了许多成员可豁免 GATT 规则义务的特殊情况。在第 20 条中，有两种例外与环保相关：b 项和 g 项的规定。

第 20 条 b 项和 g 项允许 WTO 成员将与 GATT 规则不符的政策措施合法化，前提是，这些政策、措施对保护人类、动物或植物生命、健康是"必需的"，或者，这些政策、措施与保护可用竭自然资源相关。第 20 条序言要求，确保这类与 GATT 规则不符的措施不导致任意的或不公正的歧视，且不构成对国际贸易的变相限制。

关于第 20 条在贸易与环境议题中的运用，WTO 专家组和上诉机构曾经做过一些论述，这对于理解和阐释该条在环境议题中的作用大有裨益。例如，在美国—汽油案中，上诉机构提出：首先，被申诉方必须证明，该措施至少属于第 20 条列举的 b 项和 g 项例外中的一个，其次，这项措施还需要满足该条款前言的要求，即它不能以一种构成"在同样条件的国家间任意的或不公正的歧视方式"被适用，且不构成对国际贸易的变相限制。

鉴于此，根据专家组和上诉机构的解释，适用 GATT1994 第 20 条例外的第一步，就是要鉴别通过该措施所希望实现的目标是否属于旨在保护人类、动物或生物生命、健康的政策范围（b 项），或者是否属于保护可用竭的自然资源（g 项）。第二步，考察第 20 条 b 项和 g 项的特殊要求是否已被满足，例如，应进行必要性的审查等。

到目前为止，被 WTO 争端解决机构认可的、与环境有关的、可适用 GATT 第 20 条"一般例外"条款的相关议题如下。

第 20 条 b 项：保护人类、动物或植物生命健康的措施（针对香烟消费、保护海豚生命和健康、减少汽油消耗导致的空气污染、减少石棉纤维引发的风险）。

第 20 条 g 项：作为保护可用竭自然资源的措施（金枪鱼资源保护、鲑鱼和鲱鱼的保护、海豚资源保护、汽油的保护、清洁空气的保护、海龟的保护）。

需要强调的是，第 20 条 b 项要求实施一个被广泛引用的"必须性审查"，即该措施对于"保护人类、动物或植物生命健康"一定是必需的。

除此之外，在泰国—香烟案中，WTO 专家组还提出了"最低贸易限制"的要求，并将其定义为：泰国实施的进口限制应被认定是第 20 条 b 项意义上的"必需的"，只要不存在与总协定相符的替代措施，或不存在较少与之不符的、泰国应被合理期望实施该措施以实现其健康政策目标的替代措施。这就是所谓的"最低贸易限制"要求。

在后续案件中，专家组和上诉机构对于第 20 条 b 项的解释又有一些创新：从"最小贸易限制"的（审查）方法发展为以"比例原则"为补充的"最小贸易限制"方法（衡量和平衡一系列因素的程序）。

上诉机构认为，在每一个决定一项措施是否为"必需的"案件中都包含一个由该措施引起的，对涉诉法规或措施的执行明显具有影响的一系列因素、该规定所保护的利益或价值的重要性，以及该措施对进出口所带来影响的"衡量和平衡"程序。

在"欧盟—温石棉案"中，一项"环境措施"第一次通过了上述必需性的程序审查。上诉机构阐明，（措施）所追求的"共同利益或价值越关键或越重要"，它就越容易被接受为是旨在实现这些目的所"必需的"措施。

在适用第 20 条 g 项方面，在"美国—汽油案"中，上诉机构声明，如果一项措施表明它与保护可用竭自然资源具有"实质性关系"，而并非仅仅"偶尔或无意地为了保护可用竭自然资源"，那么，该措施就可成为"与保护自然资源有关"的措施，以此澄清了第 20 条 g 项的法律含义。

但与此同时，作为一项额外的要求，第 20 条 g 项要求具有利害关系的该项措施"对于国内生产或消费的限制也应是有效的"，即被关注的措施不仅对进口产品施加限制，而且对国内同类产品也实施限制。

在第 20 条前言的适用方面，在贸易争端解决过程中，一旦一项措施满足了第 20 条 b 项或 g 项中某一项规定的条件，那么，专家组或上诉机构就转向对第 20 条前言的适用考察阶段。

该前言要求，为确认一项环境措施系符合第 20 条各项规定中的一项，该措施必须不以一种在具有同样条件的国家之间构成任意的或不公正的歧视方式，或以一种变相的国际贸易限制的方式适用。

"任意的或不公正的歧视"方式

在"美国—汽油案"中，上诉机构提出，通过明确的词语表达，该前言明确表示，并非要更多地质疑一项措施本身或其特别内容，而应当考察该措施适用的方式。按照第 20 条前言提出的要求，一项环境措施可能形成歧视，但不应以一种"任意的或不公正的方式"出现。

为了判断一项措施是否以一种"不公正"的方式适用，"美国—海虾案"中的专家组和上诉机构确认了两项要求：首先，采用该措施的成员方是否做出了开展与利害关系方谈判的积极努力；其次，该措施是否灵活。

关于判断该措施是否以一种"任意的"方式实施，上诉机构在美国—海龟案中提出，一项措施在实施过程中的"僵硬和死板"构成了该前言意义上的"任意的歧视"。

变相的国际贸易限制的方式

为了判断一项措施是否构成对国际贸易的变相限制，专家组和上诉机构陆续提出三项标准：①公开性审查（该措施是否被公开宣布）；②考虑一项措施的适用是否构成任意的或不公正的歧视；③全面考察涉诉措施的"设计、结构和展示的框架"。

四 《服务贸易总协定》（GATS）相关条款

乌拉圭回合谈判达成的 GATS 在第 14 条包含了一个"一般例外"条款，

在处理相关环境关切过程中，GATS 第 14 条 b 项允许 WTO 成员维持与 GATS 不符的政策措施，前提是该措施对于"保护人类、动物或植物生命健康是必需的"（与 GATT 第 20 条 b 项一致）。同时要求，这必定不会导致任意的或不公正的歧视，且不得构成对国际贸易的变相歧视，该条款前言提出的上述要求与 GATT 第 20 条前言一致。

五　《技术性贸易壁垒协定》（TBT）相关条款

TBT 旨在确保产品的规格要求，以及参照这些规格所设置的合格评定程序（一般称之为合格评定程序）不会对贸易产生不必要的障碍。

在该协定的前言中，规定成员方拥有在其认为适当的程度内采取此类措施的权利，并在第 2.2 条中承认，保护人类、动物和生物生命或健康以及保护环境是每一个成员方追求的合法目标。

该协定要求，WTO 成员方在起草、实施和适用产品规格，以及合格评定程序中应当遵循非歧视原则。同时，它鼓励成员方将这类规格和程序与国际标准相统一。该协定的核心原则是透明度原则，即要求成员方通过通知 WTO 秘书处并建立国内咨询点确保其制定的产品规格和评定程序透明。

上诉机构依据 TBT 条款做出的第一个裁决是关于在欧盟领域内"加工性沙丁鱼"市场销售问题的"欧盟—沙丁鱼案"。

2002 年欧盟—沙丁鱼案

由于欧盟出台规定，禁止在含有从秘鲁海岸捕获的类似沙丁鱼鱼类的罐头上使用"秘鲁沙丁鱼"字样，秘鲁遂与欧盟发生了争端。

秘鲁认为，欧盟该规定与 TBT 第 2 条和 12 条的规定不符。该案的焦点是关于两种鱼类的产品说明——沙丁鱼与乐拟沙丁鱼。前者被发现主要是在北大西洋东部、地中海以及黑海周围活动，而后者被发现主要是在秘鲁和智利沿岸的东太平洋游弋。二者均可被加工并灌装成鱼类制品。

欧盟出台的相关法规规定，只有使用沙丁鱼（欧洲沙丁鱼）的产品可被作为加工沙丁鱼进入市场。换句话说，只有此类产品可在罐装食品中使用"沙丁鱼"字样。

2002 年 9 月，上诉机构对此案做出裁决，支持专家组做出的有利于秘鲁的裁决。上诉机构认为，国际上的食品法典委员会为沙丁鱼产品制定的标准构成 TBT 意义上的"相关国际标准"。该标准为以 21 种物种名单（包括沙丁鱼和乐拟沙丁鱼）中的鱼类作为原料的灌装沙丁鱼制定了特殊标签条款。调查结果发现，该国际标准并未成为欧盟出台相关法规的依据，且该国际标准对于实现欧盟法规追求的"合法目的"并非"无效或不适当的"。因此，上诉机构裁决，欧盟出台的相关规定与 TBT 的第 2.4 条不符。

2003 年 7 月，秘鲁和欧盟通知 DSB 说，它们已就此争端达成相互同意的解决办法。依据修订后的欧盟法规，秘鲁沙丁鱼现可在包含"沙丁鱼"字样和该物种的科学名称——"沙丁鱼—乐拟沙丁鱼"的产品说明的产品中在欧盟市场销售。

六 《实施卫生和植物卫生措施协定》（SPS）相关条款

SPS 与 TBT 极为相似，但与 TBT 相比，它涵盖的措施范围较窄，仅涵盖那些为确保食品、饮料安全，以及含有添加剂、有毒物质或污染物的饲料安全，或为了防止病虫害传播而采取的措施。它承认成员方拥有采取 SPS 措施的权利，但规定这些措施必须依据一个风险评估机制做出，并应只在保护人类、动物或植物生命或健康的必要范围内适用，而且不应在情形相似的国家间形成任意的或不公正的歧视。SPS 第 5.7 条允许成员方在科学证据并不充分的情况下采取 SPS 措施，只要这些措施是临时性的，且依据了更为客观的风险评估机制。[①]

七 《与贸易有关的知识产权协定》（TRIPS）相关条款

为了提升对知识产权的保护，TRIPS 在第五章"专利"部分阐述了与环境保护有关的事项。

该协定第五章第 27（2）（3）条规定，成员方可拒绝对某些发明授予专利权，如果在其领土内阻止这些发明的商业利用是为了维护公共秩序或道德（包括保护人类、动物或植物的生命），或避免对环境造成严重损害。根据该协定，成员方也可拒绝对人类或动物的诊断、治疗和外科手术方法，以及除微生物外的植物和动物的基本生产过程授予专利。此外，协定规定，成员方应当通过专利或一种有效的特殊制度或通过这两者的组合来保护植物品种。

TRIPS 上述条款旨在处理与知识产权保护有关的环境关切。该协定允许

---

① WTO, *Trade and Environment at the WTO*, Printed by WTO Secretariat – 3122.5, p. 56.

成员方拒绝对可能威胁环境的发明授予专利（作为保护环境的必要条件，这些发明的商业开发被禁止），并拒绝对植物或动物的基本生产过程授予专利（以道德关切为由）。根据该协定，成员方应当为了生物多样化之目标，通过专利或协定规定的其他有效方法保护不同的生物物种。

八　《补贴与反补贴措施协定》相关条款

根据该协定，某些"不可诉的"补贴一般是被允许的，该协定的第 8 条关于"不可诉"补贴的规定直接涉及相关的环境事项。该条款规定的不可诉补贴中的一些补贴，是用于促进现有设备更新以适应新环境要求（第 8.2c 条）。但是，该条款已于 1999 年底期满失效。

九　《农业协定》相关条款

乌拉圭回合通过的《农业协定》旨在改革农产品贸易，并规定了市场导向的政策基础原则。在协定的前言中，该协定重申了成员方以保护环境的方式改革农业的承诺。根据该协定，对贸易影响最小的国内支持措施（众所周知的"绿箱"政策）不在被削减的承诺之列（包括在协定附件 2 之中），这些政策包括满足某些条件的环境项目的开发。这一豁免使得成员方能获得积极的环境效应。

十　WTO 通过的相关决议

如前所述，马拉喀什关于贸易与环境的部长会议决定创立了旨在使得国际贸易和环境政策相互支持的"贸易和环境委员会"，同时，该决议为 CTE 制订了工作计划。

《关于服务贸易与环境的决议》也是由 1994 年召开的部长会议通过的，该决议要求 CTE 考察并报告服务贸易与环境之间的关系，包括可持续发展事务，以便成员方对是否接受 GATS 第 14 条的修订做出决定，CTE 已经将此事作为其工作计划的一部分。

第四章
与环境有关的贸易争端案件分析

通过上一章的分析和论述，我们可以看出，由于在许多关键问题上存在巨大争论，期望多哈回合谈判短期内就贸易与环境问题达成重要共识是不现实的，但由于环境问题已经涉及 WTO 协定规则的适用，而且由环境政策或措施引发的贸易争端屡见不鲜，那么，通过对 GATT/WTO 争端解决机制对已发生的与环境措施相关的案件的处理情况的研究、分析，我们可以了解 WTO 体制对于贸易与环境之间关系的把握尺度，这对掌握并运用 WTO 规则处理国内环境问题具有重要现实意义。

第一节　GATT 时期发生的案例

在 GATT 时期，共有涉及 GATT 第 20 条考察环境措施或与人类健康有关的措施内容的六个完整的专家组程序。在这六个专家组的报告中，有三个专家组的报告未被 GATT 缔约方接受。以下是对这些争端的总结和概括，由此，我们可以考察 WTO 在处理贸易与环境问题的相关政策及其未来走向。[1]

一　美国—加拿大金枪鱼案

由于未经加拿大政府授权、在加拿大认为的管辖水域内捕捞海产金枪鱼，加拿大截获了 16 条美国渔船并逮捕了美国渔民，此后，美国通过了一项禁止进口加拿大金枪鱼的规定。美国并不认为行使这一管辖权并根据美

---

[1]　WTO，*Trade and Environment at the WTO*，Printed by WTO Secretariat – 3122.5，p.59.

国鱼类保护和经营法案通过一项进口禁令是在报复加拿大。经审理，专家组认为，美国出台的该进口禁令违反了 GATT 第 11.1 条规定，且与 GATT 第 11.2 条和第 20 条 g 项不符。

二　加拿大—鲑鱼和鲱鱼案

根据 1970 年加拿大渔业法案，加拿大实施禁止出口某些未加工的鲱鱼和鲑鱼的法规。美国申诉说，这些措施与 GATT 第 11 条不符。加拿大辩解道，这些出口限制措施是其制定的、旨在保护鱼类资源的渔业资源管理体制的一部分，因此，符合 GATT 第 20 条 g 项的规定。审理后，专家组认为，加拿大采取的此措施违反了 GATT 第 11.1 条规定，且与 GATT 第 11.2 条和第 20 条 g 项不符。

三　泰国—香烟案

根据泰国 1966 年制定的烟草法案，泰国禁止进口香烟以及其他烟草原料，但同时，泰国允许其国内香烟销售，香烟还被征收消费税、营业税以及地方税。美国申诉说，泰国实施的该进口限制与 GATT 第 11.1 条规定不符，且认为这一限制也不被 GATT 第 11.2 条 c 项和第 20 条 b 项所允许。美国还声称，泰国实施的国内税与 GATT 第 3.2 条不符。泰国申辩说，其实施的进口限制已被 GATT 第 20 条 b 项证明为合法，因为只有香烟的进口被禁止，泰国政府所采取的措施才有效，而且美国香烟中含有的化学品及其他添加剂使美国香烟比泰国香烟可能更有害。

经审理，专家组裁决，泰国实施的该进口限制与 GATT 第 11.1 条不符，且也不为第 11.2 条 c 项规定所允许。专家组进一步指出，泰国实施的该进口限制并非 GATT 第 20 条 b 项意义上的"必需的"措施。但专家组同时裁决，泰国对香烟产品实施的国内税符合 GATT 第 3.2 条的规定。

四　美国—金枪鱼案（墨西哥）

根据美国制定的海洋哺乳动物保护法案，美国对"捕获"和进口海洋哺乳动物进行普遍限制，只有被明确授权的产品才得以在美国销售。该法案特别规制了在东热带太平洋海域（据称，在该地区海豚游弋于金枪鱼群之上）捕捞黄鳍金枪鱼同时附带捕获海洋哺乳动物的行为。根据该法案，在美国制定的标准之外使用可导致附带捕杀或伤害海洋哺乳动物商业捕鱼技术捕捞的商业渔产品及相关鱼制品是被禁止向美国出口的。

上述法案特别规定，禁止在东热带太平洋海域使用围网捕捞的黄鳍金枪鱼进口（即实施直接的国家禁运），除非美国相关职能机构确认：①捕鱼国政府拥有一套可与美国相当的、规范捕捞海洋哺乳动物行为的规划，②捕鱼国渔船附带捕获的海洋哺乳动物的平均概率可与美国渔船的这一概率相当，该国捕捞金枪鱼的船只附带捕获的平均概率（即在围网捕鱼过程中杀死海豚的概率）不得超过同一时期美国渔船捕获概率的 1.25 倍。同时，从主要禁运对象国购买而又出口到美国的金枪鱼也属被禁止之列（即实施间接的国家禁运）。

墨西哥申诉称，美国对黄鳍金枪鱼及金枪鱼制品实行的上述进口限制与 GATT 第 11 条、第 13 条和第 3 条不符。美国要求专家组认定，该措施中的直接禁运与 GATT 第 3 条相符，或者作为替代，（该禁运）属于第 20 条 b 项和 g 项范围之内。同时，美国声称，该措施中的间接禁运与第 3 条相符，或者作为替代，（该禁运）被第 20 条 b 项和 g 项所允许。

专家组裁决，直接或间接禁运之下的该进口禁止措施并非 GATT 第 3 条意义上的国内法规，与 GATT 第 11.1 条不符，且不被 GATT 第 20 条例外中的 b 项和 g 项所允许。此外，间接禁运亦不被 GATT 第 20 条 d 项允许。

五　美国—金枪鱼案（欧共体）

欧共体和荷兰申诉说，根据美国海洋哺乳动物保护法案实施的直接的和间接的国家禁运均不在 GATT 第 3 条允许的范围内，与 GATT 第 11.1 条亦不符，且不属于 GATT 第 20 条例外中任何一项涵盖的范围。美国辩解说，间接的国家禁运符合 GATT 规定，因为它属于第 20 条 g 项、b 项和 d 项范畴，且直接禁运并未抵消或损伤欧共体或荷兰任何预期利益，因为该法案并未适用于这些国家或组织。

专家组裁决，直接的或间接的国家禁运均不在 GATT 第 3 条范围内，二者均违反了 GATT 第 11.1 条，且不属于 GATT 第 20 条 b 项、g 项或 d 项例外的范围。

六　美国—汽车案（欧共体）

在该案中，美国对汽车采取的三项措施被 GATT 专家组审查：征收汽车的奢侈品税（"奢侈品税"），征收汽车的大油耗税（"油老虎税"），实施"公司平均油耗"法规（CAFE）。欧共体申诉称，美国采取的这些措施与 GATT 第 3 条不符，且不被 GATT 第 20 条 g 项或 b 项所允许。而美国认为，这些措施符合 GATT 的相关规定。

专家组裁决，奢侈品税——适用于价格超过 3 万美元的汽车销售，以及"油老虎税"——适用于油耗不少于 22.5 英里每加仑（mpg）的汽车销售，均符合 GATT 第 3.2 条规定。

CAFE 法规要求在美国生产的或任何进口商销售的客用汽车的平均油耗不得低于 27.5mpg。既是进口商又是生产商的公司必须对进口客用汽车和国内自产汽车的平均油耗分别计算。对此，专家组裁决，该法规与 GATT 第 3.4 条不符，因为按美国要求设计的单独的外国汽车会计系统会对外国汽车企业形成歧视，而且，根据该法规，汽车油耗平均值以与生产商或进口商的控制权或所有权相联系的因素为基础。该法规不是直接基于与产品有关的因素来区分进口汽车和国产汽车。同样地，专家组认为，单独的外国汽车会计方法并非 GATT 第 20 条 g 项所允许；但专家组未对计算汽车油耗平均值的方法是否符合第 20 条 g 项做出裁决。最终，专家组裁决，美国制定的 CAFE 法规不为 GATT 第 20 条 g 项所允许。

通过对 GATT 时期的六个与环境相关的案件处理结果分析可以看出，GATT 时期，专家组对于缔约方因环境而实施的贸易限制措施并未给予积极的肯定，而且对缔约方援引 GATT 第 20 条"一般例外"条款作为保护环境措施的依据采取了极为严格的审查方式，援引"一般例外"条款作为豁免贸易限制措施的法律依据的做法并未成功。这种情况与当时专家组对环境问题的认识有关，也与以贸易自由化为根本宗旨的 GATT 奉行减少、限制缔约方贸易限制措施的理念直接相关。GATT 专家组对与环境相关的贸易争端做出的裁决，因未能充分考虑缔约方的环境关切，故而引起很大争论，美国等国家提出强烈反对，直接导致相当一批专家组裁决未获通过。

第二节 WTO 成立后发生的案例

与 GATT 时期不同，随着对环境问题的日益关切，WTO 成立后争端解决机构对环境措施引发的争端采取了积极的处理方式，特别是在 GATT 第 20 条"一般例外"条款的运用方面展示了创造性思维和理念，在协调和处理环境保护措施与维护贸易自由化宗旨关系方面，一改 GATT 时期的消极态度，做出了积极而富有成效的努力，为 WTO 解决贸易与环境之间的冲突做出重要而独特的贡献。以下是 WTO 在成立后根据《关于争端解决规则与程序的谅解》审理的三个著名的与环境有关的贸易争端。

一 美国—汽油案

根据美国制定的清洁空气法案 1990 年修正案，美国环境保护署公布了关于规范汽油成分和排放效果的"汽油规则"，其目的是减少因汽油排放造成的空气污染。该"汽油规则"仅允许一种特殊的清洁汽油（精炼汽油）在美国的大多数受污染地区销售。在其他地区，只有那种污染程度小于 1990 基础年销售标准的汽油（标准汽油）才可以销售。"汽油规则"适用于美国全体炼油企业、汽油的合成企业和进口商。此外，它要求任何于 1990 年经营最少 6 个月的国内提炼企业制定可代表 1990 年该企业提炼的汽油质量的、单独的提炼标准。同时，美国环保署也建立了一个强制标准，旨在反映美国 1990 年的汽油平均质量。该法定标准适用于到 1990 年未经营实践最少 6 个月的炼油企业以及汽油进口商和合成企业，汽油产品是否符合该标准将以年度平均值衡量而决定。

委内瑞拉和巴西向 WTO 申诉称，美国制定的"汽油规则"与 GATT1994 第 3 条不符，且不属于 GATT1994 第 20 条范畴。美国抗辩说，该规则符合 GATT1994 第 3 条，且在任何情况下都被 GATT1994 第 20 条 b 项、g 项和 d 项规定的例外所允许。

WTO 专家组裁决，美国制定的"汽油规则"与 GATT1994 第 3 条不符，且未被 GATT1994 第 20 条 b 项、g 项或 d 项所允许。对专家组做出的裁决，美国不服并提出上诉。针对 GATT 第 20 条 g 项专家组做出的裁决，上诉机构认为，美国制定的"汽油规则"属于第 20 条 g 项范畴，但美国未能满足

GATT1994 第 20 条前言的要求。

附：对美国—汽油案的法律分析①

（Venezuela and Brazil V. United States – Standards for Reformulated and Conventional Gasoline）

　　该案是用尽 WTO 争端解决机制全部程序才完满解决的第一个争端，即第一次进入上诉审程序案，也是 WTO 争端解决机制成功解决的发展中成员国投诉发达成员国的第一个争端，还是 WTO 成立后通过其争端解决机制处理的涉及贸易与环境保护问题的第一个法律争端，因而，得到全体成员和各种媒体的密切关注。

【争端解决过程】

　　1995 年 1 月 23 日，即在 WTO 成立后的第 22 天，美国收到委内瑞拉书面请求，要求根据 GATT1994 第 22 条、TBT 第 11 条第 1 款和 DSU 第 1 条，就美国环境保护署（US Environmental Protection Agency）1993 年 12 月 15 日颁布并于 1995 年初生效的精炼汽油和常规汽油新标准对进口委内瑞拉产汽油的歧视待遇，进行双边磋商。1995 年 2 月 10 日，在 DSB 第一次会议上，委内瑞拉报告，美国已经同意与委内瑞拉就此举行双边磋商，并宣布撤销此前委内瑞拉根据 1947 年 GATT 提出的设立审理该争端的专家小组的正式申请。1995 年 3 月 21 日，委内瑞拉与美国进行双边磋商，由于未能找到双方满意的解决办法，3 月 25 日，委内瑞拉致函 DSB，请求设立专家小组审理该争端。

　　1995 年 4 月 10 日，DSB 召开特别会议。委内瑞拉代表指出，美国新汽油标准对委内瑞拉产汽油施加比美国国产汽油和美国从其他国家进口的汽油不利的条件，违反了 GATT1994 第 3 条（国民待遇）和第 1 条（最惠国待遇）的规定，而且美国此种确立贸易壁垒的措施，也违反了《技术性贸易壁垒协定》第 2 条第 1、2 款和第 12 条。它强调，美国汽油标准证明：多数发展中国家对环境保护措施可能成为隐蔽的国际贸易限制措施的担心绝不是空穴来风，委内瑞拉不是反对合理的环境保护规章，而只是要求美国对委内瑞拉汽油适用与美国汽油和他国汽油同样的标准。委内瑞拉已经启动

---

　　① 　深圳 WTO 信息查询服务中心：《WTO 首例上诉案——美国修订汽油标准案》，http://www.cnki.com.cn/Article/CJFDTOTAL – ZJJA200205017.htm，2013 年 4 月 18 日访问。

10 亿美元投资计划，以帮助委内瑞拉炼油厂生产符合美国国产汽油标准的汽油。美国代表表示，美国无意反对委内瑞拉的请求。澳大利亚、加拿大、欧盟和挪威代表支持设立专家小组，并表示有兴趣作为第三方参与该专家小组程序。最后，DSB 决定设立专家小组，审查该项投诉。这也是 DSB 根据 WTO 争端解决机制设立的第一个专家小组。

1995 年 4 月 28 日，委内瑞拉与美国同意该专家小组由 Mr. Joseph Wong（Chairman）、Mr. Crawford Falconer 和 Mr. Kim Luotonen 三人组成，该小组拥有 DSU 第 7 条所规定的标准职权范围。

1995 年 4 月 30 日，巴西要求与美国就同样问题进行磋商。5 月 1 日，双边协商失败。5 月 19 日，巴西致函 DSB 要求设立专家小组。5 月 31 日，在 DSB 会议上，巴西代表宣称，美国环境保护署新汽油标准已对巴西汽油生产商造成不利影响，在 1995 年头两个月，巴西发往美国的汽油货运量已从 1994 年 800 万美元下降到零。巴西并不反对美国此种措施所隐含的环境目标，但是对于这些措施是否符合 WTO 规则深表怀疑。巴西认为，美国对从一些国家进口的汽油施加不利条件，违反了 WTO 最惠国待遇和国民待遇条款。由于与美国的磋商已经失败，巴西再次要求 DSB 考虑其设立专家小组以审查该争端的请求。美国对巴西的要求不表示反对。加拿大、挪威和欧盟的代表指出，它们将作为第三方参与该专家小组程序。时任 DSB 主席的澳大利亚驻 WTO 大使 Donald K. Cnyon，首先回忆了 DSU 第 9 条第 2 款的争端各方若由各个专家小组分别审查，争端各方将享有的权利不得受到损害的规定，然后建议：

> 注意到 DSB 已经根据委内瑞拉请求就审查美国同一措施设立了专家小组，根据美国和委内瑞拉的意见以及 WTO 有关规则，授权审查美国与委内瑞拉争端的专家小组处理巴西对美国该项措施的投诉。

对此，DSB 表示同意，并决定，专家小组组成时间维持不变，即 1995 年 1 月 28 日，但对其职权范围做了相应调整。

【专家小组程序】

专家小组于 1995 年 7 月 10 ~ 12 日和 9 月 13 ~ 15 日会晤争端当事各方，7 月 11 日会晤有关第三方（即澳大利亚、加拿大、欧盟和挪威，其中，欧盟和挪威提出了意见）。同年 9 月 21 日，专家小组主席通知 DSB，由于 WT/DS25 文件所述延误原因，专家小组将不能在 6 个月内提出报告。同年

12月11日，专家小组向争端各方提交了临时报告。1996年1月3日，应美国依据《关于争端解决程序与规则的谅解》第15条第2款所提出的请求，专家小组再次与争端各方会晤。1996年1月17日，专家小组向争端各方提出了最终报告。

该专家小组报告包括导言、事实、主要理由、有关第三方提出的意见、临时审查、调查结果、总结性评论、结论等内容。下面拟从两个方面对该专家小组报告做简明扼要的介绍。

（1）事实。

为了防止和控制美国的空气污染，美国国会于1963年制定了《清洁空气法》（*The Clean Air Act*，CAA）。根据1990年通过的一项有关该法的修正案，美国环境保护署为了减少美国空气污染，颁布了有关汽油成分与排放物的新条例（以下简称《汽油条例》）。自1995年1月1日起，《汽油条例》只允许在美国污染严重的地区销售法定清洁汽油（formulated gasoline，即精炼汽油），在其余地区，只能销售不比在基准年1990年所售汽油清洁度低的汽油（conventional gasoline，即常规汽油）。《汽油条例》适用于全美所有汽油炼油厂、合成厂和进口商。根据《汽油条例》，任何在1990年营业6个月以上的美国炼油厂，必须确立代表其1990年所产汽油质量的单独基准（individual baseline）。美国环境保护署确立了代表1990年美国汽油平均质量的法定基准（statutory baseline）。法定基准适用于任何在1990年营业至少6个月的美国炼油厂以及所有合成厂和进口商，根据年平均数衡量这些基准的执行情况。

委内瑞拉和巴西指控美国《汽油条例》违反了GATT第1条的最惠国待遇规定以及第3条第1款和第4款的国民待遇规定，也违反了《技术性贸易壁垒协定》（TBT）第2条的规定；委内瑞拉还根据GATT1994第23条第1款b项指控美国《汽油条例》已经对其利益造成损害。美国反对该项指控，并以GATT1994第20条第b项、d项、g项所规定的各种例外为根据辩称《汽油条例》完全合法，也辩称其《汽油条例》不属于TBT第2条的范围。

（2）争议的主要内容。

GATT 第 3 条

专家小组认为，由于进口汽油与国产汽油化学成分相同，因而进口汽油与国产汽油是相同产品（like products）。GATT1994第3条第1款"不低于国内产品待遇"（national treatment）一词，表示"与国内销售和提供产品的买卖、采购、运输、分配或使用有关的所有法律、规章与细则，为进口产品提供了有效的平等机会"。美国国产汽油通过基准建立方法（baseline establishment method），获得了比进口汽油有利的销售条件，进口汽油在美国市场上没有获得与美国国产汽油相同的待遇。因为进口汽油与国产汽油尽管化学成分相同，但是适用标准不同，即进口汽油适用法定基准，国产汽油适用单独基准。这样，根据《汽油条例》的规定，汽油进口商必须出售更清洁的汽油。

专家小组驳回了美国所提出的"进口汽油获得了与处于相同情况的美国厂商所产汽油相同的待遇"的抗辩。专家小组认为，GATT1994 第 3 条关注的只是相同产品的同等待遇，而不允许根据生产商的特征和生产商所拥有资料的性质给予不同的待遇。对于美国宣称国产汽油与进口汽油在总体上获得了平等待遇的抗辩，专家小组认为，根据 GATT1947 争端解决机制所形成的惯例，GATT1994 第 3 条第 4 款的"不低于优惠待遇"条件，必须被理解为可适用于每种进口产品的具体情况（each individual case of imported products）。专家小组不认为，某些情况下的特定进口产品受到的不利待遇，可以通过其他进口产品所获得的优惠待遇而获得平衡或补偿。

GATT 第 20 条 b 项

本项允许 WTO 成员方采取不符合 GATT1994 其他规定的另外措施，如果该措施为保护人类及动植物的生命或健康所必需。专家小组与投诉方一致认为，尽管交通工具排放物造成了美国大约一半的空气污染，但是旨在减少此种排放物的《汽油条例》不属于 GATT1994 第 20 条 b 项的范围。专家小组也认为，必须审查美国是否实际上已经证明已被确认违反 GATT1994 第 3 条的《汽油条例》的那些内容是实现其所宣称的政策目标所必需的。根据 GATT1947 争端解决机制所形成的惯例，GATT1994 第 20 条 b 项的"所必需"者，应被理解为"除诉诸该措施外，没有可供使用的符合 GATT 的或者与 GATT 抵触最少的任何替代措施"。

通过单独基准有效地阻止进口汽油获得与国产汽油相同的有利销售条件，不是实现《汽油条例》政策目标所必需的。专家小组认为，基准确定方法可以按照给予进口汽油以符合 GATT 或者与 GATT 抵触最少的待遇的方式适用于进口汽油销售商。因此，违反 GATT1994 第 3 条的《汽油条例》的那些内容，不是 GATT1994 第 20 条 b 项所指为保护人类及动植物的生命或健康所必需者。

GATT 第 20 条 d 项

本项允许 WTO 成员方采取不符合 GATT1994 其他规定的另外措施，如果该措施"为保证遵守与 GATT 条款不相抵触的法律或规章所必需者"。专家小组审查违反 GATT1994 的基准建立方法是否保证遵守与 GATT 条款不相抵触的法律或规章所必需，美国辩称非退化细则（the non – degradation requirements）为不与 GATT 条款相抵触的法律和规章，并且基准建立方法保证遵守这些法律与规章。专家小组认为，假如基准制度本身符合 GATT 第 3 条第 1 项，根据 GATT1994 第 20 条 d 项之目的，美国该项制度就可能构成"不与 GATT 抵触"的法律或规章。但是，专家小组发现，根据基准建立方法，保持违反 GATT 第 3 条第 1 项的国产汽油与进口汽油之间的歧视待遇并未"保证遵守"该基准制度，这些方法不是一种强制实施机制，而仅是确定各个单独基准的规则，它们本身不属于 GATT 第 20 条 d 项所关注措施的范围。

GATT 第 20 条 g 项

本项允许 WTO 成员方采取不符合 GATT1994 的其他措施，如果该项措施关系保护可用竭的天然资源，并且该项措施与限制国内生产或消费的相关措施同时实施。

美国认为洁净的空气是 GATT1994 第 20 条 g 项所指的一种可用竭的天然资源。专家小组同意此种观点，并认为采取政策减少或阻止洁净空气的枯竭是本项范围内的一项保护天然资源政策。但是，对于违反 GATT1994 第 3 条第 4 款的基准建立方法是否与保护洁净的空气有关，专家小组认为，根据 GATT1947 争端解决机制的惯例，"有关"一词意味着"主要目标是"保护天然资源，而基准建立方法的首要目的不是保护天然资源，因为在优惠上给予进口汽油低于国产汽油的待遇与美国改进国内空气质量的目标之间不存在任何直接联系，基准建立方法的首要目的也不是为了保护所进口的汽油。

专家小组得出的结论是：《汽油条例》所包含的基准建立方法违反了 GATT1994 第 3 条的规定，并且不能以 GATT1994 第 20 条 b 项、d 项、g 项的规定来证明其合法性。具体来说，国产汽油和进口汽油是相同产品，但根据《汽油条例》，进口汽油被有效地排除享有与国产汽油同样销售条件的待遇，该措施并不符合第 20 条 b 项规定；根据第 20 条 d 项，采用的技术标准并不能保证贯彻执行与 GATT 条款不相抵触的法律或规章；按第 20 条 g

项，虽然清洁空气是符合本项规定的可用竭自然资源，但是《汽油条例》的首要目标并不在于保护可用竭自然资源。

专家组对 GATT 第 1 条未做审查，因为对于第 3 条"国民待遇"和第 20 条的审查足以使最惠国待遇审查成为不必要；对 TBT 也未做审查，因调查结果已使争端明确。专家小组强调，其任务不是对《清洁空气法》或《汽油条例》的环境目标的必要性进行全面审查，而是根据 GATT1994 具体条文审查投诉方所指控的《汽油条例》的那些方面。专家小组指出，WTO 成员方有权自由确定环境目标，为了实现这些目标，它们必须采取符合世界贸易组织协定各项规定的政策措施。

最后，专家小组建议 DSB 要求美国采取措施使其《汽油条例》中的该部分内容符合美国依据 GATT1994 所承担的义务。

【上诉审程序】

1996 年 2 月 21 日，美国通知 DSB，其决定就该专家小组报告向常设上诉机构上诉，并向常设上诉机构呈交上诉通知书（notice of appeal）。

委内瑞拉对美国的上诉表示关注。委内瑞拉认为，美国的上诉决定可能开创了降低 WTO 争端解决制度和专家小组可靠性的先例。巴西强调，美国的上诉决定不损害专家小组报告及其"歧视不能以不尊重 GATT 规定来证明其合法性"结论的价值。

1996 年 4 月 22 日，上诉机构发布报告，纠正了专家组在解释 GATT 第 20 条 g 项时的错误，指出第 20 条 g 项不适用于本案。1996 年 5 月 20 日，DSB 会议通过上诉机构报告及其所更改的专家小组报告，并同意在 6 月 19 日召开会议，听取美国关于执行专家小组和上诉机构建议的意见。1996 年 6 月 19 日，在 DSB 会议上，美国表示将执行该争端解决决定，并将与巴西和委内瑞拉就执行专家小组和上诉机构建议进行磋商。同年 12 月 3 日，在 DSB 会议上，美国报告了其执行情况，指出，美国已与委内瑞拉就执行 DSB 建议的合理期限达成一致，并将于 1997 年 1 月向 DSB 提供进展状况报告，巴西对于执行期限的长短表示关注。目前，DSB 仍在继续监督美国对该决定的实施情况。

（1）上诉内容（第 20 条 g 项）。

GATT 第 20 条规定的是一般例外，其引言是"本协定的规定不得解释为阻止缔约国采用或实施以下措施，但对情况相同的各国，实施的措施不得构成武断的或不合理的差别待遇，或构成对国际贸易的变相限制"；第 20

条 g 项是"与国内限制生产与消费的措施相配合，为有效保护可能用竭的天然资源的有关措施"。

美国请求上诉机构审查专家小组对 GATT1994 第 20 条所做的法律解释。美国认为，专家小组报告存在下列法律错误：第一，美国环保署根据《清洁空气法》颁布的《汽油条例》所规定的基准建立规则，不能以 GATT1994 第 20 条 g 项来证明其合法性；第二，基准建立规则不是 GATT1994 第 20 条 g 项所指有关保护可用竭天然资源的"措施"；第三，在解释与适用 GATT1994 第 20 条内容中，专家小组报告没有发现基准建立规则满足了第 20 条 g 项的其他条件和第 20 条的引言。

委内瑞拉和巴西认为，上诉机构应驳回美国的上诉，维持专家小组的调查结果和关于 GATT1994 第 20 条 g 项的结论。它们特别支持专家小组关于所争执的不是有关保护的一项措施的结论。

（2）上诉机构结论。

上诉机构推翻了专家小组关于 GATT1994 第 20 条 g 项的结论，确认专家小组在法律方面的错误还在于没有确定基准建立规则是否满足 GATT1994 第 20 条引言。

上诉机构裁决：尽管基准建立规则是 GATT1994 第 20 条 g 项所指有关保护可用竭天然资源的"措施"，并且该措施同限制国内生产与消费一道实施，但是，基准建立规则不符合 GATT1994 第 20 条引言，因为在其适用时，会造成"无理的歧视"和"对国际贸易的隐蔽限制"。

上诉机构的结论是：基准建立规则虽然属于 GATT1994 第 20 条 g 项的范围，因为"无论是各自的还是法定的汽油技术标准，都是为了保证对汽油提炼商、进口商的监督检查，使相关产品符合品质的等级要求，……这些措施在限制国内生产和消费上确有成效"，但是总体上不能以 GATT1994 第 20 条整个条文证明其合法性。

上诉机构报告维持专家小组报告的下列结论和建议：关于基准建立规则违反 GATT1994 第 3 条第 4 款和不能以 GATT1994 第 20 条 b 项、d 项证明其合法性的结论，以及 DSB 要求美国采取措施使该基准建立规则符合美国依据 GATT1994 所承担的义务的建议。

上诉机构采用了《维也纳条约法公约》的一般解释规则，对条约的条文做整体解释，有效地避免了断章取义的错误解释。例如，专家小组对 GATT1994 第 20 条引言不做任何评判，实际上破坏了整体解释的原则。上诉机构特别提出，"解释者在解读条约时不得随意简略自认为是多余的条款或段落"。

上诉机构首先处理了一个最初的程序问题：由于巴西和委内瑞拉未对专家小组有关清洁空气问题的事实发现问题提出上诉，因此它们不能要求上诉机构推翻专家小组的调查结果。

接着，上诉机构就转向了实质性的问题。

第一个问题就是识别与保护自然环境有关的措施。上诉机构认为争议的对象是基准建立规则，而不是《汽油条例》的全部规定。

第二个问题是该措施是否与保护自然资源有关。专家小组对此持赞同的态度，它引用了鲑鱼案（Salmon & Herring）专家小组报告的分析部分。在该报告中，"有关"（relating to）被解释为"主要目标是"（primarily aimed at），这是比词语表面上的意思更有限的解释。专家小组最后认定："不优惠的待遇"与"自然资源保护"没有必然的联系。上诉机构观察到：专家小组已经提出了错误的问题——"问题不是不优惠的待遇是否与环保有关，或目的是为了环保。不优惠的待遇是第 3 条第 4 款所指的措施在法律上的结论；但是，GATT1994 第 20 条质疑的主体是措施本身，而不是法律调查的结论"（第 16 段）。

上诉机构也注意到专家小组看来是使用了原先在审查该措施与GATT1994 第 20 条 b 项是否相符时所做的结论。因此，专家小组忽视了"《维也纳条约法公约》中最有权威和最简洁的表述的基本的条约解释原则……"。上诉机构引用了《维也纳条约法公约》的第 31 条并观察到，"解释的一般原则已达到了一般国际法和习惯法的地位"，因而是上诉机构根据DSU 第 3 条第 2 款所适用的国际公法习惯解释规则的一部分。上诉机构认为这种方向"反映了一种识别方式，即对 GATT 条文的理解不能脱离国际公法"（第 17 段）。在适用解释规则时，上诉机构注意到鉴于 GATT1994 第 20条各项措辞不同，"看来这种假设是不合理的，即 WTO 成员意图被评价的措施和要促进和实现的国家利益或政策之间有同样程度的联系或关系"（第18 段）。同时，第 20 条的背景也表明第 20 条 g 项"不可以被广义解释为搅乱了第 3 条第 4 款的目的与目标。第 3 条第 4 款的外延不能广泛到可以削弱第 20 条 g 项和它所体现的政策和利益"。上诉机构又提到，"尽管任何一方都未提及，但'主要目标是'（primarily aimed at）并不是条约语言，不应被设计成一种简单的红蓝试纸，可以测试出某项措施确实在第 20 条 g 项的范围之内还是之外"（第 19 段）。

　　第三个问题是：这样的措施是否与限制国内消耗具有有效的联系。被上诉方认为现在讨论的这一措施应该使国内现有的措施更加有效，对此，上诉机构表示不赞成。相反，上诉机构再次提到条约的习惯规则，将具体要求解释为"与限制国内产品和自然资源的消耗一起实施的措施，必须不仅对进口汽油，而且对国产汽油都实施了限制"，"该条款是对以保护可消耗的自然资源的产品和消费为名来实施的限制所做的公平的要求"。上诉机构发现，"对国产不清洁汽油做出规定来限制对清洁空气的消耗与耗尽的同时也对进口汽油做了相应的限制"。问题并不是该措施是否达到了预期的效果，"某种保护可用竭的自然资源方面的可行措施实施产生效果要经历一段很长的过程。以后偶发的事件可以表明这种措施的法律特性并不合理"（第 21 段，加了重点标记）。

　　发现被争议的措施符合第 20 条 g 项的要求之后，上诉机构又审查了该措施是否符合第 20 条序言的要求。上诉机构观察到，对第 20 条序言的适用是根据以下原则：当第 20 条的例外被作为法律权利提起时，应合理地适用。决定应用某种措施是否会构成武断的或不合理的歧视并不是简单地重申第 3 条的标准，因为解释必须使所有条款都有意义并有效。一个解释者不能任意采纳会使某条约的整个条款或段落归于无效和多余的解释。

　　上诉机构接着又阐述了"国际贸易中武断的歧视、不合理的歧视和隐蔽的歧视，可以被理解为是相互关联的"，它们互相传递信息。对上诉机构而言，很显然，隐蔽的限制包含了隐蔽的歧视，同样清楚的是，国际贸易中隐含的或未公然宣布的限制或歧视并不是隐蔽的限制（disguised restrictions）一词的全部含义。上诉机构认为，无论这个词语包含了哪些内容，都可以被理解为一种在国际贸易中采取以第 20 条的例外为掩盖而实施某种限制所造成的武断的或不公正的歧视。"决定某一特定措施的应用是否会造成国际贸易中武断的和不公正的歧视，同样也要确定是否有'隐蔽的限制'。"

　　上诉机构注意到美国可以采取不止一种的行动，比如实施非歧视性的固定的基线标准，美国也可以与委内瑞拉或巴西政府达成合作协议。然而，美国考虑到固定的基线标准对国内生产商来说花费和负担太重，却没有考虑到这样的花费和负担对外国生产商的影响："……因此造成的歧视是一定能够预见到的，绝不仅仅是疏忽了或不可避免的。"上诉机构发现基线的要求与第 20 条的序言不符。

（3）各国在讨论上诉机构报告的 DSB 会议上的陈述。

委内瑞拉在请求通过上诉机构报告时指出，本争端纯粹是有关以违反世界贸易组织协定国民待遇条款方式适用国内立法的一个贸易争端。上诉机构报告和专家小组报告都明确指出，世界贸易组织协定不妨碍成员国采取措施保护环境。而就本案所涉及的美国措施而言，所谓的《汽油条例》的环境目标，是可以通过符合世界贸易组织协定的方式来实现的。

巴西认为，在本案中，所有各方都是赢家，因为 WTO 争端解决机制得到了加强。

美国宣称，对上诉机构同意美国关于 GATT1994 第 20 条 g 项解释的观点，美国表示满意；上诉机构的裁决保持了世界贸易组织协定关于保护可用竭天然资源的规定的平衡，美国赞成通过该上诉机构报告，并将说明在 WTO 争端解决程序时间表内执行该项建议的意图。

欧盟作为该争端的第三方参与了专家小组程序，指出欧盟完全支持美国的环境目标，但是同时，它相信在努力实现环境目标时，美国毫无必要对第三国给予非国民待遇。

本案是 WTO 争端解决机制第一次充分的展示和成功的亮相。本案的圆满解决，不仅树立了 WTO 成员方（特别是发展中成员）对 WTO 争端解决机制的信心，而且加强了 WTO 多边贸易体制。本案经历了双边磋商、专家组程序、中期评审程序、上诉审程序、多边监督与执行程序，是 WTO 争端解决机制的典范，成为其之后争端解决的指南。

上诉审查机制的首次成功运用，不仅打消了发展中成员方的顾虑，而且打击了发达成员方（特别是美国）惯用的拒绝专家小组报告的借口，从而进一步加强了 WTO 争端解决机制的法律色彩，并将有助于防止利用任何技术性因素加剧 WTO 争端解决进程的政治化。专家小组和上诉机构多次援引《维也纳条约法公约》的解释规则和 GATT1947 争端解决机制的惯例，不仅表明世界性多边贸易组织争端解决机制的连续一致性，而且显示新的 WTO 争端解决机制更加鲜明的规则取向。这标志着依法解决贸易争端的传统得到了进一步的发扬，促进多边贸易争端解决机制非政治化的努力又有了新的支点。但是本案也对上诉程序规则提出了问题，如上诉审理权限、上诉机构人员组成中的公正性和透明性问题，上诉裁决的溯及力，缺席裁决，上诉机构采集证据的权力等，都有待于进一步完善。

本案是 WTO 通过争端解决机制确定 WTO 与环境保护关系的第一个具体案例。本案揭示了环境保护和贸易发展之间并不存在永不调和的矛盾，上诉机构似乎倾向于这样一个原则：环保例外措施必须在不造成不公平和随意的歧视，不构成对国际贸易的变相限制的前提下才可应用。本案的成功解决，"不仅有助于进一步确定 WTO 的权限，而且奠定了 WTO 争端解决机制对付对国际贸易关系有不当影响的环境保护措施的基础。这对于整个 WTO 多边贸易体制将具有重大深远的意义"。

二　美国—海虾案：初始阶段

国际上普遍公认，目前有七个品种的海龟活动在世界范围，它们游弋在觅食和产卵的海域之间。科学研究表明，人类活动对海龟造成直接的（食用、对龟壳以及龟卵的利用）或间接的（捕鱼中附带捕获海龟、破坏它们的聚居区以及污染海洋）负面影响。

美国制定的 1973 年濒危物种法案将美国水域中的 5 种海龟列为濒危或受威胁（物种），并禁止在美国领海和公海捕获。根据该法案，美国要求，美国的拖网捕虾者在明显可遭遇海龟之地域捕虾时必须使用"海龟排除装置"（TED）。同时，美国于 1989 年制定的公法 101～102 第 609 节规定，使用可对某些海龟造成不利影响的技术捕获的海虾不得出口至美国，除非捕捞国被确认拥有可与美国相当的一个规范计划以及海龟偶然捕捞率，或捕捞国的特殊捕捞环境对海龟不构成威胁。实践中，其他成员方管辖区内存有上述 5 种海龟中任何一种，并且使用机械装置捕虾的国家必须向其渔民提出与美国捕虾者相当的要求——基本上应全天候使用 TED，如果他们想得到美国的认证并将虾制品出口到美国的话。

1997 年，印度、马来西亚、巴基斯坦和泰国联合向 WTO 申诉美国实施的对某些虾以及虾制品的进口限制。

WTO 专家小组经审理后认为，美国实施的上述限制与 GATT1994 第 11 条不符，且不属于 GATT1994 第 20 条范畴。美国上诉后，WTO 上诉机构裁决，美国制定的涉诉措施系属于 GATT1994 第 20 条 g 项范畴的合法措施，但由于美国的做法未能满足 GATT1994 第 20 条前言的要求，因此，该措施也不能被 GATT1994 第 20 条证明为合法。

附：对美国—海虾案的法律分析[①]

1996 年 10 月 8 日，印度、马来西亚、巴基斯坦和泰国共同向争端解决机构（DSB）提出要与美国进行磋商以解决美国禁止进口这些国家捕捞的海虾的问题。1996 年 11 月 19 日，各方进行了磋商但未能达成一致意见。1997 年 1 月 9 日，马来西亚和泰国请求成立专家小组。1 月 30 日，巴基斯坦请求成立专家小组。申诉方指出，美国的措施对申诉方的贸易造成了巨大的伤害，构成了实质性的危害。4 月 10 日，DSB 决定成立专家小组，专家小组的职权范围是："根据马来西亚和泰国在编号为 WT/DS58/6 的文件，巴基斯坦在编号为 WT/DS58/7 的文件，以及印度在编号为 WT/DS58/8 的文件中涉及的协议的有关规定，审查由马来西亚、泰国、巴基斯坦和印度在各文件中向 DSB 提出的事项，并做出决定以协助 DSB 提出建议或做出这些协议规定的裁决。"1997 年 4 月 15 日由 Michael Cartland（任组长）、Carols Cozedey 和 Kilian Delbark 三个人组成的专家组正式成立。澳大利亚、哥伦比亚、哥斯达黎加、厄瓜多尔、萨尔瓦多、欧盟、危地马拉、中国香港、日本、墨西哥、尼日利亚、菲律宾、塞内加尔、新加坡、斯里兰卡和委内瑞拉保留作为第三方介入本案的权力。专家小组从 1997 年 6 月开始了对本案的调查。1997 年 9 月专家小组通知 DSB 其无法在规定的期限内完成本案的调查工作。1998 年 4 月 6 日，专家小组正式提交了报告并向 WTO 各成员分发。1998 年 7 月 13 日，美国向 DSB 表示要进行上诉。7 月 23 日，美国提交了上诉方材料。8 月 7 日，印度、巴基斯坦、马来西亚单独提交了被上诉方材料。同日，澳大利亚、厄瓜多尔、欧盟、中国香港和尼日利亚提交了第三方材料。上诉机构由 Feliciano、Bacchus 和 Lacarte Mure 组成。1998 年 10 月 12 日，上诉机构提交了报告。1998 年 11 月 6 日，DSB 通过了上诉机构报告和修改后的专家小组报告。

本案涉及的是美国为保护海龟而禁止从某些国家进口海虾的纠纷。海龟是一种古老的迁徙性海洋动物，广泛分布于世界各大洋。然而由于商业性捕捞以及捕虾作业中的误杀导致了海龟生存环境急剧恶化，目前已有濒临灭绝的危险。在非法捕捞得到严格有效的控制之后，海龟保护的重心逐步转移到消除拖网在捕虾作业中因附带捕捞对其造成的误杀上。据世界野

[①] 陶城：《WTO/TBT 案例分析海龟案》，《上海标准化》2001 年第 2 期。

生动物基金会统计，若不采取任何防护措施，每年将有超过 12.5 万只海龟会因此而葬身虾网。而目前捕虾网已成为各类人为伤害因素中造成海龟死亡的第一杀手。

1973 年美国国会通过《濒危物种法案》，将在美国海域内出没的海龟列为法案保护的对象之一，并将一切占有、加工为捕虾网所误捕或误杀的海龟的行为均视为非法。同时，美国研制开发了一种名为 TED 的海龟隔离器，将这种带有栅格的装置缝合于拖网的颈部，体形较小的海虾将滑过栅格进入拖网，而不慎闯入的海龟则受 TED 的阻挡和指引而能轻易地从网口逃生。据美国国家科学院 1993 年的一份报告显示，经过 20 年的使用证明，轻便、价廉的 TED 的有效隔离率高达 97%，同时，捕虾作业的效率也因误捕率的降低而有所上升。鉴于海龟的全球分布性和广泛迁徙性，美国积极立法推广 TED。1989 年，在国内初步推广 TED 后，美国国会又通过修改《濒危物种法》，增加了第 609 节，以推动其他国家采用 TED，从而相应提高保护海龟的力度。

第 609 节共有两项基本政策要求：第一，第 609 节（a）段授权美国国务卿开始同有关国家共同磋商关于起草海龟保护的国际条约，并定期就谈判情况向国会进行汇报；第二，第 609 节（b）段条款授权美国国务院负责制定具体实施措施，禁止所有未符合 TED 使用要求、未达到美国海龟保护标准的国家或地区捕获的野生虾及虾类制品进入美国市场。

由于美国国务院只将第 609 节解释为授权保护美国海域内的海龟，而在美国海域内出没的海龟的最远栖息地不超过加勒比及西大西洋地区，因此在美国国务院 1991 年颁布的首版第 609 节实施导则中，仅将此限定于对上述两地区的 14 个虾及虾产品出口国适用，并且这些国家还被授予 3 年的时间以逐步同美国国内的海龟保护水平相协调。

1992 年，美国国内的一些民间环保组织在地球岛屿研究所的牵头下提起诉讼，认为美国国务院的上述解释歪曲了《濒危物种法案》（修正案）的立法目的。因为第 609 节旨在保护所有海龟，而并非美国海域内的海龟。1995 年 12 月 29 日，美国国际贸易法院通过审理正式确认修正案的宗旨是保护海龟这一物种，并要求美国国务院应最迟从 1996 年 5 月 1 日起将第 609 节在全球适用。根据该判决，美国国务院于 1996 年 4 月 19 日修正并颁布了新版的第 609 节实施导则，该版导则将第 609 节延伸适用于所有国家，而本案的争议中心也正是此问题。

印度、马来西亚、巴基斯坦和泰国四国认为美国的第 609 节违背了 WTO 有关协议的条款，违反了诸如最惠国待遇原则等 WTO 基本原则，构成了歧视。但美国认为在 WTO 的协议中，明确指出其成员可采取相应的措施以保障人民、动植物生命或健康，有效保护可能被耗尽的天然资源。而 TED 的使用一方面是为了保障动植物生命安全，另一方面也采用了平等适用于国内国际贸易的实施方式，因此为推广 TED 而采取相应的禁止进口海虾等贸易措施并不违反 WTO 协议的有关规定。

与此同时，美国的主张也得到了一些非政府组织的支持，不少国际性动植物及环保组织在本案审理期间纷纷向世贸组织上书，并提交了书面协助报告，表明其保护海龟、支持美国的态度和立场。

在 1998 年 10 月 12 日上诉机构做出的终审报告中指出，美国对第 609 节进行修订的依据是："为保护可被耗竭的自然资源。"该依据符合 WTO 协议的例外条款，但是美国在贯彻实施第 609 节的过程中存在多方面的缺陷和不当。

（1）第 609 节在实施过程中被当作美国强加的一项政策要求，即要求所有虾及虾产品出口国采用与美国相一致的捕捞方式和海龟保护措施，而这对其他成员方来说是不公平的。

（2）依据美国国务院的实施方式，即使各出口商采用了规定方法进行捕捞，但其母国若没有要求在其国内使用 TED，则美国仍可以拒绝从该出口商处进口。这反映出美国实际上更关心的是迫使其他出口国采用美国所规定的管理体系，而并非确保进入美国市场的虾及虾制品不能对海龟的生存造成威胁。

（3）上诉机构认为美国没有认真试图通过达成多边协议的方式解决争议。美国曾成功地推动了《美洲间海龟保护公约》的签订，此举证明多边合作是完全可行的。但是美国同本起争端的有关四国却从未有过试图通过签署多边协议来寻求解决争议的类似努力。

（4）上诉机构认为美国在 TED 技术转让过程中存在明显有失公允之处，即存在贸易歧视行为。

（5）美国国务院作为第 609 节的授权实施机构，在其以往的年度认证过程中无论接受或是拒绝进口均无书面的正式文件，并且也没有为被拒绝的出口国提供辩解或寻求帮助的正式途径，因此上诉机构认为美国的这套认证程序是非透明和单方面的。

（6）由于美国忽视了各国的具体特殊情况，因此美国无法确保其要求各出口国均采用 TED 设备这一政策的可适用性。

基于上述观点，上诉机构认为第 609 节虽然属于 GATT 及 TBT 等协议的例外条款，但由于其在具体实施过程中违背了 WTO 的有关精神，因而最终不能得到上诉机构的支持。

在 1998 年 11 月 25 日 DSB 会议上，美国表示愿意执行专家小组的决定，并愿意同申诉方就执行问题进行磋商。1999 年 12 月 22 日，美国宣布它和申诉方已就执行方式达成协议。2000 年 1 月 27 日，美国宣布了其立法修改草案。

海龟案的意义在于它向世人表明了世界贸易组织对于环境与贸易这一问题的观点，并表达了对该问题的关注。在环保问题日益引人注目，环保浪潮日益高涨的情况下，世贸组织在海龟案的争端处理过程中，表现出了相当的灵活性，并为今后类似问题的解决提供了参考和借鉴。上诉报告结尾处的一段话很耐人寻味：

> 在得出本案的结论之前，我们希望指出我们在上诉报告中未予判决的几点：我们并不认为 WTO 各成员对环境的保护和拯救的措施不重要，很明显这些措施十分重要。同时我们也不认为作为 WTO 成员的主权国家无权为了保护一些诸如海龟之类的濒危物种而采取有效措施，很明显它们能够也应该这么做。此外，我们也未认定主权国家不能通过双边或多边行动，在世贸组织或其他国际框架内保护濒危物种或保护环境，显然它们不仅应该并且应该着手去做。

这段话表明，只要符合有关贸易协议的要求，世贸组织允许各成员在多边谈判未果的前提下，采取相应的单边环境措施以保护濒危物种。同时，该报告还为世界贸易组织的法律体系与诸如《濒危野生动植物物种贸易公约》等国际环境公约的衔接提供了法律指引。在案件的解决过程中，"透明度"问题也成为本案的特点之一。在争端解决的调查过程中，世界贸易组织首次参考了其他国际组织的报告，并将其作为裁决的依据之一，此举一方面改善了世贸组织的形象，另一方面也使其报告更为可信和权威。在国际化进程不断深化的今天，各国贸易纠纷无论在广度上还是深度上均有不同程度的加剧。因此，世界贸易组织在其争端处理时"透明度"的增加无疑将对其以后的工作产生深远的影响。也正是由于世界贸易组织灵活务

— 93 —

实的工作方式，令其能始终适应国际发展的步伐，并成为各方解决争端的有效场所。

三 美国—海虾案：执行阶段（第21.5条）①

1997 年，马来西亚根据 DSU 第 21.5 条采取法律行动向 WTO 申诉，声称美国未能适当地执行上诉机构对海虾案做出的最终裁决。该执行争端的焦点是马来西亚与美国对上诉机构所做裁决的不同解释。在马方看来，对裁决恰当的执行应当是完全取消美国对海虾进口的限制。而美方则不同意，声称它并未被上诉机构要求这样做，而只是修正该限制的适用方式即可。

在上诉机构对初始阶段争端做出最终裁决后，为了执行上诉机构的建议和裁决，美国签署了关于执行在拖网捕虾过程中保护海龟的公法 101 ～ 102 第 609 节的修订指引。这些指引代替了争议中涉及的原始措施中 1996 年 4 月制定的一部分指引。美国制定的该修订指引对海虾的出口商提出了新的认证标准。

马来西亚声称，美国实施的"公法 101 ～ 102 第 609 节"仍继续违反 GATT1994 第 11.1 条，且美国无权在缺少允许它这样做的国际协定时对海虾产品实施任何限制。美国并不争论该执行措施是否与 GATT1994 第 11.1 条一致，但它认为，该措施属于 GATT1994 第 20 条的合法范围。它认为，"修订指引"已弥补了上诉机构根据第 20 条前言指出的美国以前措施所有与该条不一致之处。

鉴于双方的上述争议焦点，WTO 执行争端专家组被要求审查美国该执行措施与 GATT1994 第 20 条 g 项的一致性。

专家组经审理后认为，对游动物种保护最好的方式是国际合作。然而，它认为，既然上诉机构已经要求美国与争端各方就海龟保护问题的国际协定开展磋商，那么，各方在该案中的义务即是开展谈判的义务，而不是必须达成一项国际协定的义务。然后，它发现美国的确已尽"善意的"努力就这样的协定与有关各方开展了谈判。执行争端专家组认为，美国已履行了上述义务，因此，其做出了有利于美国的裁决。

①　参见李群《美国对某些虾及虾产品的进口限制案执行情况介评》，http://www.chinala-wedu.com/new/16900a177a2010/201096lifei114016.shtml，2013 年 5 月 10 日访问。

马来西亚随后就该专家组裁决提出上诉。它声称，本次专家组做出的美国该措施不再构成第20条项下的"任意的或不公正的歧视"裁决犯下错误。马来西亚坚称，美国应当在实施进口限制前就海龟的保护问题开展谈判并应与各方达成一项国际协定。

但上诉机构最终支持了专家组的裁决，拒绝了马来西亚提出的、避免GATT1994第20条前言的"任意的或不公正的歧视"即是要求必须"达成"一项国际协定的主张。马来西亚同时认为，美国该涉诉措施导致了"任意的或不公正的歧视"，因为它缺乏灵活性，但最终上诉机构支持了专家组的裁决并拒绝了马来西亚的该项主张。

美国提交的定期执行状况报告表明了美国修订依据第609节的1996指令的目的在于：（1）为判断外国项目与美国项目的匹配性提供更强的灵活性；（2）提供一份时间表和发证决定的程序，包括仅在1999年适用的加速时间表。这些变动都是为了增加发证过程的透明度和可预期性并为外国政府获取许可证提供更公正的程序。这些报告也表明美国付出了与印度洋地区国家协商谈判达成保护海龟的协议的努力，而且美国也主动提供了设计、建造、安装和操作TED的技术援助。

1999年3月25日，美国国务院在美国联邦纪事文库中发布通知，总结了上诉机构报告的意见、提出了履行争端解决机构建议和裁决的措施，并征求利益相关方的意见。

1999年7月8日，美国国务院发布了修订版指令。新指令中总结了收到的意见和评论，提出了美国将会采取的执行措施。新指令提出了发证的标准：第一，鉴于每个发证决定都基于与美国法定项目的对比，新指令中解释了美国项目的构成要素。第二，美国国务院确定了禁止进口不适用的范围，包括四种情形。第三，新指令确认了所有出口到美国的海虾及海虾产品必须附有出口方或进口方对于海虾是在不危害海龟的情形下捕获或已发证的国家水域内捕获的声明的要求。第四，新指令中也承认海龟在整个生命周期中都需要保护，而不只是在捕捞海虾过程中。因此，在发证过程中，美国国务院也会将捕获国采取的其他保护措施列入考虑之中，如保护筑巢海岸和其他栖息地的国家项目、禁止直接捕龟的禁令、国家执行和遵守的项目、对国际性保护和养护海龟协议的参与等。此外，新指令在未来还会不断修正。

（一）马来西亚诉诸 DSU 21.5 专家组程序提出的请求

马来西亚首先重申了上诉机构最终通过的结论，然后回顾了其与美国达成的为期 13 个月的合理履行期限。然后着重指出，直到现在（即 2000 年 10 月 13 日），美国仍没有取消依据公法 101～102 第 609 节所施加的相关进口禁令，且没有采取必要措施来允许通过非限制的方式进口某些海虾及海虾产品。

马来西亚请求专家组依据争端解决谅解第 21.5 条裁决：由于美国没有取消进口禁令，也没有采取必要措施来允许通过非限制的方式进口某些海虾及海虾产品，因而美国并未遵守并执行争端解决机构 1998 年 11 月 6 日做出的建议和裁决。马来西亚还进一步请求专家组建议美国应当取消进口禁令并采取必要措施来允许通过非限制的方式进口某些海虾及海虾产品，来执行争端解决机构做出的建议和裁决。

（二）专家组的裁决

专家组认为：

（a）美国为履行争端解决机构的建议和裁决而采取的措施违反 GATT1994 第 11.1 条；（b）依据争端解决机构的建议和裁决，公法 101～102 第 609 节（基于 1999 年 7 月 8 日的修订指令予以执行且现已由美国官方实施）依据 GATT1994 第 20 条是正当的，只要其报告中所述条件，尤其是正在进行的为达成多边协议而做出的善意努力，得以实现。

另外，专家组注意到，只要上述（b）中所指的其中一个条件在未来得以实现，争端解决机构的建议就可以不再履行。

1. 对 GATT1994 第 11.1 条的违反

马来西亚主张美国现在实施的第 609 节仍然继续违反 GATT1994 第 11.1 条，美国没有主张其措施符合 GATT1994 第 11.1 条。

专家组注意到被认定违反 GATT1994 第 11.1 条的原措施中的相关要素仍然是现在执行措施（如第 609 节）的一部分。特别是，美国仍继续实施进口禁令，而且美国也没有对其继续采取进口禁令提出异议。因此这种禁令或限制仍属于 11.1 条中规定的禁止或限制。

2. GATT1994 第 20 条的适用

（1）序言。

美国和马来西亚的主张都是基于原上诉机构的判决，没有提出新的诉求。因此，除了上诉机构没有涉及的原措施是否对国际贸易的隐性限制问题（对此，专家组将作为新问题独立处理，而不追溯上诉机构报告），就不正当的和武断的歧视问题，在没有新诉求的情况下，专家组只需要审查美国执行措施与上诉机构的裁决是否相符。

专家组采取的方法是：①阐述其对上诉机构裁决的理解；②根据第20条判断美国的抗辩和马来西亚的主张。

专家组考虑到上诉机构报告中对评估积极抗辩的适当方法的选择，最终认为其审查美国的抗辩的顺序是：先依据第20条g项确定执行措施的连续性；如果认定执行措施依据第20条g项是"临时正当"的，将继续确定其实施是否与第20条前言相符。

确定完执行措施与第20条规定的相符性之后，专家组才会合理判断美国的措施是否构成对国际贸易的隐性限制。

（2）GATT1994第20条g项执行措施的连续性。

上诉机构已经认定第609节根据第20条g项是"临时正当"的，马来西亚对此没有提出异议。专家组认为既然上诉机构已经做出了认定，那么就无须做出不同的结论了。

此处引出的问题是上诉机构认定什么是"临时正当"的呢？专家组认为：上诉机构认为"美国的措施"（the United States measure）表述为"第609节"或"那项措施"，实际上是指第609节和1996指令。上诉机构对"临时正当"的判决完全基于第609节本身，因为判断措施与第20条g项相符时须考量的因素都可以从第609节中找到。实际上，美国并没有修订第609节，那么上诉机构的判决仍然是有效的，而第609节与20条g项的要求一致的结论也是有效的。

（3）对具备相同条件的国家的武断的或不正当的歧视：国家协商谈判问题。

①美国协商谈判以达成保护和养护海龟的国际协议的义务的限度/范围。

专家组回顾了上诉机构报告中的有关内容，努力在一成员国确定独立国内政策和不滥用或误用GATT1994第20条下的例外权力之间画定一条平衡线，同时也试图认定美国协商谈判的义务是谈判义务还是达成国际协议的义务。

要确定平衡线，需要首先确定构成案件的事实，如实际情况；然后要考虑解释"不正当歧视"等术语的法律框架。

事实方面：海龟是高度迁徙性物种；保护海龟需要相关国家的通力协

作和共同努力；各国面临的海龟养护的情况不同。法律框架方面：将可持续发展作为目标之一的 WTO 协议；决定建立贸易和环境委员会的马拉喀什协定；一系列由相关国家认可或接受的国际协定。以上这些因素都将确定平衡线推向了多边手段和非限制性贸易措施一边。

专家组注意到上诉机构报告中提到："规定进入一个成员方国内市场的条件以便出口成员方遵守或进口成员方单方面宣布的政策，可以说在某种程度上，具有第 20 条 a 到 j 各项例外措施的共同特质。"也就是说，诉诸单边措施并不应当被 GATT1994 第 20 条优先排除。

专家组认识到上诉机构报告中认定美国负有在国际层面上就保护和养护海龟做出认真的、善意的努力的义务，也认识到这种努力的主观性和实际检验的难度。但是在本案中有很多可行的判断方法。海龟的迁徙性和濒危性是广泛共识，保护和养护海龟的目标非常明确、不容置疑。实现这一目标的方法已经由科学家们认定，在研讨会上做过讨论，也在谈判文件中落实下来。鉴于美国在科技、外交和财政上的优势，其无疑是这一领域的请愿人/带头人，因此，有理由期待美国相对于其他国家来说更应该采取认真的和善意的努力。实践中，美洲国家间公约的成功谈判也证明了美国的说服能力。

但是，美国并不负有达成国际协议的完全责任。

实际上，美国认真、善意地进行了国际协议的谈判，其义务仅限于尽最大努力进行保护和养护海龟方面的国际谈判，但没有义务缔结国际协定，因为美国避免武断和不正当的歧视的义务只是"为出口国提供同样的谈判机会"，专家组注意到："只要做出了相应的努力，与一部分进口国缔结了协定，即便与另一部分进口国没有缔结协定，也很有可能在进口国之间避免武断的和不正当的歧视。"

②执行措施连续性的评估。

表明美国在达成关于保护和养护海龟的国际协议方面尽到了认真的和善意的努力的证据有：1998 年 10 月 14 日，美国国务院向一些印度洋地区国家和原申诉方四国提交的一份文件，其中包含印度洋地区性的保护公约的可能要素。美国后来也对 1999 年 7 月 15～17 日在马来西亚沙巴举行的海龟保护和养护研讨会做出了一定贡献，会议通过了沙巴宣言，倡议协商和执行更广泛的地区协议。最后，在 1999 年 10 月举行的澳大利亚珀斯会议上，与会方承诺建立地区性的海龟养护协议。

而在合理期限结束后，影响评估的新的事件发生了，即 2000 年 7 月 11～14 日在马来西亚关丹举行的新一轮谈判，24 个国家通过了东南亚谅解备忘录。

由此证明，美国确已做出认真的和善意的努力，因此临时有权实施执行措施，但执行措施仍受到 DSU 第 21.5 条的约束。

专家组对上诉机构裁决的理解是：美国有权维持执行措施，如果能够证明其在达成保护和养护海龟的国际协议方面做出了认真的和善意的努力。专家组认为：美国从 1998 年以来做出的努力达到了上诉机构报告制定的标准。专家组注意到谈判的持续性的步伐，也注意到原专家小组和上诉机构审查时的状况和现在的状况之间的巨大转变。马来西亚并未提交充分证据证明美国没有尽到认真的和善意的努力。

专家组最后澄清在可能达成国际协议/公约的情况下，在国内暂时维持临时措施可能是符合要求的。

（4）与对具备相同条件的国家间的武断的或不正当的歧视有关的其他要求。

①关于"不正当歧视"的主张。

争端双方都认为，不正当歧视的存在，除了多边谈判层面之外，主要涉及第 609 节使用的四个主要方面。

A. 1996 指令欠缺灵活性，特别是未考虑出口国领域内可能存在的不同情况。

上诉机构一方面反对第 609 节之规定，另一方面也反对执行指令和美国政府的实践。前者只规定养护项目具有可比性，后者则要求养护项目与美国的项目实质相同。上诉机构认为在美国领土内实施统一标准是可接受的，其反对的是对出口国也实施同样的统一标准。

美国一方面修订了 1996 指令，提出了外国项目的相对有效性标准；另一方面在实践中对使用 TED 项目的审查也放弃了之前的实质相同标准。

专家组最终认定美国的新执行措施解决了上诉机构判决中认定的原 1996 指令欠缺灵活性的问题。而马来西亚没有提供证据反驳这种假设。

B. 从未经许可的国家进口海虾的限制，包括使用 TED 捕获的海虾。

上诉机构认定：捕获海虾的方法与美国使用的方法相同，但是仅仅因为它们是从未获得美国认可的国家水域捕获的，就被排除出美国市场。由此产生的情势，是很难与所宣称的保护和养护海龟的目标相一致的。

依据美国修订版指令，由使用 TED 的船只捕获的海虾的进口是允许的，即使出口国没有依据第 609 节获得认可。

专家组最终认定美国的做法符合了争端解决机构的建议和裁决。

C. 过渡期的长度问题。

上诉机构对于美国区分不同国家适用不同期限做出如下认定：按照指导规则以及行政性惯例，实行第 609 节会造成需要证书的各国间的不同待遇。按照 1991 年和 1993 年的指令规则需要获得证书，加勒比海－西大西洋区域的 14 国，必须使所有商业拖网捕虾船在 1994 年 5 月 1 日前使用 TED。这 14 国在它们各自拖网捕虾部门有个 3 年过渡期。而其他向美国出口海虾的国家（包括印度、马来西亚、巴基斯坦和泰国），实际上只有 4 个月时间执行使用 TED 的强制要求。

对于想要获得证书的出口国，过渡期之长短并非无关紧要。这个期间直接关系符合证书要求的繁重负担以及寻找和发展海虾产品替代出口市场是否实际可行。期间越短，符合要求的负担越重，特别是申请方有大批拖网捕虾船时，该捕虾国寻找新的海虾出口市场的难度更大。从净效果上说，期间越短，进口禁令影响越大。美国试图为加勒比海－西大西洋区域的 14 国与其他国家期间上明显的不同做辩解，美国宣称当时 TED 技术不成熟所以有理由给予较长期间，后来该技术改进了，使得缩短期间成为可能。这种解释是没有说服力的。因为它并未考虑各国政府对成百上千拖网捕虾船强制使用 TED 并制定和推行必需的规范项目做"可靠的执行努力"等加在一起的难度和管理上的财政成本。

在这个问题上，美国宣称过渡期安排已经在指令的"时间篇"（passage of time）中做出了调整，马来西亚有 4 年多的时间来推行 TED 项目或其他类似项目。

专家组认为马来西亚并未试图获得认可，也有理由相信其可以避免各种成本的付出，因此认定美国的执行措施最终符合争端解决机构的建议和裁决。

D. 美国对不同国家转让技术的努力方面的差别。

上诉机构认定：美国向特定国家转让所需的 TED 技术所做的努力程度上的差别，对需要证书的不同国家给予不同待遇，这种差别和不同待遇是显而易见的。在转让技术上，更多的努力给予了加勒比海－西大西洋地区 14 国。这些努力的程度大概同过渡期长短有关，过渡期越长，技术转让的努力程度越高。现实些说，要符合发给证书的条件，要靠成功转让 TED 技术，在促成转让的努力低或只口头上说说的情况下，极有可能导致在规定的很短的过渡期内只有很少几国能符合第 609 节规定的要求。

美国辩称：其一直持续不断地主动提供技术援助并帮助任何提出请求的国家培训 TED 的设计、建造、安装和操作。美国已经向许多国家提供了这方面的援助，如巴林等。

专家组认定美国在技术转让方面的执行措施符合争端解决机构建议和裁决的要求。

②关于"武断的歧视"的主张。

A. 欠缺灵活性。

上诉机构认定：第 609 节在其实行时，强制采取了一个单一的、严格的而僵硬的要求，即对依第 609 节（b）款（2）项（A）目和（B）目申请的国家采取了一种和美国本土办法基本一样的综合管理办法，而根本不管该办法是否符合出口国的实际情况。再者，在美国官方根据这些规定做出是滞发放证明决定时，很少或没有一点灵活性。在上诉机构看来，这种严格和缺乏灵活性也构成了第 20 条引言意义上的武断的歧视。

美国不再要求出口国的项目与美国的项目实质相同，而且承认其他的项目也可以是类似的。马来西亚抗议这种"类似项目"（comparable programme）的要求是对其决定环境政策主权的干涉。

专家组不认为上诉机构报告支持马来西亚的看法。在专家组看来，上诉机构并没有对美国由于环境原因而限制海虾进口提出质疑，而是因为美国要求其他国家采取与美国的项目实质相同的项目，这种做法没有考虑其他国家项目的适当性，实际上构成了武断的歧视。

美国通过修订执行指令避免武断的决定。申请认可的国家可以证明其项目与美国的项目类似，即使不要求使用 TED。就表面来看，执行措施不再建立在实施特定的方法或标准基础之上，而是建立在特定目标的实现基础之上，此处的目标有着相对宽广的含义。

最终，专家组认定美国的执行措施符合相关的争端解决机构的建议和裁决，而马来西亚没有提供充分证据来反对这一点。

B. 正当程序问题。

上诉机构认定：美国所遵循的发证程序似乎是很不正式、很随便的，而其运作也采用了否定成员方权利的方式。这似乎无法使出口方确定美国主管政府机关是否用一种公平又公正的方式来实施第 609 节，尤其是 1996 指令的条款。在上诉机构看来，实际上剥夺了申请证书并被拒绝的出口成员方的基本公正，比起获得证书的成员方来，它们显然受到歧视。

美国辩称其已经修订了指令来充分考虑上诉机构报告。修订版的指令不仅规定美国官员访问依据 609 节（b）（2）（A）和（B）目请求发证的国家，也规定每次访问都召开一次会议进行总结，来讨论访问结果并审查其捕虾过程中保护海龟项目的不足之处。

此外，美国修订版指令还规定美国国务院对进口国项目进行两次评估：一次是每年 3 月 15 日进行的初期评估，另一次是每年 5 月 1 日进行的正式评估；还规定了一些具体的通知、说明理由等程序。

专家组最终认定美国修订版指令遵循了正当程序的要求。

（5）对国际贸易的隐性限制。

上诉机构没有对原措施是否构成对国际贸易的隐性限制问题做出裁判。专家组回忆到：鉴于争端方引用了第 20 条，美国对证明其执行措施符合序言的所有相关要求负有义务。

专家组通过分析美国允许出口国非强制地使用 TED 项目，并主动提供对第三世界国家发展 TED 应用能力的援助，最终认定美国的执行措施没有构成对国际贸易的隐性限制。

（三）上诉机构报告评析

上诉机构最终认定：

（1）专家组在审查美国采取的执行争端解决机构做出的建议和裁决的措施的连续性方面正确地履行了 DSU 第 21.5 条授予的职责。

（2）支持专家组关于“公法 101～102 第 609 节依据 GATT1994 第 20 条是正当的，只要该报告中所述条件，尤其是正在进行的为达成多边协议而做出的善意努力，得以实现”的裁决。

因此，上诉机构不再向争端解决机构提出任何建议。

1. 上诉中提出的问题

（1）争议的措施包括三个要素。

A. 美国公法 101～102 的第 609 节。

B. 为实施美国公法 101～102 的第 609 节而修订的指令（以下简称“修订版指令”）。

C. 美国实施第 609 节和修订版指令的实践。

（2）上诉中提出的问题包括两个方面。

A. 专家组是否恰当履行了 DSU 第 21.5 条项下的职责来审查美国执行措施与 GATT1994 相关规定的相符性。

B. 专家组是否错误判定了争议措施现在的实施方式不再构成对具有相同条件的不同国家的武断的和不正当的歧视，即属于 GATT1994 第 20 条允许的措施范围。

2. 上诉机构重点审查了 GATT1994 第 20 条前言的有关问题

（1）有关美国履行保护和养护海龟的国际协作义务之行为的性质和范围问题。

（2）修订版指令的灵活性问题。

上诉机构基本上重申了专家组的意见，最终认定专家组的裁判有效。

四　欧盟—温石棉案

科学研究表明，温石棉被普遍认为是一种剧毒材料，其暴露后会对人类健康构成巨大威胁（例如，将导致石棉沉滞症、肺癌和间皮瘤）。然而，由于其具有某些品质，温石棉被广泛用于不同的工业领域。为了控制石棉对人类附带造成的健康隐患，法国政府对该物质以及含有该物质的产品实施限制。

欧盟肯定了法国政府基于健康保护之理由而实施的该限制，声称温石棉不仅对经常接触暴露在外的温石棉的建筑工人的健康是有害的，而且，对那些偶尔接触的人们也是危险的。作为世界范围内第二大石棉生产商，加拿大在 WTO 对此限制提出抗议，加拿大并未挑战温石棉所附带的危害性问题，而是提出应当在温石棉纤维和水泥包裹的温石棉之间划出界线。加拿大认为，后者可避免纤维释放，且并未对人类健康造成威胁。它还声称，法国使用的温石棉替代物尚未得到充分研究，且其自身就可能对人类健康有害。

加拿大向 WTO 申诉，欧盟相关法令违反了 GATT1994 第 3 条第 4 款和第 11 条规定，以及 TBT 第 2.1 条、2.2 条、2.4 条和 2.8 条规定，同时，也抵消或损害了 GATT 第 23.1 条 b 项下的预期利益。欧盟则认为，该法令不属于 TBT 范畴。关于 GATT1994 条款，欧盟则要求 WTO 专家组确认，该法令与 GATT1994 第 3.4 条一致，对 GATT1994 第 20 条 b 项意义上的保护人类健康也是必需的。

经审理，尽管专家组认为欧盟上述法令违反了 GATT1994 第 3 条，但是专家组最终做出了有利于欧盟的裁决。专家组认为，根据 GATT1994 第 3 条（国民待遇），欧盟所做出的限制事实上构成了一种违反，因为温石棉和温石棉替代物可被认定为该条意义上的"相似产品"。专家组提出，在考察产品相似性时，温石棉附带的健康危害并非一个相关因素。然而，专家组裁决，法国制定的进程限制法令属于第 20 条 b 项范畴。换句话说，该措施可被认为是对保护动物、人类、植物生命或健康所必需的。它也满足了第 20 条前言的条件，因此，专家组做出了有利于欧盟的裁决。

在上诉中，WTO 上诉机构支持了专家组做出的有利于欧盟的裁决，尽管它调整了一系列法律方面的推理。例如，它推翻了专家组认为在考察 GATT1994 第 3.4 条下相似产品时考虑温石棉附带的健康威胁是不适当的这一观点。同时，上诉机构提出，该案件应根据 TBT 而不是 GATT 规则进行考察，但它自身并不进行 TBT 项下的分析，因为，上诉机构仅具有审查争端解决中的"法律"事项的使命（且它自身不能开展新的、专家组并未开展的法律分析）。

附：对欧盟—温石棉案的法律分析[①]

温石棉产品因其性能优异，在建材、化工、冶金等领域应用广泛，然而温石棉也含有可致癌的有害物质。为保护工人和消费者的健康和安全，法国政府发布第 96～1133 号法令，该法令于 1997 年 1 月 1 日生效，其主要内容是禁止生产、加工、进口、销售、运输温石棉产品，而不管石棉纤维是否植入有关材料、产品或设备中。同时，对缺乏可替代品，但能够证明有安全技术保障的含有温石棉的材料、产品、设备，做出了例外规定。法国此举影响了其他一些欧盟国家，由此给世界第二大石棉生产国加拿大的温石棉出口造成压力。加拿大认为法国的温石棉禁令违背了 SPS 第 2 条及第 5 条、《技术性贸易壁垒协定》第 2 条和 1994 年 GATT 第 3 条、第 11 条的规定，同时认为它的利益受到了损失或损害。在与欧盟协商未果的情况下，加拿大将该争端提交 WTO 争端解决机构裁决。1998 年 11 月 25 日，争端解决机构成立专家组调查此案。巴西和美国等保留了第三方的权利。专家组

---

① 参见焦洪宝《加拿大诉欧盟限制石棉产品进口案评析及启示》，http://article. chinalawinfo. com/Article_ Detail. asp？ArticleID＝24688，2013 年 6 月 10 日访问。

于 2000 年 7 月 25 日提交了最终报告。经过上诉，2001 年 4 月 5 日，争端解决机构通过了上诉机构报告和修改后的专家组报告。

1. 关于 TBT 是否适用于争议法令

加拿大认为，争议法令属于 TBT 规定的"技术法规"，欧盟认为禁令中"不得含有温石棉"的规定并不能使投放法国市场的产品特性化，禁令只是设置了一般性禁止，因而不是技术法规。TBT 附件 1 第 1 条对"技术法规"所下的定义是："规定强制执行的产品特性或其相关工艺和生产方法，包括适用的管理规定在内的文件。该文件还可以包括或仅仅涉及适用于产品、工艺或生产方法的专门术语、符号、包装、标志或标签要求。"专家组认为一项措施构成技术法规应具有以下特征：（1）该措施影响一种或多种产品；（2）该措施指定了允许进入该成员方市场的产品的技术特征；（3）该措施具有强制效力。据此，专家组认为，本案的争议法令中禁止石棉产品进入市场的规定不构成 TBT 附件 1 第 1 条所定义的"技术法规"。至于法令第 2~4 条的例外规定，专家组认为第 2 条第 2 款以穷尽式列举的方式规定了有关产品、服务的认定，说明有关产品从例外规定中获得了利益。此外，第 2 条还设定了产品的市场标准。据此，专家组认为法令的例外规定部分属于技术法规。

上诉机构认为，加拿大是将 96~1133 法令作为一个整体进行投诉的，该法令包括了禁令和例外部分，两者不可分开来理解，例外部分如果脱离禁止部分的规定就没有自己独立的法律特征。因此，上诉机构推翻了专家组将该法令分为两部分进行审理的结论。

上诉机构对"技术法规"的定义的分析集中在"产品特性"一词上。上诉机构认为，首先，"产品特性"包括任何客观上可界定的特征、品质、属性及其他可用做区分产品的特征，这种特性可能与产品的成分、大小、形状、颜色、质地、硬度、张力、易燃性、传导性、密度、黏度有关。技术法规定义本身列举的符号、包装、标志或标签要求等例子，表明"产品特性"不仅包括产品自身固有的特征和品质，也包括与之相关的外在特征。技术法规的定义中的"仅仅涉及"和连接词"或"意味着技术法规可能仅局限于设定一种或几种产品特性。技术法规既可用肯定的方式规定产品具有一定"产品特性"，也可用否定形式规定产品不得具有某种特性。其次，上诉机构对产品是否必须是"给定的"（given）进行了分析，指出技术法规适用于可确认的一种或一组产品，但并不意味着在技术法规中必须指明有关产品，而只需使它们具有可确认性。将上述理解应用于本案，上诉机构认为，法令实质是对含有石棉纤维的产品进行管制，其通过否定方式对所有产品施加了一定的客观特征、品质或特性，即法令要求所有产品必须不含石棉纤维。法令适用对象是可确认的，即它涉及的产品是"包含石棉纤维的产品"，同时也规定了对这些产品的禁令是强制性的。据此上诉机构认为，争议法令属于"技术法规"。但由于专家组未对加拿大就 TBT 第 2 条的具体投诉进行审理，即没有确认有关的事实，上诉机构根据 DSU 第 17 条第 6 款的规定，认为自己无权对加拿大的投诉进行审理。

2. 关于 GATT 第 3 条第 4 款和第 11 条

加拿大认为争议法令违反 GATT 第 3 条第 4 款和第 11 条。欧盟则认为，一项措施或者属于国内法规，受 GATT 第 3 条第 4 款约束，或者涉及产品进口，受 GATT 第 11 条第 1 款约束，加拿大混淆了两个条款的关系。

专家组认为，争议措施受 GATT 第 3 条第 4 款约束双方并无异议。同时根据 GATT 第 3 条注释的规定，GATT 第 3 条第 4 款适用于对进口石棉产品的禁令。同时专家组认为没有必要审查加拿大关于第 11 条第 1 款的主张。

3. 是否违反 GATT 第 3 条第 4 款

GATT 第 3 条第 4 款规定：一成员领土的产品输入到另一成员领土时，在关于产品国内销售、许诺销售、购买、运输、分配或使用的全部法律、条例和规章方面，所享受的待遇应不低于国内生产的同类产品（like products）所享受的待遇。加拿大认为，争议法令改变了从加拿大进口的石棉产品与法国本地产品即一些可替代石棉产品的纤维类产品的竞争条件。

专家组首先对本案涉及的同类产品进行分析。专家组参照 1970 年边境税收调整工作组报告中的建议，对本案涉及产品的物理特性、产品分类、最终用途、消费者爱好等几方面情况进行分析，认为温石棉纤维和聚乙烯醇纤维、纤维素、玻璃纤维（后三者统称 PCG 纤维）具有相同的属性和品质、相同的最终用途，因此属于 GATT 第 3 条第 4 款所说的同类产品。此外，含有温石棉纤维的胶结产品和含有上述 PCG 纤维之一的胶结产品也属于同类产品。通过对这些属于同类产品的进口产品与国内产品进行比较，专家组发现法国确实生产并推广使用了可用作温石棉的替代产品的 PCG 纤维类产品，并且法令第 1 条第 1 款、第 2 款的规定给予温石棉产品的待遇低

于给予这些替代产品的待遇。因此，专家组认为争议法令违反了 GATT 第 3
条第 4 款。

欧盟在上诉中指出，专家组对"同类产品"的认定是错误的，并要求
上诉机构推翻专家组关于争议措施违反 GATT 第 3 条第 4 款的裁定。

上诉机构认为，从字典的解释看，"同类产品"是指具有一些同样或相
似的特征或品质的产品。为了保证公平竞争条件的实现，GATT 第 3 条的一
般原则寻求阻止各成员在市场中对国内竞争产品和涉及的进口产品适用影
响竞争关系的国内税收和规章来保护国内产品。该条第 4 款所规定的"同
类产品"一词应解释为与产品之间的竞争关系有关，与该条第 2 款中的同
类产品所指不同。上诉机构据此对专家组的结论进行分析，认为专家组将
温石棉纤维和 PCG 纤维视为同类产品是错误的。因为 1977 年国际癌症研究
机构的一份对人类可致癌物质清单与全面评估的研究报告以及 1998 世界卫
生组织的温石棉环境健康标准都指明了温石棉纤维是一种致癌物质，专家
组咨询的一位专家还证实由其导致的癌症死亡率达到 100%，而 PCG 纤维则
没有这一风险。温石棉纤维含有致癌物质而 PCG 纤维没有，这说明二者的
物理特性存在不同之处。此外，二者也属于不同的关税分类。上诉机构认
为，这些证据表明温石棉纤维与 PCG 纤维不是 GATT 第 3 条第 4 款所说的同
类产品。至于专家组裁定由温石棉纤维制造的产品和由 PCG 纤维制造的产
品也属于同类产品，上诉机构认为，加拿大没有提供任何有关这些产品的
消费者喜好与习惯的证据，因此不能证明它们属于 GATT 第 3 条第 4 款所说
的同类产品。上诉机构因此认为，由于加拿大没能证明温石棉纤维是其替
代产品的同类产品，因此认定加拿大没有足够的证据证明争议措施违反了
GATT 第 3 条第 4 款。

4. GATT 第 20 条的适用

欧盟指出，由于争议法令是法国政府为了公众健康目的而制定的，根
据 GATT 第 20 条 b 项的规定应可以合理地规避 GATT 第 3 条第 4 款的规定。

专家组引用了美国汽油标准案（DS2、DS4）专家组报告和美国海虾案
（DS58）上诉机构报告的结论，认为援引 GATT 第 20 条的例外规定，应首
先证明争议措施符合 GATT 第 20 条 b 项的规定，其后还应证明该措施符合
GATT 第 20 条前言部分的规定。

（1）争议条款是否符合 GATT 第 20 条 b 项的规定。

GATT 第 20 条 b 项规定的是为保护人类、动植物的生命或健康所必需

的措施，适用它应符合两个条件：①有关措施是为了保护人类的生命或健康；②为了实现上述目标，有关措施是必需的。

根据欧盟提供的证据，并请教了有关专家，专家组认为温石棉产品对人类健康构成威胁。对于欧盟采取的措施是否"必需的"，即是否存在其他的与 GATT 相一致或较少不一致、对贸易限制更少的措施，专家组认为，科学证据表明没有一个最低的接触量或最低的暴露时间标准来表明石棉特别是温石棉的致癌危险不存在。虽然有些国家对温石棉产品采取控制使用的方法，但欧盟提供的证据证明控制使用既没有有效的结果，又不易实现。因此，专家组认为控制使用不能成为禁止使用的有效的替代措施。加拿大提出的对接触温石棉的工人的国际保护标准，专家组认为其提供的保护程度小于法国采取的措施提供的保护，不能达到法国的保护目标。专家组得出结论：除禁令外，不存在可选择的其他方法，因此认定争议措施符合 GATT 第 20 条 b 项的要求。

加拿大对专家组做出的温石棉对人类生命或健康构成威胁的结论提出上诉。上诉机构引用了美国小麦产品案和韩国酒类饮料案的分析，强调专家组享有对事实问题的自由裁量权，除非上诉机构认定专家组在采信证据过程中超越作为事实判定者的权限，上诉机构不能对专家组采信证据的价值以及结果和因素中被指称的错误进行质疑。专家组有权在自由裁量范围内决定在所有的证据材料中某一因素比另外一些因素更具有证明力，这是专家组完成证据采信任务的必要条件。本案中专家组咨询的四位科学家都认为石棉纤维和石棉产品对人类健康构成危险，同时石棉纤维的致癌性质也为国际公认。因此上诉机构认为，专家组得出温石棉产品构成对人类生命和健康危险这一结论，是在自己的自由裁量权限之内，因此决定维持专家组的裁定。

加拿大对专家组认定争议措施符合 GATT 第 20 条 b 项"必需的"要求的结论提出上诉。上诉机构认为，判断与 WTO 相符的替代措施是否合理，要根据替代措施对最终目的的实现所产生的效果的程度，即所选择的措施能达成的效果要与希望达成的目标具有相称性。争议措施所追求的保护人类生命健康的目标具有最高程度的关键性和重要性。而控制使用这一措施效果有待验证，尤其对于建筑工业从业人员和喜欢自己动手的人其效果更是值得怀疑。由此，控制使用不是可以实现法国所追求目标的可替代措施，从而认定了争议措施的必要性。因此，上诉机构决定维持专家组对这一问题所做出的结论。

（2）争议法令是否符合 GATT 第 20 条前言。

专家组分析认为争议法令的规定不存在对不同产品的歧视，因此认为没有必要再审查是否存在任意的、无端的歧视。至于是否存在"对国际贸易的变相限制"，专家组对此的解释是：该词没有被清楚地定义，专家组认为理解该词的重点不在"限制"而在于"变相的"（disguised）。根据字典的解释，"变相的"一词意为"隐蔽的、伪装的、欺骗的、掩饰的"。专家组通过对争议法令的分析，认为进口禁令没有使法国替代纤维工业从中获得利益，也没有损害第三国生产者的利益，因此认为它不构成对国际贸易的变相限制。综上所述，专家组认为争议法令符合 GATT 第 20 条 b 项的规定。因此该法令对 GATT 第 3 条第 4 款的违反因符合 GATT 第 20 条 b 项的规定而获得豁免。上诉机构维持了这一结论。

至于加拿大在上诉中指出专家组没有客观地评估关于 GATT 第 20 条 b 项的适用，违反 DSU 第 11 条，上诉机构认为，一个成员在采取健康政策时没有义务必须服从主流科学观点，因此，专家组也没有必要基于"占优势的证据"来考虑 GATT 第 20 条 b 项的适用。因此，上诉机构决定驳回加拿大关于 DSU 第 11 条的上诉。

5. 关于 GATT 第 23 条第 1 款 b 项

GATT 第 23 条是关于"利益的丧失或减损"的规定，专家组对 GATT 第 23 条第 1 款 b 项的解释是：投诉方能证明在协定订立时它有理由期望对方不采取现在争议中的措施。专家组分析后指出在乌拉圭回合的后期，法国就已经禁止温石棉产品的使用了，因此加拿大不能证明自己当时有理由期望法国不采取禁止措施。因此，专家组认为加拿大不能证明 GATT 第 23 条第 1 款 b 项意义上的利益丧失或减损的存在。

本案争议焦点主要有三个：第一，争议措施是否属于"技术法规"，是否适用 TBT；第二，GATT 第 3 条第 4 款规定的"同类产品"如何界定；第三，争议法令是否符合 GATT 第 20 条 b 项的规定而可以获得豁免。最后得出的基本结论是该争议法令属于技术法规，温石棉产品的替代产品和温石棉产品不属于同类产品，争议措施符合第 20 条 b 项，加拿大的申诉被驳回。

对技术法规的诠释。技术法规是 WTO《技术性贸易壁垒协定》所规范的重要贸易技术壁垒之一。协议使用的术语"技术法规"适用于强制性实施的标准。本案裁定对技术法规专门做出解释，为我们在实践中正确理解和应用技术法规提供了依据。

对本案中的争议措施是否属于"技术法规"的问题，上诉机构采取了比专家组更为宽泛的解释，扩大了技术法规的适用范围。首先，上诉机构强调产品只要可确认就行；其次，关于"产品特性"，上诉机构认为其不仅包括产品内在的本质特征，也包括外在的特征，既可以用肯定形式表示，也可以用否定形式规定，只要一项措施对产品施加了具有约束力的特性，即使是一般禁止，也是技术法规。由于 WTO 有关裁定具有实质意义上的"先例"作用，本案技术法规的解释启示我们，一国采取有关产品的一般禁令，也有可能落入"技术法规"的范畴，需要遵守 TBT 关于技术法规的一系列专门纪律，这就要求我们在基于保护人类健康安全、保护环境等的需要而对相关产品采取一般禁令时应给予高度关注。

对同类产品的界定。"同类产品"一词在 GATT 多个条款中出现，在 WTO 反补贴协议，反倾销协议，保障措施协议等协议中也是很关键的概念。GATT 与 WTO 争端解决程序共有 20 多个案例涉及这一概念的理解，但上诉机构仍然是第一次审查第 3 条第 4 款中的这一概念。美国汽油标准案中专家组曾审查了缔约方全体在 GATT 下的做法，注意到以前的专家组在确定第 3 条的同类产品时使用了多种标准。1970 年边境税调整工作组报告认为，产生于该词解释中的问题应个案审查，这允许在每一案件中对构成"同类"或"类似"产品的不同因素进行公正的评估，而实际上过去也一直是这样做的。世界贸易组织依然遵循总协定的做法，根据个案来审查，在个案的基础上使用某些标准确定产品是否相似：既定市场中的产品的最终用途；各国不同的消费者的喜好和习惯；产品的特征、性质和质量等。比同类产品这一概念范围更广的概念是直接竞争产品或替代产品。其适用范围的确定也须根据个案进行。不属于同类产品的产品可能落入直接竞争或替代产品的范围。此时不仅可以考虑物理特征、通常的最终用途、关税分类，还可以考虑在市场中的位置。本案的争议主要涉及对 GATT 第 3 条第 4 款中"同类产品"的界定，在个案基础上参照上述标准进行审查的做法得到了很好的体现。

一般例外条款的适用。GATT 第 20 条的例外条款允许成员出于维护公共道德、保护人类及动物的生命健康、保护可枯竭的自然资源等原因违背 GATT 以及 GATS 的一切规定采取限制措施。这使一般例外条款在 GATT/WTO 所有例外中的地位显得特别突出。但该条款行文比较晦涩难懂，内容也比较笼统概括，并且没有补偿、批准甚至通知要求，这使它在实践中更可能被成员滥用，也使得因援引本条款而引起争端的解决难以进行。在GATT/WTO 历史上，援引一般例外条款的案例数量并不少。从目前争端解决报告来看，由于对例外条款本身的适用趋向于严格的限制，最终援引成功的只有 GATT 时期的美国汽车弹簧配件进口案和本案。

本案对 GATT 第 20 条 b 项的分析很好地体现了争端解决机构对于 GATT 第 20 条一般例外条款适用的一般规则。首先，例外条款的设计理念在于为违反协定义务的成员国另外开辟一条合法的免责途径。因此成员方援引该条款的基础必须是违反了其他的协定义务，如果本着其他条款成员方就可以获得正当性，那么就没有援引一般例外条款的必要。本案中专家组也是先论证争议措施违反 GATT 第 3 条第 4 款，然后再进行第 20 条适用性的审查。其次，第 20 条包括两部分，适用于整个条款的前言部分主要规定了贸易措施的适用方式，第二部分具体规定了贸易措施的各项政策性目标（内容），一项违反了其他条款义务的措施，只有满足了这两部分的内容，才可获得正当性。在分析顺序上，遵循内容到前言依次审查，即先分析有关措施是否符合第 20 条各单项例外的要求，如果符合就获得临时正当性，然后根据前言部分进行审查，如果完全符合，才可获得最终正当性。再次，各项例外是否适用须满足相应的限定性条件。如本案中专家组在分析第 20 条 b 项时，就依此对两个必须满足的条件进行审查。

由于 WTO 的案例在原则上只对当事方和该案本身有约束力，在以后的争端解决实践中，WTO 的争端解决机构随时都有可能推翻以前的解释。因此随时关注并认真分析争端案例，不断跟踪研究 WTO 最新的发展形势，对搞好 WTO 形势下的经济贸易工作有重要意义。

第三节　善意原则：环境规则"造法"的国际法依据

国际法学界普遍认为，WTO 法律制度中的争端解决机制是对传统国际法的重大突破，因为 WTO 具备了一套对成员方贸易争端拥有强制管辖权的司法制度，而历史上的国际常设法院以及现在隶属于联合国的国际法院等国际司法机构的管辖权都是建立在国家同意的基础之上，若无有关国家的同意，这些司法机构就不能对相关国家间的争端行使司法管辖权，除此以外，WTO 争端解决机制对已决案件的生效裁决还制定了强制执行的法律规范，而国际法院受理的案件，即便争端双方同意国际法院管辖，国际法院的判决往往也是缺乏足够的执行力。长期以来，国际法往往被称为"软法"（soft law）与国际上的司法机构这种既无强制管辖权，又缺少强制执行力的这种软弱无力的争端解决机制有很大关系，而 WTO 则不同，其争端解决机制以强制管辖权、"反向一致"表决通过专家组及上诉机构报告的机制，以及对生效裁决的强制执行手段等特点令人刮目相看，一定程度上使人改变了对国际法系"软法"的印象，成为现代国际法律制度中的一大亮点。

WTO 法之所以获得如此高的赞誉，除了上面提到的不同于传统国际法的强势争端解决机制外，WTO 专家组及上诉机构在审理贸易争端案件时，不断运用善意原则等国际法一般法律原则进行法律推理和裁决，在 WTO 争端解决实践中，特别是在 WTO 协定条款规定不明确甚至缺乏相应规则的情况下充分发挥"司法造法"之功能，成功地解决了 WTO 贸易争端案件中的不少重大、复杂的法律难题，为 WTO 争端解决机制增添了亮丽的色彩，在运用"善意"等国际法一般法律原则方面，也为其他国际组织和国际司法机构做出表率。

由于国际司法机构审理的案件，不论是领土纠纷，还是贸易争端，往往都涉及相关国家的重大利益，但国际法本身立法过程的复杂和漫长，使得现行国际法规则在一些情况下面对这些争端和纠纷显得力不从心，尤其是在没有相应的条约规定和习惯法时，或者虽然有条约和习惯法但已不适应时代发展，或条约、习惯法规则本身含混不清的情况下，如何对争端和纠纷做出最终裁决？这个问题一直是困扰国际法院等司法机构的一个难题，面对上述情形，法官们或者一筹莫展、将案件长期搁置，或者对敏感问题采取消极回避的态度，这显然会对国际法本身产生不利的影响。

国际法主要渊源或者依据就是国家间缔结的条约和历经弥久实践、被各国公认为法律的国际习惯，可是，国际条约的缔结是一个非常复杂的过程，往往由于各国意见不一长期争论不休，国际习惯法形成过程又很漫长，这些特点制约着新的国际法规则产生，同时也使得传统国际法规则很难"与时俱进"，WTO 法也是如此，其众多贸易协定、谅解的形成本身就历经了十分艰难的谈判过程，新回合的贸易谈判也因各方立场不同而困难重重，姑且不说对某个已明显不合时宜的 WTO 协定动"大手术"，就连修订其中一个条款都会"牵一发而动全身"，要费上九牛二虎之力。

历时八年之久的乌拉圭回合谈判虽然终于达成了一揽子协议并成立了WTO这个管理国际贸易政策的最大国际组织，但由于当时的历史条件，环境保护、人权保护等一系列与贸易相关的新生事物没能在WTO协定中得到体现，在WTO司法实践中，WTO专家组和上诉机构在审理涉及环境保护、劳工待遇标准、反垄断等新型贸易争端时可能面临WTO协定中无相关规则的尴尬局面，有时即便有相应的协定条款，但这些条款所依存的条件发生了变化，明显不符合时代要求，适用这些过时的条款有可能造成严重后果，这种情况该如何处理？这无疑是摆在WTO专家组和上诉机构面前的一大难题。当然，要求WTO的前身GATT的创制者在几十年前预想到今天的国际现实，从而制定出超乎当时历史背景的规则显然是不现实的。

面对上述情形，WTO专家组和上诉机构采取何种态度，是消极等待还是积极进取？这关乎人们对于WTO的信心。实践证明，WTO争端解决机构并未退缩，充分运用善意原则等国际法一般法律原则，接受并采取国际法条约解释的习惯规则，成功地将环保政策等新生事物纳入WTO制度，赋予了WTO相关协定条款时代新内涵，解决了一大批国际贸易领域所面临的新难题，真正发挥了填补法律空白、平衡贸易利益关系的"司法造法"（judicial law – making）功能，很大程度上推动了WTO规则的"与时俱进"。

在这方面，1998年WTO专家组和上诉机构对于美国海虾案做出的裁决堪称典范。

本案的基本案情：由于海龟属于濒临灭绝的海洋生物，为了保证在捕虾过程中不会人为地对海龟造成损害，美国于1989年制定了"公法101～102第609节"，该条款规定：禁止使用对海龟引起不利影响技术所捕的虾进口到美国。美国1990～1996年通过多次发布政府指令和司法判决的方式实施第609节，不但要求虾出口国安装美国要求的TEDs装置（能防止捕获海龟和降低捕虾过程中海龟死亡率的技术装备）或与之相类似的设备，而且还要求捕虾国提供证明它具有"商业拖网捕虾不会引起海龟伤亡威胁的"特定渔业环境的相关证明，而那些未能安装上述设备或提供法定证明的捕虾国不能将虾及其制品出口到美国，这实际上是美国为保护海龟而采取的贸易限制措施。对于美国采取的上述措施，印度、马来西亚等传统虾出口国表示强烈反对，它们认为美国的做法违反了GATT1994的多个相关条款、损害了它们的贸易利益，为此，它们请求 WTO 争端解决机构予以裁决。①

从法律上讲，WTO 专家组及上诉机构在审理本案时面临的一个难题就是：美国的上述进口限制措施是否符合 GATT1994 第 20 条一般例外条款。该条款实际上是 WTO 成员方采取限制贸易手段的豁免条款，而本案中美国的做法是否在该条款豁免的范围内？

GATT1994 第 20 条的与本案相关内容是：

"第 20 条一般例外

根据要求，凡下列措施的实施在条件相同的各国间不会构成一种任意的或无端的歧视手段，或者不会形成对国际贸易的变相的限制，则不得将协定中的任何内容视为阻止任何成员方采取和实施的措施：

…………

（b）为保护人类及动植物的生命或健康所必需者：

（g）关于养护可用竭的自然资源，凡这类措施与限制国内生产或消费的措施一道实施者。"

美国认为，其采取的保护海龟的措施符合第 20 条 g 项之规定，故未违反 GATT1994，而申诉方则认为该措施完全不属于第 20 条规定的例外，应当取消，双方观点尖锐对立。

由于历史原因，类似保护濒危动植物的环境保护新课题当初并未进入 GATT/WTO 领域，其规则也没能将环境保护这一重要内容加以体现，但在环境保护已为世界各国高度关注的今天，如何补上"环境保护"这一课无疑是 WTO 面临的重大任务，解决不好势必影响人们对 WTO 的信心。就本案而言，专家组本应通过这个案件向世人表明一种有利于环境保护的态度和导向，但遗憾的是，对于这样一起涉及国际贸易与环境保护关系的重大问题，本案的原审专家组仅以美国措施与第 20 条一般例外的序言不符为由颇为武断地判决美国败诉，并未对美国措施是否属于第 20 条 g 项规定的措施这个关键性问题做出回答，也未对美国怎么违反了第 20 条序言之规定做出合理解释，这不能不引起被诉方美国的强烈不满，美方遂将专家组报告上诉至 WTO 上诉机构，与专家组的简单做法不同，本案上诉机构采取了正视这一法律难题的严谨态度，成功地将环境保护原则引入 WTO 规则领域，

---

① 具体案情请参见赵维田主编《美国——对某些虾及虾制品进口限制措施案》，上海人民出版社，2003，第 16～30 页。

为此做出了历史性贡献。

上诉机构认为，美国措施属于第 20 条 g 项规定之措施，这一判断对于美国保护海龟的立法初衷予以法律上的肯定，具有重要意义。

在案件审理中，本案几个申诉方曾提出：第 20 条 g 项中"可用竭的天然资源"是指"诸如矿产品等有限的资源"，而不是生物或可更新的资源，①即其范围仅限于养护"矿产品"或"没有生命的"天然资源，本案中的海龟显然不在此列，因此美国援引此规定显然没有道理，对于这个理由上诉机构则不予认可，它指出：

"第 20 条 g 项中的可用竭的天然资源一词，实际上是 50 多年以前创造出来的。条约解释者必须参照国际社会当代所关心的环境保护来解读。乌拉圭回合虽然未对第 20 条做出修改，但 WTO 协定的序言表明，该协定在 1994 年的签字各方完全了解环境保护作为国内和国际政策的重要性和正当性。WTO 协定序言明确认识可持续发展的目标……从写入 WTO 协定序言的视角来看，我们注意到：第 20 条 g 项里的天然资源这个普通用词，其含义或所指者并不是静止不变的，从定义上说，是演变的。因此，记住如下一点是必要的：现代国际公约和宣言经常把天然资源看作兼指有生命的和无生命的资源。②我们认为在今天仍把 GATT1994 第 20 条 g 项解读为仅指养护可用竭的矿产或无生命资源，未免太落伍了。"③

根据上述分析和理解，上诉机构认为：第 609 节是 GATT1994 第 20 条 g 项意义上的、关系养护可用竭的天然资源的一种措施，因而支持了美国援引该条"例外"的答辩观点。

在得出这个结论后，上诉机构并未就此止步，它又考察了第 20 条序言，指出它是善意原则的一种表述形式，同时指出该引言的标准兼具实体与程序的要求，④并以此来进一步审查美国第 609 节及相关措施的合法性问题。

上诉机构指出："第 20 条引言实际上是善意原则的一种表述方式，这

---

①　具体案情请参见赵维田主编《美国——对某些虾及虾制品进口限制措施案》，上海人民出版社，2003，第 984 页。

②　具体案情请参见赵维田主编《美国——对某些虾及虾制品进口限制措施案》，上海人民出版社，2003，第 986~990 页。

③　具体案情请参见赵维田主编《美国——对某些虾及虾制品进口限制措施案》，上海人民出版社，2003，第 986~990 页。

④　具体案情请参见赵维田主编《美国——对某些虾及虾制品进口限制措施案》，上海人民出版社，2003，第 1018。

个原则既是法律的一般原则，也是国际法的普遍原则，它制约着国家对权力的行使。这个原则的另一种实施方法，即禁止滥用权利（abus de droit），这是人所共知的。禁止滥用一国的权利，凡所主张的权利侵犯了条约所包含的义务时，责成它必须'善意'（bona fide）地行使，这就是合理地行使。因此，解释与适用这个引言的任务，实质上是在一个成员方引用第 20 条例外的权利和其他成员方在 GATT1994 各实体法规定（如第 11 条）的权利之间画一条平衡线，这是一个棘手的问题，即一方的竞争权不能排除另一方的，从而扭曲与剥夺（或减损）成员方的权利与义务的平衡。这条平衡线的位置，如该引言所表示者，并非固定不变，这条线随着措施形态和种类的不同而变动，因特定条件的事实不同而变动。"①

根据上面的理解和分析，上诉机构全面考察了第 609 节及相关行政指令的执行措施和方法，认为其实际上是要求 WTO 其他成员方"采取的管理办法，并非仅仅类似，而是必须和美国捕虾拖网船实行的办法相同"。这样，第 609 节设定一个严格而僵硬的标准，美国官员据此来决定是否给别国开出证明，从而给予或拒绝给予其他国家对美国出口海虾的权利。② 这就使得第 609 节的具体措施违反了善意原则，属于第 20 条序言中"任意的""无端的"歧视手段，而美国在具体实施前并未与相关国家协商，这种单方面性加重了进口禁令的破坏与歧视性影响，加重了它的不讲道理或无端性。③

根据上述推理和分析，WTO 上诉机构最终做出结论："美国措施虽有资格引用第 20 条 g 项，但未满足第 20 条引言的要求，因此不符合第 20 条的规定。"④

上诉机构的最终结论虽然仍判美国败诉，但其运用条约善意解释的方法成功地将环境保护这一时代主题纳入 GATT1994 框架，肯定了美国保护海龟这样一个有利于环境保护的立法初衷，认定第 609 节属于第 20 条 g 项规定的内容，推翻了专家组早先做出的简单结论，但随后又充分运用国际法

---

① 具体案情请参见赵维田主编《美国——对某些虾及虾制品进口限制措施案》，上海人民出版社，2003，第 1016 页。

② 具体案情请参见赵维田主编《美国——对某些虾及虾制品进口限制措施案》，上海人民出版社，2003，第 1020 页。

③ 具体案情请参见赵维田主编《美国——对某些虾及虾制品进口限制措施案》，上海人民出版社，2003，第 1032 页。

④ 具体案情请参见赵维田主编《美国——对某些虾及虾制品进口限制措施案》，上海人民出版社，2003，第 1044 页。

一般法律原则——善意原则，结合本案实际，在考察了美国执法过程和实际效果之后裁决美国在具体实施第609节及相关行政命令方面违反了第20条序言，法律推理过程中的论据充分有力，以理服人，美国虽仍旧败诉，但由于充分肯定了美国的立法初衷，让美国人输得心服口服、无话可说。

总之，本案上诉机构一改先前案例和本案专家组不愿触及"环境保护"这个敏感话题的保守做法，运用国际法条约解释的习惯规则和善意原则解读GATT1994原有条款，成功地将环境保护的理念和指导思想引入WTO规则，从而破解了这个困扰WTO多年的法律难题，不能不说是一个创举，从这一点上讲，上诉机构对美国海虾案的报告充分体现了法官"司法造法"的功能。

本案的另一个亮点就是，上诉机构对于善意原则这一国际法一般法律原则的解读和运用，使得该案件中有关GATT1994第20条如何合理地行使"一般例外"这个原本比较模糊权利的法律难题迎刃而解，对于今后成员方利用"一般例外"条款创制一定之规，"司法造法"迹象尤其明显。对此，赵维田教授给予本案上诉机构高度评价，并认为此案是"迄今为止GATT/WTO发展历史上的一个最著名的案例"，具有划时代意义。①

海虾案之后，WTO专家组和上诉机构在韩国政府采购案②、美国伯德修

---

① 赵维田：《几点评价》，载赵维田主编《美国——对某些虾及虾制品进口限制措施案》，上海人民出版社，2003，第1046页。

② 申诉方：美国。被诉方：韩国。专家组成立：1999年6月16日。
专家组报告：2000年5月1日。接受报告：2000年6月19日。
专家组报告要点：
GPA第1条（韩国政府在GPA中的承诺附件一的范围）：依据韩国政府在它的GPA承诺表中的减让条款以及该承诺谈判历史的补充（资料），专家组认为，负责INCHON国际机场建设采购的实体——韩国机场管理局和新机场发展集团——不是韩国在GPA承诺表中（所列）的实体。因此，专家组认定，该机场项目未包含在韩国在GPA的承诺中。
GPA第22条（不违法之抵消或损伤）：关于美国依据GPA第22条（2）项提起的不违法之诉（该诉建立在对基于谈判期间产生的承诺而形成的合理预期利益的损害，而不是对实际减让承诺的抵消或减损），专家组认为，不违法之诉可以延伸到传统方式之外。因此，专家组决定在国际法原则（《维也纳条约法公约》第48条）的框架内考察美国的诉求，条约法公约相关条款不仅普遍适用于条约的执行，而且适用于条约的谈判（该条款为"条约形成中的错误"）。
专家组认为：根据传统的不违法之诉概念，由于韩国没有对所诉项目做出承诺，因此美国没能证明它拥有合理预期的利益；依据"条约形成中的错误"条款，本案中所涉及的条约中的"错误"不能被认定为《维也纳条约法公约》第48条（1）项所规定的"可原谅"（的情形），因为美国已知悉"韩国机场管理局"这样的实体存在，以及公约第48条（2）项规定下的相关法律含义。

正案、印度专利法案①等案件审理过程中，均不同程度地运用了善意原则，成功地解决了许多法律难题，不断引起 WTO 各成员方、国际法学者的高度关注，就连不经常使用一般法律原则的国际法院也连声赞叹。

总之，美国海虾案表明 WTO 不但可以借助国际法丰富的资源来发展自己，而且还可以以自身的成功实践推动国际法的进步、发展，为其增添活力。

WTO 法的发展和司法实践证明，研究国际法中善意原则及其派生的其他原则，掌握它们的法律内涵及其在 WTO 争端解决机制中的功能，应当成为研究和学习 WTO 法律制度的必修课，其对于我们在普及和介绍 WTO，以及宣传我国加入 WTO 意义的热潮之后冷静面对后 WTO 时代中国参与国际经济贸易法治工作具有十分重要的理论意义和实践意义。需要强调的是，在学习和研究过程中，应当摒弃我们思想中的固有观念，本着严谨、认真的科学态度，真正从国际法意义上去理解、运用 WTO 法律制度中的善意原则，总而言之，这项研究工作是我国国际法学界和 WTO 研究工作者的当务之急。

---

① 印度专利法案

  申诉方：美国。被诉方：印度。专家组成立：1996 年 11 月 20 日。

  专家组报告：1997 年 7 月 15 日。上诉机构报告：1999 年 12 月 19 日。

  1. 涉诉的措施和知识产权

  涉诉的措施：印度的"邮箱法规"（"mailbox rule"）——依据该法规，药品和农业化学制品的专利申请必须登记；以及授予该产品排他性市场权利的机制。

  涉诉的知识产权：TRIPS 第 27 条规定的对于药品及农业化学制品的专利保护。

  2. 专家组及上诉机构报告要点

  关于 TRIPS 第 70.8 条。上诉机构支持专家组的下述裁决：印度建立在药品及农业化学制品专利申请"行政实践"基础上的登记制度与第 70.8 条不符。上诉机构认为，该体制未能提供这样一种"方法"，即通过这种方法，此类发明的专利申请可以在第 70.8 条规定的条件下安全地登记，因为从理论上讲，按照印度现行法律中矛盾的强制性条款（1970 专利法案）规定，依据行政规章进行的专利申请登记有可能被法院拒绝。

  关于 TRIPS 第 70.9 条。上诉机构同意专家组的判断：印度缺乏适当的机制以授予第 70.8 条（a）项所涵盖的产品排他性市场权利，因而违反了第 70.9 条的规定。

  3. 其他事项：关于 TRIPS 的解释

  上诉机构推翻了专家组运用一项"合法预期"标准（源于不违法之诉）作为对 TRIPS 协议解释的原则。上诉机构将其结论建立在以下几点之上：（1）"合法预期"的保护在 GATT 实践中并不是一项解释的原则；（2）专家组依赖《维也纳条约法公约》第 31 条进行"合法预期"解释是不正确的，因为"成员方对于条约的合法预期应反映在该条约本身的语言中"。按照 DSU 第 3.2 条和 19.2 条的规定，上诉机构解释说，条约解释的过程不应当包含"用不存在的文字诋毁条约或将不存在的概念塞进条约"（的情况）。

第五章
WTO 规则与气候变化之关系分析

当前，气候变化已成为国际社会迫切需要解决的一个最为重要的、对可持续发展的挑战。应对气候变化所采取的措施必须与国际社会促进经济发展和人类社会进步的巨大雄心相匹配。毫无疑问，气候变化是一个跨国挑战，不仅需要国内层面加以解决，更需要国际的密切合作。

WTO 体制是国际合作的重要组成部分，它为促进全球贸易提供了一个规则体系，同时也是一个旨在贸易更为开放的谈判论坛。WTO 奉行的贸易自由化本身并非目的，它与建立 WTO 的马拉喀什协定所规定的人类最为重要的价值和财富密切相关。促进人类生活水平提高，以及按照可持续发展原则促进世界资源的最佳利用，连同保护和保持环境资源系在这一协定规定的众多目标之中。

气候变化事务本身并非 WTO 日常工作的内容，WTO 体制中也没有专门针对气候变化的规则条款。但是，由于应对气候变化的许多政策、措施在多个方面与国际贸易事务密切相关，因此，气候变化与 WTO 不无关系。首先，开放的贸易有助于适应气候变化，例如，促进世界资源（包括自然资源）的有效分配、促进环境友好型产品与服务的准入等。其次，由于成员方为减轻和适应气候变化而各自采取的国内措施可能对国际贸易产生影响（这些措施可能改变竞争条件），从而成为 WTO 规则规制的对象。因此，WTO 体制对气候变化问题必须加以应对。WTO 规则可用来检验成员方采取的应对气候变化措施的合法性。更为重要的是，WTO 规则体系可为此类措施的可预见性、透明度以及公正地贯彻提供制度保障。

第一节　贸易开放对气候变化的影响

WTO 曾多次指出气候变化是当今国际社会面临的最大的可持续发展挑战。因此，应对气候变化的措施应与经济发展以及人类进步相适应、相协调。应对气候变化不仅需要各国自身的努力，更需要国际社会的共同努力。[①]

尽管气候变化对人类发展非常重要，但在 WTO 看来，气候变化本身并非 WTO 体制的工作内容，WTO 也没有适用于气候变化的特殊规则，但由于应对气候变化的措施和政策均与国际贸易有着各种不同的紧密联系，因此，WTO 体制并不能将气候变化这一重要事项置之度外。[②]

在讨论气候变化与 WTO 体制之间关系时，以下一些基本观点必须明确。

首先，WTO 所倡导的开放贸易有助于减轻或抵消气候变化带来的不利影响，例如，通过促进世界资源的有效利用提高人类生活水准（在生活水平提高的同时人们更加渴望优质的环境），以及改善人们获得环境友好型产品和服务的途径等，贸易开放对全球应对气候变化大有裨益。

其次，与此同时，也应当充分意识到，各国为减轻或抵消气候变化带来的不利影响而采取的国内措施有可能改变市场的竞争环境，因此，气候变化及其应对措施与 WTO 规则密切相关，这些措施完全有可能成为 WTO 规则调整的对象。同时，WTO 规则体系可用来考察各国采取的应对气候变化措施的正当性，为确保这些措施的可预见性、透明度以及公平实施提供一个制度框架。

以下再详细地分析一下国际贸易与气候变化之间的关系，以此为基础，寻求双方共赢的解决办法。

一　贸易如何对温室气体排放造成影响[③]

近些年来，各国经济学家已为考察开放贸易如何影响环境建立了一整

[①] http：//www.wto.org/english/tratop_ e/envir_ e/climate_ intro_ e.htm，2013 年 5 月 18 日访问。

[②] http：//www.wto.org/english/tratop_ e/envir_ e/climate_ intro_ e.htm，2013 年 5 月 18 日访问。

[③] http：//www.wto.org/english/tratop_ e/envir_ e/climate_ intro_ e.htm，2013 年 5 月 18 日访问。

套技术框架，这套技术首先被运用于研究北美自由贸易协定可能造成的环境影响。这一技术框架将贸易自由化对环境的影响分为三个相互独立的部分加以分析，即规模、结构以及技术因素。学者们认为，这一技术框架完全可以运用到贸易开放与气候变化之间关系的研究中。

首先，经济学家认为，对气候变化产生影响的"规模"与货物生产或其他经济活动所造成的温室气体排放密切相关。总的来说，贸易开放会造成经济活动的增长，因而造成能源消耗的增加，经济活动增长、能源消耗的增加无疑会导致更多的温室气体排放，从而对气候变化造成严重影响。

其次，"结构"因素与贸易自由化导向密切相关，因为贸易自由化可以使一个国家朝着该国具有比较优势的产品方向发展。经济学家认为，在一国境内，通过贸易行为提高经济效益是该国资源再分配的基础和依据，因此，温室气体排放所造成的影响完全取决于该国具有比较优势的那些领域。相对于一国紧缩性生产领域来说，如果那些扩张性的生产领域都属于更小的资源消耗性领域，那么"结构"性影响将减少温室气体排放，但是，实践中，"结构"性影响对温室气体排放可能造成什么样的结果是难以预测的。

最后，开放贸易将改善能源的利用效率，这就是所谓的"技术性"影响。通过技术手段可以减少货物生产和服务过程中的温室气体排放。一般认为，"技术性"因素可以通过以下两个途径发挥作用：一是更加自由的贸易活动无疑会促进环境友好型产品、服务以及技术的可获性，并降低它们的成本，这对于那些无法获得此类产品、服务和技术的国家或者那些国内产业无法大规模生产或以更合适的价格生产此类产品的国家来说尤为重要。同时，对于出口商来讲，获得更多的市场准入会使它们获得研发那些有助于减少温室气体排放的新产品、新服务和技术的更强劲动力。二是自由贸易所带来的人民收入增长会促使全社会对优质环境的渴望，这无疑会对减少温室气体排放带来有利的影响。

通过以上三方面因素的分析，我们发现，"规模"性影响和"技术性"影响可能以相向的方式对气候变化发生作用，而"结构性"因素则依赖于各国所拥有的不同的比较优势，因此，贸易活动对温室气体排放所造成的影响难以预判，这需要人们对以上三种因素的每一项影响的广度和深度开展系统研究，从而才能得出具体而真实的结论。

尽管如此，通过对"技术性"影响的分析，人们普遍认为，开放性贸易可通过技术手段减少温室气体排放，因此，多哈回合谈判，特别是推动环境友好型货物和服务的谈判就显得十分重要——改善那些关乎能源节约利用的产品、服务和技术的市场准入条件。

二 贸易与运输之间的关系及对气候变化的影响

科学家们将贸易与温室气体排放联系在一起的一个重要因素就在于，贸易需要货物运输，而运输则需要消耗能源从而产生温室气体排放。国际贸易活动系通过各国间不同产品跨境运输的行动而开展，因此，国际贸易规模的不断扩张势必导致运输行动的扩张，运输行动的扩张则意味着更多的温室气体排放，从而对气候变化产生重要影响。

根据统计，目前，汽油消耗占据了全球运输行动能源消耗的 95%，这使之成为全球温室气体排放的主要来源。2004 年，国际能源组织（The International Energy Agency）估计，货物运输所造成的温室气体排放量占世界与能源有关的温室气体排放总量的 23%，但运输方式的不同也决定了各种运输方式温室气体排放量的巨大差异，在运输领域，大约 74% 与能源相关的二氧化碳排放源于陆路交通，还有 12% 源于空中运输。据国际海事组织统计，全球货物贸易的 90% 要通过海上运输进行，而运输中的二氧化碳排放主要源于陆路交通，这似乎又说明，国际贸易并非运输活动温室气体排放的主要因素，国际能源组织 2007 年发表的报告显示，国际海洋运输中的二氧化碳排放量只占运输活动产生温室气体排放总量的 8.6%。[①] 当然，按照国际运输的碳排放足迹，一个新的名词——"食品的里程"（food milestone）足以说明国际贸易与温室气体排放之间的关系：食品只有通过长距离的运输（包括陆路运输、海陆运输或航空运输）才能到达最终消费者，因此，运输中的二氧化碳排放量应总体计算才更加合理。正是基于这一概念，一些国家建议，进出口产品应当更多地追溯到该产品具体生产的地方，产品生产标签中也应当包括原产地信息。但是，实际上，真正要勾画出原产地与进口货物之间的"碳足迹"是一项十分复杂的工作，况且，科学家认为，运输方式（空中运输、陆路运输、海上运输以及铁路运输）和运输距离并非二氧化碳排放中的最重要因素，除了运输之外，一项产品的生命周期，包括生产方式在温室气体排放中发挥了重要作用。

---

① http：//www.wto.org/english/tratop_ e/envir_ e/climate_ intro_ e.htm，2013 年 5 月 18 日访问。

当前，由于各国对于国际贸易运输与气候变化之间的关系存在不同的认识，因此，对于国际贸易中的运输是否应成为减少温室气体排放重点考虑的因素，国际上存在很大争论。近年来，一些研究也显示出与人们普遍认为的理念不同的结论，有人就举例说，将鲜花从肯尼亚空运到欧洲所造成的二氧化碳排放量就小于在荷兰生产鲜花所造成的二氧化碳排放量，将新西兰羔羊运输到英国所产生的二氧化碳排放量则比英国本土饲养羔羊所产生的二氧化碳排放量少 70% ，鉴于此，有些人就建议，所谓"食品的里程"这一新概念需要根据不同产品加以具体分析、实证研究，而不能一概而论。①

从以上分析中，我们可以看到，贸易与气候变化之间存在着密切联系——产品生产和运输方式、服务提供方式等均可能对气候变化产生影响，尽管各国对国际贸易对气候变化产生影响的大小、具体方式以及路径还有很大的争论，但 WTO 意识到，国际贸易的确与气候变化这一人类共同的挑战有关：一方面，贸易自由化可以促进国际贸易发展，特别是环境友好型产品、技术和服务的跨境流动，以此改善各国经济和环境，另一方面，应对气候变化所采取的贸易措施也将对 WTO 规则形成挑战，协调二者之间的关系、解决二者之间可能产生的冲突是 WTO 面临的一项重要课题。

第二节　WTO 采取的行动：应对气候变化

根据马拉喀什建立 WTO 协定确立的宗旨和原则，WTO 成员方期望能在贸易自由化与可持续发展之间建立一种关系，以确保市场开放与环境和社会目标能够实现"双赢"。当前，正在进行中的多哈回合谈判将环境议题作为重要议题之一，成员方多次表示愿意启动第一次多边的贸易与环境谈判，从而推动可持续发展目标的尽早实现。②

在多哈回合谈判的环境议题中，很多关于可持续发展的内容包括减少气候变化的措施，与此同时，WTO 所开展的与环境相关的日常工作也为处理贸易与气候变化之间的关系提供了一个很好的平台。具体讲，为应对气

---

① http：//www.wto.org/english/tratop_ e/envir_ e/climate_ intro_ e.htm，2013 年 5 月 18 日访问。

② http：//www.wto.org/english/tratop_ e/envir_ e/climate_ intro_ e.htm，2013 年 6 月 10 日访问。

候变化带来的挑战，WTO 业已采取了以下行动。

一 WTO 致力于环境友好型产品的自由化

目前在多哈回合正进行的、关于相互支持并寻求对环境友好型产品开放的谈判中，WTO 成员正致力于进一步减少那些针对环境友好型产品和服务的贸易壁垒，可以肯定的是，对于环境友好型产品和服务实施准入便利将有助于提高能源使用效率、减少温室气体排放和空气质量的明显改善，同时，也有利于各国对土地和其他自然资源的有效保护。正如 WTO 所指出的那样，有关环境友好型产品和服务开放的多边谈判的最终成功势必为 WTO 全体成员方带来一种多赢的局面：环境保护的胜利、贸易的胜利以及发展的胜利。①

WTO 认为，环境友好型产品本身就包含了诸多有助于应对气候变化的关键技术，减少甚至取消对此类产品设置的关税和非关税壁垒无疑会使这些环境友好型产品降低价格，从而令其在国际市场上更具竞争性和易获性，这也将提高环境友好型产品生产商的生产积极性，并在该领域形成更多的竞争，这无疑会大大推动那些环境保护技术、减少气候变化技术的创新。世界银行最近发布的研究报告显示，减少对清洁能源技术设置的关税和非关税壁垒能够推动国际贸易获得 14% 的增长。与此同时，一些研究气候变化问题的跨国专家小组的研究结论也表明，那些能减少或抵消气候变化的技术对于人类应对气候变化所带来的挑战至关重要。②

当前正在进行的多哈回合谈判中涉及的众多产品就包含了具有先进环保技术的产品，包括水力发电设备、太阳能加热设备、生物燃气生产装置，以及用于沼气收集的垃圾填埋装置等。2007 年，欧盟和美国曾经联合向 WTO 提出建议，建议 WTO 应给予那些与应对气候变化有关的气候友好型产品和服务谈判优先地位，而气候友好型产品占各代表团所确认的、谈判涉及产品总量的 1/3 强，由此可见，多哈回合谈判的成功与否对于人类应对气候变化所带来的挑战具有非常大的影响。

---

① http：//www.wto.org/english/tratop_ e/envir_ e/climate_ intro_ e.htm，2013 年 6 月 10 日访问。

② http：//www.wto.org/english/tratop_ e/envir_ e/climate_ intro_ e.htm，2013 年 6 月 10 日访问。

二　WTO 致力于环境友好型服务贸易的自由化

在有关环境友好型服务贸易的谈判中，WTO 正推动成员方对直接关乎气候变化的贸易政策给予 GATS 方面的特殊承诺。

乌拉圭回合谈判期间，对于环境保护的服务领域，当时的谈判各方将谈判的重点放在污水处理服务、垃圾处理服务，以及卫生服务等服务领域，这些服务被"服务部门分类清单"（MTN. GNG/W/120）列为"环境友好型"服务，但除了以上这些服务外，更多的环境友好型服务被列到了其他类别的服务清单中，因此，未能受到谈判各方的广泛重视，其中，废气处理服务、自然及景观保护等与气候变化直接相关的服务就是这种情况。所谓废气处理服务，包括废气排放监测、控制和减少空气中污染物水平，无论污染物源于汽车还是固定设备（主要是燃烧化石燃料而产生的污染物）。自然及景观保护，包括保护生态体系以及环境与气候之间关系研究等项服务。普遍认为，这两种服务门类对于人类应对气候变化是非常重要的。

随着时代的发展、科技的进步，以前未被列为环境友好型服务的"其他类"服务对于环境保护的重要性也愈发显现。通常来说，这些服务大多是由中小型企业基于商业目的而提供的，目前，正在进行的多哈回合谈判已将这些服务包含其中，WTO 期望能达成 GATS 在这些服务上的新的承诺，从而推动更多的、环境友好型服务贸易的进一步自由化。

三　有关多边环境公约与 WTO 之间关系的谈判

目前，WTO 成员方正在 WTO 规则与那些旨在保护环境的多边环境公约规定的特殊贸易义务之间寻求一种统一、协调的方式，WTO 成员方为此而开展了相关谈判和磋商。由于国际社会已对应对气候变化需要多边安排和统一行动达成共识，因此，旨在协调贸易与环境体制之间关系的谈判的重要性是不言自明的。

WTO 认为，迄今为止，没有任何证据表明贸易与环境体制之间存在不可调和的冲突，有关二者之间关系的谈判如取得成功，无疑将会强化二者之间的联系。参与谈判的各方大多具有谈判及执行多边环境公约的丰富经验，因此，在谈判中，它们正努力找到一条加强协调和合作的最佳途径，这对于各国应对气候变化带来的挑战至关重要。

具体到 WTO 体制与《联合国气候变化框架公约》之间的关系，参加谈判和磋商的各方均意识到、二者不能相互割裂、独立运作，必须以统一、协调的方式开展合作。一方面，《联合国气候变化框架公约》第 3.5 条以及《京都议定书》第 2.3 条规定，应对气候变化所采取的措施不应构成对国际贸易任意的、不公正的或变相的歧视，且这些措施应当以对国际贸易及对其他成员方社会、环境和经济所造成的影响降为最低的方式加以实施。另一方面，实践表明，WTO 体制也为各成员方采取保护环境的贸易手段提供了足够的规则空间。这就为 WTO 体制与《联合国气候变化框架公约》体制开展合作打下良好的法律基础。

在 WTO 与应对气候变化的国际组织之间的关系上，各方正寻求一种最佳途径，以促进它们之间的信息交换与合作，考虑如何改善或补充现有的工作与合作机制。信息交换对于 WTO 与其他国际组织合作至关重要，应进一步推动各方参加彼此召开的会议，组织关于信息共享的专门会议，以及联合开展技术合作、能力培训教育等项工作。上述工作已在 WTO 与应对气候变化的国际组织之间开展了数年，《联合国气候变化框架公约》秘书处参加了 WTO 贸易和环境委员会相关会议，并已成为该委员会监督有关贸易与环境特别谈判的观察员。与此同时，WTO 亦派员参加了《联合国气候变化框架公约》相关会议，双方合作良好，关系日益密切。

四 WTO 农业及非农产品谈判与气候变化

WTO 成员方认为，当前正在进行的农业谈判和非农产品准入谈判对于应对气候变化所带来的挑战来说是至关重要的，原因主要有以下几点。

首先，消减关税和非关税壁垒以及发达国家对农业的支持政策，将会促进全球资源和生产的更合理分配；其次，此类谈判如果成功，则能为广大发展中国家提供更多的贸易机会，从而提高这些国家的贸易收入，不断增长的贸易收入无疑能增强这些国家应对气候变化的能力。如果多哈回合谈判取得成功，那么，在未来更长时期，WTO 体制不断提高的可预见性及其监督能力无疑会减少气候与生产关系之间的不可预见性，这也能减轻气候变化给广大发展中国家带来的负面影响。

近些年来，气候变化所带来的挑战促使生物燃料科技迅速发展，很多国家意识到，广泛地使用生物燃料有助于履行其在《京都议定书》之下的温室气体减排承诺。由于生物燃料主要由消费国自行生产，因此，目前生物燃料贸易量并非十分显著，但生物柴油机贸易已在欧盟成员内部开展起来，这类设备主要在欧盟成员中生产和使用。另外，近几年生物乙醇产品贸易出现增长趋势，巴西成为生物乙醇产品的最主要出口方。自 2000 年开始，已有 20 名 WTO 成员方根据《技术性贸易壁垒协定》（TBT）向 WTO 通告了它们已经采取的有关生物燃料的 37 项贸易措施。[①]

此外，生物燃料的海关编码分类对于将 WTO 规则运用于针对此类产品的国内措施来说具有很大意义。原因在于，对产品的不同分类决定了应当适用哪类 WTO 规则。截至目前，生物柴油机和生物乙醇产品仍被视为农产品贸易。2005 年，国际海关组织决定，将"生物柴油机"列入第 6 章（化学及相关工业品）（HS382490），但"生物乙醇"仍在第 22 章所列产品名下（饮料、精神性和酒类产品）。因此，多哈回合对农产品和非农产品的准入谈判成果对于生物燃料这类"气候友好型"产品的国际贸易至关重要，如果成功将大大降低那些可减少气候变化影响的生物燃料等气候友好型产品的市场准入条件。

五 WTO 工作中的气候变化事务

当前，应对气候变化带来的挑战业已成为 WTO 环境事务的重要内容，WTO 体制内，已有以下一些部门为此开展相关工作。

1. 技术性贸易壁垒委员会（TBT 委员会）

TBT 委员会是 WTO 成员方讨论成员方政府为减轻气候变化所采取的技术性法规是否得当的重要论坛，技术分类、与气候变化相关的产品标签要求等是各方讨论的重点内容，但这些议题并非崭新的课题，都是 TBT 所规制的对象。此外，TBT 委员会还要求各成员方提交并分享影响国际贸易的各种技术性法规的最新信息，这当然包括成员方实施的环境保护、气候变化等方面的技术性法规。

近年来，一些成员方向 TBT 委员会通报了它们制定的、旨在提高能源使用效率或控制排放目的的许多产品新标准和标签要求。当前，TBT 委员会在讨论与气候变化有关的技术性法规问题时，讨论的重点是成员方制定的、对产品本身做出要求的技术性法规，例如，"轿车所用燃料节约标准""对消耗能源产品的生物设计要求""对消耗性产品的能源有效使用计划""发

---

① http：//www.wto.org/english/tratop_ e/envir_ e/climate_ intro_ e.htm，2013 年 5 月 18 日访问。

动机排放限制的价值"等，这些一直是 TBT 委员会讨论的热点问题。

此外，TBT 委员会在追求保护环境的合法目标同时，也监督成员方所采取的、与气候变化相关的措施，以确保这些措施不构成对国际贸易的不必要障碍，与此同时，该委员会鼓励成员方政府对旨在减少气候变化影响的措施开展统一化的努力。

关于统一化的国际标准问题，国际标准组织（ISO）已经通过了包括气体排放及减排计算、报告要求在内的四项技术标准，这些标准与评估贸易措施的"一致性"的程序相关，但不涵盖针对特殊产品的排放要求。当前，随着气候变化问题的日益严重，国际上的许多非政府组织也制定了许多针对产品生产过程的标签要求，其宣称的目标就是要减轻和减少气候变化所带来的负面影响，尽管这些要求均是非强制性的，但它们无疑会影响到一些产品在国际贸易中的准入。

2. 贸易和环境委员会（CTE）

WTO 贸易和环境委员会的工作重心，就在于协调和处理贸易与环境之间的关系及所产生的问题，其中的许多内容与气候变化事项直接相关。例如，能源等领域减少贸易限制的环境利益问题，能源效率的产品标签对市场准入的影响问题等，WTO 贸易和环境委员会经常就此类问题展开讨论。普遍认为，该委员会已成为推动贸易与环境之间关系协调理论发展的重要孵化器，它也是 WTO 成员方探索气候变化与贸易之间关系的重要途径。

在应对气候变化方面，除了制定国内的法律、法规之外，一些成员方还采取了一系列国内的和国际的行动以应对气候变化带来的挑战，其中包括实施以价格为基础的税收和关税措施、以市场为基础的运行机制，以及补贴等其他重要措施。由于这些措施均与贸易紧密相关，因此，它们都成为 WTO 规则和程序规制的对象，这就决定了，成员方对任何此类措施的国内设计以及国际合作行动都必须要考虑这些措施对国际贸易所造成的潜在影响，必须考虑成员方在 WTO 规则之下的权利与义务。

总体上讲，与环境事项有关的 WTO 现有规则和程序，包括 GATT 第 20 条、PPMs（生产过程及其方法）以及相同产品的认定标准等，均可以用来考察应对气候变化而采取的措施的合法性问题。WTO 一贯认为，从法律上认可成员方为实现某种政策目标而采取的、某种程度的贸易限制措施是必要的，但前提是必须尊重 WTO 协定规定的一系列法定条件。

一般认为，WTO 体制中的以下规则与气候变化及其成员方采取的应对措施的合法性问题直接相关。

（1）WTO 关税规则（边境措施），该规则要求成员方不得征收高于其在加入 WTO 时所做减让表中承诺的税率水平。

（2）普遍禁止数量限制。

（3）普遍性的非歧视原则，包括最惠国待遇原则及国民待遇原则。

（4）WTO 补贴规则。

（5）WTO 技术性法规及标准规则，总的要求是，成员方实施的技术性法规及标准不得超过其实现合法性目标的必要限度，这些法规和标准的实施还需遵守不歧视原则，且应建立在现有国际公认的标准基础上。此外，SPS 中的一些特殊规则与农产品直接相关。

（6）服务贸易规则，包括最惠国待遇普遍性义务以及成员方在服务贸易领域中已经承诺的特殊义务。

（7）与贸易有关的知识产权规则，这些规则对成员方拥有的气候友好型技术和专利的研发、转让行为形成规制。

WTO 认为，以上 WTO 规则可为 WTO 协调和解决国际贸易与应对气候变化而采取的措施之间的关系及可能产生的冲突提供充分的法律基础，尽管截至目前 WTO 争端解决机构还尚未受理过与气候变化直接相关的具体案件，但 WTO 成功处理与环境保护相关案例的经验完全可用于与气候变化直接相关的案例，并不需要为此单独制定一个协定。当然，在这里应当强调的是，WTO 成员方应当尽量避免采取单边行动，而应更多地采取国际合作的方式来应对气候变化所带来的挑战。WTO 成员方，特别是发达成员如果过多地采用单边措施，无疑会对 WTO 多边贸易体制构成冲击，在这方面，发展中成员最为担心的就是发达成员以应对气候变化为名、行贸易保护之实，况且已有很多这方面的先例，如何解决这一问题是 WTO 应对气候变化工作的核心。

第三节　WTO 成员方立法与气候变化

2009 年，美国制定了其历史上首部温室气体减排法案——《清洁能源和安全法案》，授权美国政府对因拒绝减排而获得竞争优势的国家向美国出口的产品可征收"碳关税"。2010 年 12 月 22 日，美国向 WTO 就中国风能有关措施提起争端解决机制下的磋商请求，开 WTO 成员因应对气候变化引起贸易争端之先河。① 可见，在多哈回合尚未就有关气候变化议题达成最终协定之前，WTO 成员方以应对气候变化为由开始采取单边措施，这不能不引起我们的注意和重视。

一　当前 WTO 发达成员方应对气候变化采取的措施

所谓应对气候变化措施（trade – related climatic measures，TRCMs），即为减缓和适应气候变化目的而采取的包括贸易措施在内的许多措施，包括各国法律、规则、管理措施，以及执行或签署协定。本文所涉及的 WTO 成员为了履行《京都议定书》所实施的贸易措施对货物贸易或服务贸易有潜在的影响，因而属于 WTO 多边贸易体制潜在的管辖范围。②

温室气体减排义务不仅是《京都议定书》缔约国的核心义务，也是应对气候变化国际法律制度的核心义务之一，它已经成为目前国际社会最为关注的环境问题。要想有效应对全球气候变化，实现《京都议定书》所规定的目标，欧盟和美国在气候变化问题上的动向对于全球应对气候变化的态度和行动至关重要，而其具体的法律法规和政策措施的制定和实施对于WTO 其他成员亦有重大影响。

为了落实《京都议定书》规定的减排义务，欧盟通过了能源气候一揽子计划，包括《欧盟温室气体排放交易指令》、《碳捕捉与封存法律框架》、《汽车二氧化碳排放法》、《可再生能源指令》、《燃料质量指令》和《欧盟成员国配套措施任务分配决定》等。欧洲委员会于 2003 年 10 月 13 日批准了《欧盟温室气体排放交易指令》（*The Directive on Emission Trading in EU*）③，建立了世界上第一个具有公法拘束力的控制温室气体总量的欧盟排

---

① 郑玲丽：《应对气候变化措施同 WTO 规则冲突——理论与实证分析》，《太平洋学报》2012 年第 6 期。

② 郑玲丽：《应对气候变化措施同 WTO 规则冲突——理论与实证分析》，《太平洋学报》2012 年第 6 期。

③ Directive 2003/87/EC of the European Parliament and of the Council of 13 October 2003 Establishing A Scheme for Greenhouse Gas Emission Allowance Trading within the Community and amending Council Directive 96/61/EC.

放权交易机制（Emission Trading Scheme，ETS）[1]。2009 年 4 月，欧盟通过了新修订的《欧盟温室气体排放交易指令》[2]。这一机制具体涉及：实施范围、许可与配额、履约、监测、汇报和核实、国家注册、暂时退出、联营、不可抗力等。由于欧盟立法必须通过成员国以国内立法的形式来贯彻，所以成员国详细地制定国家分配计划就成为实施欧盟 ETS 的核心任务。此外，欧盟理事会要求自 2012 年 1 月 1 日起，飞往、飞经、飞离欧盟成员国机场的航班，均被纳为欧盟排放交易体系的管制对象。欧盟航空排放权交易制度在国际上引起强烈反响。尽管欧洲法院发表咨询意见，认为欧盟立法行为合法有效，但许多国家认为欧盟航空排放权指令违反了 WTO 基本原则和规则，或将触发 WTO 诉讼。[3] 欧盟之外的航空大国，如美国、中国、俄罗斯和印度等对欧盟未经协商而采取的航空碳税单边措施进行了强力抗争和反制，迫使欧盟不得不做出让步，决定暂缓执行这一规定一年。由此可见，尽管是出于应对气候变化的良好初衷，但欧盟采取的单边措施不但未能得到国际上的广泛认可，还实现不了其应对气候变化的目的，造成十分尴尬的局面。

由于不愿就《京都议定书》减排义务做出最新承诺，并且对中国等发展中国家的减排承诺不满，美国于 2001 年宣布拒绝批准《京都议定书》，但这未能阻止其制定国内法解决气候变化问题。

美国通过以下四个方面进行法律与政策创新[4]：一是温室气体的排放控制；二是能源效率与节约，间接减少石化燃料中的温室气体排放；三是长期的碳储藏和碳封存；四是适应，即预见和尽可能减少气候变化的负面影响。[5] 2005 年美国《能源政策法》就气候变化问题专门规定一节条款，主要的制定思路就是发展能源技术；美国《清洁空气法》中也涉及温室气体

① Dornau，R.，"The Emission Trading Scheme of the European Union"，in D. Freestone，C. Streck（eds.），*Legal Aspects of Implementing The Kyoto Protocol Mechanisms：Making Kyoto Work*，2005，pp. 417 – 418.

② Directive 2009/28/EC of the European Parliament.

③ 郑玲丽：《应对气候变化措施同 WTO 规则冲突——理论与实证分析》，《太平洋学报》2012 年第 6 期。

④ 郑玲丽：《应对气候变化措施同 WTO 规则冲突——理论与实证分析》，《太平洋学报》2012 年第 6 期。

⑤ John C. Dernbach and Seema Kakade，"Climate Change Law：An Introduction"，*Energy Bar Association Energy Law Journal*，2008.

的排放贸易。2007 年以来，美国出台了一系列气候变化法案，主要有《清洁空气法修正案》（*The Clean Air Act Amendment of 1990*）、《气候责任和创新法案》（*Climate Stewardship and Innovation Act of 2007*）、《全球变暖污染控制法案》（*Global Warming Pollution Reduction Act of 2007*）、《气候责任法》（*Climate Stewardship Act of 2007*）、《减缓全球变暖法案》（*Global Warming Reduction Act of 2007*）、《安全气候法案》（*Safe Climate Act of 2007*）、《低碳经济法案》（*Low Carbon Economy Act of 2007*）、《美国气候安全法案》（*America's Climate Security Act of 2007*）、《美国电力法案》（*The American Power Act of 2010*）。这些法案昭示着美国正在迈向气候变化的联邦立法。尤其是 2007 年《安全气候法案》对全部六种温室气体运用科技手段、经济手段、外交手段进行非常综合的管理控制。2009 年 6 月 26 日，美国众议院通过了第 2454 号《清洁能源和安全法案》（*The American Clean Energy and Security Act of 2009*），2009 年 11 月 5 日，美国参议院通过了这项法案。该法案规定：从 2020 年起，美国将对来自包括中国在内的未实施碳减排限额国家的产品征收惩罚性关税，即"碳关税"。该法案标志着美国在应对气候变化问题上迈出了重要一步。①

一方面，发达成员为应对气候变化而采取的一系列单边措施，是在多哈回合多边贸易谈判尚未达成共识和最终协定的情形下制定和实施的，不能不引起发展中成员的质疑，它们认为，这是发达成员以应对气候变化为借口、行贸易保护之实的最新例证；另一方面，美国、欧盟等历史上的排放大户不愿执行《联合国气候变化框架公约》及《京都议定书》确定的发达国家和发展中国家在气候变化领域"共同但有区别的责任"的原则，相反，却一再要求中国等发展中国家承担与本国经济发展水平不相符的减排义务，造成近年来全球气候大会多次无果而终。对此，欧、美等发达成员应当承担主要责任。

WTO 一贯主张各成员方通过协商和谈判解决气候变化议题，不赞成成员方无视多边条约义务而采取单边行动，因为这种行为无疑会破坏 WTO 多边贸易体制的完整性、可预见性，最终结果也是对包括发达成员和发展中成员在内的全体 WTO 成员方十分不利的。

---

① John C. Dernbach and Seema Kakade, "Climate Change Law: An Introduction", *Energy Bar Association Energy Law Journal*, 2008.

即便如此，由于发达成员方已采取了以上论述的单边应对气候变化政策和措施，我们就不能不予以重视，并应当从 WTO 规则角度出发，深入研究这些政策和措施的合法性问题。

二　发达成员方应对气候变化单边措施合法性研究[①]

根据以上介绍，我们看到，发达成员方在 WTO 尚未就气候变化达成统一规则的情形下，已开始立法或采取一些诸如"碳关税"等方面措施应对气候变化带来的挑战，那么，这些单边措施是否符合现有 WTO 规则呢？如果其他成员方将这些单边措施诉诸 WTO 争端解决机构能否胜诉呢？由于目前尚未有具体案例，故笔者只能在此做理论上的分析和研究。

1. 非歧视原则中的"同类产品"问题

WTO 非歧视原则包括最惠国待遇原则和国民待遇原则，某一成员方如将影响气候变化的温室气体排放等因素纳入单边限制性贸易立法或措施，那么，"非歧视原则"中的"同类产品（或服务）"对比要素就成为贯彻"非歧视"原则的关键，因为无论是最惠国待遇还是国民待遇均建立在"同类产品（或服务）"的对比之上，换句话说，给予其他成员方产品或服务上述待遇的基础是"同类产品（或服务）"。

GATT1994 第 1 条第 1 款规定，任何缔约方给予任何其他国家任何产品的利益、优惠、特权或豁免，应立即无条件给予所有其他缔约方的同类产品。GATT1994 第 3 条第 2 款规定，任何缔约方领土的产品输入任何其他缔约方领土时，不得对进口产品直接或间接征收超过对本国同类产品直接或间接征收的任何种类的国内税或其他国内费用。这就是最惠国待遇原则的规定。

GATT1994 第 3 条第 4 款规定，任何缔约方领土的产品输入任何其他缔约方领土时，在有关影响产品的国内销售、标价出售、购买、运输、分销或使用的所有法律、法规和要求方面，进口产品所享受的待遇不得低于同类本国产品所享受的待遇。这是所谓的国民待遇原则规定。

对于以上两项原则，WTO 成员方均应无条件执行。当然，在 GATS 中国民待遇原则系通过成员方做出的承诺清单来实施的。在涉及气候变化问

---

① 张向晨：《碳关税是否符合 WTO 规则》，《WTO 经济导刊》2009 年第 12 期；李晓玲：《"碳关税"与 WTO 规则相符性研究》，《国际经济合作》2010 年第 3 期。

题时，成员方采取的单边措施就直接涉及另一成员方的产品和服务能否获得最惠国待遇和国民待遇。

"同类产品"的认定是首先要考虑的因素。在实施应对气候变化措施时，实际上存在许多可能性，将影响是否为同类产品之认定。如果两产品之物理性质与用途皆相同，也有可能有不同之温室气体排放，但非因生产方式不同，而系使用能源种类不同（如太阳能与传统能源之不同）。环境保护意识和对抗气候变化，将成为诠释"同类产品"此一概念相当关键之因素。[1] 如果一成员方以影响气候变化因素为条件来区别对待另一成员方的进口产品或服务，将传统意义上的"相同产品（或服务）"以影响气候变化为名"打入另册"，从而不给予最惠国待遇或国民待遇，这样的做法是否符合规则？根据目前的做法，WTO 只是将产品（服务）用途、物理构成、消费者认同感等作为判断"同类产品（或服务）"的标准，尚未将影响气候变化的因素考虑在内，因此，对于成员方类似做法是否合规尚有极大争论。

除此之外，生产过程及生产方法（PPMs）之认定更是与气候变化问题直接相关。有学者就指出："在评价单边措施与 WTO 规则的一致性过程中，以 PPMs 为理由的单边措施往往由于其难以证明符合环境措施而出现特别难以解决的棘手问题。这些建立在 PPMs 基础上的措施是针对产品的加工过程或生产方法，而不是针对产品本身的内在质量。因为大多数气候变化措施并不直接针对具体的产品，而是强调与生产相关的温室气体产生的方法，所以 PPMs 问题就成为单边措施与 WTO 规则的一致性分析的关键。"[2]

支持针对 PPMs 实施环境措施的观点认为，如果进口国对于国内产品采用了针对 PPMs 的严格的环境标准，那么同样有理由对于所进口的产品采用相同的标准，这样做不会违反 WTO 的非歧视性原则。反对的观点则认为，WTO 协议不允许单纯根据 PPMs 区别对待来自其他国家的产品，因此可以认为针对 PPMs 的贸易限制措施违反了 WTO 的非歧视原则。

由于针对 PPMs 的环境措施的特殊性，在最初的一段时期，学术界和各国国际贸易代表对于 WTO 是否允许成员方针对 PPMs 实施差别待遇或贸易限制措施的问题进行了广泛的争论。WTO 秘书处为多哈部长级会议准备的

---

[1] 郑玲丽：《应对气候变化措施同 WTO 规则冲突——理论与实证分析》，《太平洋学报》2012 年第 6 期。

[2] 郑玲丽：《应对气候变化措施同 WTO 规则冲突——理论与实证分析》，《太平洋学报》2012 年第 6 期。

手册中写明："WTO 与其前身 GATT 协议一样，不允许根据产品的生产过程区分其是否属于相似产品。因为，WTO 协议不能引入与其基本原则相背离的规则，那就是自由贸易的利益来自比较优势……"[1]

当前，关于非歧视原则中的"同类产品（或服务）"问题的争论依然尖锐，一方面，发达成员方主张以气候变化因素区分产品（或服务）从而决定是否给予最惠国待遇和国民待遇符合时代发展潮流和应对气候变化之要求，但另一方面，许多发展中成员认为，在 WTO 尚未出台统一规则之前，发达成员方就单方面制定规则构成了对发展中成员的歧视性待遇，这严重违反 WTO 规则，应当予以谴责和反对。其实，目前看来，发达成员方以气候变化为由区分产品和服务的做法并不符合 WTO 现有规则，特别是"同类产品（或服务）"的认定方法和标准，但是，仅以此就认为发达成员方为应对气候变化而采取的单边措施违反现有 WTO 规则也言之过早，因为作为一项典型的环境保护措施，应对气候变化的单边措施即便违反了"非歧视原则"，也很有可能被 GATT 第 20 条"一般例外"所豁免，成为一项"合法"措施。

2. 一般例外条款（GATT1994 第 20 条）

GATT1994 第 20 条规定，任何 WTO 成员都可以采取"为保护人类、动物或植物的生命或健康所必需的措施"（b 项），采取"与国内限制生产与消费的措施相配合，为保护可用竭的自然资源有关措施"（g 项）。为防止对一般例外条款的滥用，GATT1994 第 20 条在序言中规定了两个前提条件：一是根据第 20 条采取的措施不应"对情形相同的国家构成任意的或不合理的歧视"，二是有关措施不能构成"对国际贸易的变相限制"。

在这些贸易限制措施中，最富争议且最可能实施的就是"碳关税"（carbon tariff），该税属于"边界调节税"（border tax adjustments，BTA）的一部分。国外学者大多对碳关税持肯定态度，并极力在 WTO 框架下寻找其合法性依据。[2] 而国内学者普遍认为，在国际贸易中征收"碳关税"，违背了《联合国气候变化框架公约》及《京都议定书》确定的发达国家和发展

---

① 郑玲丽：《应对气候变化措施同 WTO 规则冲突——理论与实证分析》，《太平洋学报》2012 年第 6 期。

② 国外学者代表性文献有：Paul‐Erik Veel，"Carbon Tarffsand the WTO：An Evaluation of Feasible Policies"，*Journal of International Economic Law*，Vol. 12 （3），Sept. 2009；Bradly J. Condon，"Climate Change and Unresolved Issues in WTO Law"，*Journal of International Economic Law*，Vol. 12 （4），Sept 2009；Andrew Green，"Climate Change，Regulatory Policy and the WTO"，*Journal of International Economic Law*，Vol. 8 （1），2005。

中国家在气候变化领域"共同但有区别的责任"原则。①

首先要考虑的是碳关税是否满足 GATT1994 第 20 条 b 项和 g 项条件。美国标准汽油案专家组报告已确认清洁空气是"可用尽的自然资源"（exhaustible natural resources），尽管它是可循环更新的（renewable）。为了减轻海平面上升、物种灭绝、生物多样性匮乏等气候变化的不利影响，大气平衡可以被认定为"可用尽的自然资源"，因此，从这一点上看，碳关税可以被认定为 GATT"一般例外"中的"与保护可用尽的自然资源有关的措施"，符合 GATT1994 第 20 条 g 项之规定。

此外，碳关税与 GATT1994 第 20 条 b 项之间的关系可以细分为两个层面：其一，实施碳关税的目的是否"为保护人类、动物或植物的生命或健康"；其二，实施碳关税是否为保护人类、动物或植物的生命或健康所"必需"（necessary）。

如果实施碳关税的目的确实是为了减少碳排放，减缓气候变化，那么这种边界调节税就是为保护人类、动物或植物的生命或健康免受气候变化的威胁而实施；但是，如果该贸易措施主要目的是解决本国产业经济竞争力问题，那么碳关税就不符合 GATT1994 第 20 条 b 项条件。实施碳关税是否为"必需"，应基于以下三点进行"权衡和平衡"（weighing and balancing）：该措施所保护利益的重要性，该措施对实现预定目标的贡献，该措施的贸易限制性。如果碳关税确实是为保护人类、动物或植物的生命或健康免受气候变化的威胁而实施，那么其所保护的是全人类的"共同利益"，其重要性不言自明。

但是，以上说明的都是理论上的标准，在实践中判断一项应对气候变化的措施是为了保护国内产业，还是真正为了应对气候变化带来的挑战是一项十分复杂的工作。不仅如此，即便"碳关税"措施符合了 GATT 第 20 条 g 项和 b 项的要求，还要检验碳关税是否满足 GATT1994 第 20 条序言设置的前提条件，即禁止实施在情形相同的国家之间构成任意或不合理歧视的手段，或构成对国际贸易的变相限制。这同样是一道难题。

从 WTO 争端解决机构近些年来的实践看，对于援引 GATT 第 20 条"一般例外"条款为违反 WTO 规则的措施进行抗辩的做法，专家组和上诉机构

① 郑玲丽：《应对气候变化措施同 WTO 规则冲突——理论与实证分析》，《太平洋学报》2012 年第 6 期。

是"从严"掌握的，鲜有成功的案例，这与 WTO 奉行贸易自由化的核心宗旨密切相关，因为 WTO 毕竟只是一个贸易组织和体制，过度考虑"例外"将导致核心宗旨的削弱和背离。当然，不排除随着时代的发展、气候变化问题的日益严重，WTO 在强大的国际舆论压力下对"碳关税"等单边措施予以法律上的放行。这是我们应当时刻关注的。

此外，WTO 中的《补贴与反补贴措施协定》《技术性贸易壁垒协定》等涵盖协定也与气候变化问题相关，需要认真研究。但无论如何，WTO 多次指出并强调，成员方采取的、影响其他成员方预期利益的措施应当事先与其他成员方进行磋商，反对在未经告知和磋商的情况下采取单边措施，对此，WTO 上诉机构也多次强调。由此可见，当前发达成员方在未与其他成员方开展有效沟通并取得谅解的情形下，强行推动"碳关税"等单边措施的做法与上述原则极为不符。

总之，种种迹象表明，气候变化给人类带来的挑战是巨大的，世界各国均应予以高度重视，作为重要国际组织的 WTO 亦不能将自身置之度外。从近些年的实践来看，WTO 在应对气候变化问题上秉承了积极的、建设性态度，并为此开展了大量工作，采取各种措施，努力推动 WTO 成员方在此问题上有所作为。但应当看到，由于成员方之间面对气候变化问题所采取的立场不尽一致，因此，当前进行的多哈回合谈判有关气候变化事项谈判举步维艰，未能取得预期效果，这与发达成员方不愿承担更大责任直接相关，为此，发达成员应当切实贯彻国际环境法中的共同但有区别责任原则，从自身做起、主动承担更多的减排义务，以此向发展中成员展现诚实信用的态度，解决发展中成员的重大关切。同时，广大发展中成员亦应当充分意识到气候变化问题对全世界的危害性，积极推动多哈回合谈判中的气候变化问题谈判，为早日达成统一规则而努力。

第六章

原材料案：WTO 规则与中国的环境政策

2012 年 1 月 30 日，WTO 上诉机构公布了对"中国—与多种原材料出口相关的措施案"的最终裁决报告，上诉机构就某些问题支持了中国的观点，但总体上认定中国政府对涉案的 9 种原材料制定的出口管理措施大部分与 WTO 协定和中国政府的承诺不符。其中，关于中国是否有权在涉及《中华人民共和国加入 WTO 议定书》（以下简称《加入议定书》）第 11.3 条出口税方面援引 GATT1994 第 20 条 "一般例外" 条款的裁决引发广泛关注。在这个关键问题上，上诉机构最终支持了本案专家组的观点，认为中国无权援引 GATT1994 第 20 条作为豁免《加入议定书》第 11.3 条所做承诺的抗辩依据。

GATT1994 第 20 条的核心是豁免成员方为保护人类生命健康以及可用竭资源等目的而采取违反 WTO 规则的贸易限制措施，是 WTO 成员方可援引的重要例外条款。但根据上诉机构的裁决，不只是本案涉及的这 9 种原材料，在今后对任何产品采取出口税措施时，中国政府均不能引用 GATT1994 第 20 条 "一般例外" 条款作为豁免或抗辩依据。可见，此次裁决对中国出口管理政策所造成的后果十分严重，甚至超过了上诉机构报告对涉案具体措施所做裁决本身。我们必须认真分析和解读上诉机构报告，运用公认的国际法原理反驳上诉机构阐述的理由和依据，努力在法理上正本清源，争取上诉机构早日改变观点，维护中国在 WTO 体制下应享有的合法权益。

第一节　专家组、上诉机构的观点解读

《加入议定书》第 11 条是中国在进出口税费方面所做的承诺，名为

"对进出口产品征收的税费"，其中，第 3 款规定："中国应取消适用于出口产品的全部税费，除非本议定书附件 6 中有明确规定或按照 GATT1994 第 8 条的规定适用。"①

在本案审理阶段，专家组曾指出，《加入议定书》第 11.3 条"不包括任何明确援引 GATT1994 第 20 条或一般性的 GATT1994 条款的内容"。

与《加入议定书》第 5.1 条对比后，专家组发现后者包含这段话："在不损害中国以符合 WTO 协定的方式管理贸易的权利的情况下……"对此，上诉机构曾经在"中国—出版物和音像制品案"的裁决中指出，这句话意味着该条款已将 GATT1994 第 20 条的效力融入第 5.1 条，形成了一种特殊的承诺，据此认为中国有权援引 GATT1994 第 20 条作为豁免它在《加入议定书》第 5.1 条所做承诺的抗辩依据，而本案所涉及的、同为《加入议定书》条款的第 11.3 条却没有类似的用语，该条款只包含了两种特殊的、明确规定的例外，并不包括 GATT1994 第 20 条的例外。最终，专家组认为，第 11.3 条这一规定连同该条款"缺乏一般性援引 WTO 协定或 GATT1994 的表述"用语的情况表明 WTO 成员没有将 GATT1994 第 20 条的效力引入第 11.3 条的意图，专家组也未发现《中国加入工作组报告》（以下简称《工作组报告》）中包含任何支持中国援引 GATT1994 第 20 条作为中国违反议定书第 11.3 条的依据的规定。②

在专家组看来，建立 WTO 的马拉喀什协定（以下简称《WTO 协定》）并未包含普遍适用的例外条款，GATT1994 第 20 条"一般例外"条款只与 GATT1994 相关，而不涉及或涵盖其他协定，不具备普遍适用意义。

专家组认为，GATT1994 第 20 条中的"本协定（this agreement）的任何规定不得解释为……"这段话，特别是 this agreement 一词就说明该"一般例外"条款只与 GATT1994 相关，而不涉及或涵盖其他协定，不具备普遍适用意义，它仅是该具体的涵盖协定规定的仅适用于该协定特殊承诺的一些例外或灵活性。偶尔地，WTO 成员也将第 20 条引入其他涵盖协定之中，例如，《与贸易有关的投资措施协定》就明确将第 20 条引入了条文中，但对该协定来说，适用第 20 条的法律基础是其协定条文引入了第 20 条，并不

---

① 《中国加入世界贸易组织法律文件》，对外贸易经济合作部世界贸易组织司译，法律出版社，2002，第 9 页。

② Panel Reports, *China – Measures related to the Exportation of Various Raw Materials*, WT/DS394/R/WT/DS395/R/WT/DS398,（Panel Reports），para. 7.124，para. 7.126 – 7.129.

是 GATT 第 20 条本身具有普遍适用效力。"鉴于此，以下假设是合理的：如果中国与 WTO 成员有意使 GATT1994 第 20 条适用于议定书第 11.3 条，该条款的用语就应显示出这一关系，但议定书第 11.3 条并没有这样的用语。"① 据此，专家组认为，在适用第 11.3 条时，中国无权援引 GATT1994 第 20 条作为抗辩依据。

在上诉中，中方指出，本案专家组确立了一个错误理念，即认为第 11.3 条缺少"以与 GATT1994 第 20 条相一致的方式管理贸易"这样明确的用词就意味着中国和其他成员有意放弃援引 GATT1994 第 20 条的权利。中方认为，WTO 所有成员均应享有运用出口税促进非贸易利益等管理贸易的"固有权利"，中国亦无例外。② 在中方看来，GATT1994 第 20 条"一般例外"条款规定的是一种成员方享有的"固有权利"，具有普遍效力，并不因《加入议定书》第 11.3 条未明确纳入就不适用于中国。这是中方在上诉中的基本立场。

中方认为，即便按照专家组的观点，《加入议定书》第 11.3 条相关规定也表明该条款已将 GATT1994 第 20 条效力纳入其中。③ 第 11.3 条规定两种例外情形之一的附件 6 "注解"中有这样的表述："中国确认本附件所含关税水平为最高水平，不得超过。中国进一步确认将不提高现行实施税率，但例外情况除外。如出现此类情况，中国将在提高实施关税前，与受影响的成员进行磋商，以期找到双方均可接受的解决办法。"中方认为，这段注释规定的"例外情况除外"就表明附件 6 与 GATT1994 第 20 条之间形成了交集关系，意味着中国和其他成员有了明确的意思表示，即无论直接还是间接方式，中国均有权援引 GATT1994 第 20 条采取出口税措施。④

上诉机构不赞同中方上述观点，指出：附件 6 "注释"中规定的"例外情况"只是允许中国将附件 6 所列产品关税提高到该附件规定的最高水平，并没有允许中国援引 GATT1994 第 20 条作为违反议定书第 11.3 条实施出口税行为的抗辩依据。

---

① Panel Reports, para. 7. 150 – 7. 158.

② Reports of the Appellate Body, *China – Measures related to the Exportation of Various Raw Materials*, WT/DS394/R/WT/DS395/R/WT/DS398, (AB Reports), para. 6. 274.

③ AB reports, para. 6. 282.

④ Id. .

附件 6 "注释"第二句话中的"进一步"（furthermore）一词就意味着"注释"中的第二句、第三句规定的义务（包括事先磋商义务）都是附加在第一句话"本附件所含关税水平为最高水平，不得超过"这项义务之上的义务。"我们未能在'注释'的规定中发现任何支持中国政府可以这样做的依据：1. 对附件 6 未列明的产品征收出口税；或者 2. 在'例外'尚未发生时提高对附件 6 所列 84 种产品的出口税率。"本案专家组曾认定由于中国在对附件 6 所列产品以外的涉案原材料征收出口税之前未与其他相关 WTO 成员磋商故中国违反了附件 6 规定的义务，上诉机构认为这一裁决是错误的，因为涉案原材料不在附件 6 所列产品名单中，所以中国对这些原材料实施出口税本身就与《加入议定书》第 11.3 条不符，根本谈不上要满足附件 6 "注释"中所述的磋商要求。①

中方又提出，第 11.3 条中规定的"或按照 GATT1994 第 8 条的规定适用"这句话确立了 GATT1994 第 20 条在该条款中的效力。但上诉机构认为，GATT1994 第 8 条规定的是"进出口规费和手续"，并非《加入议定书》第 11.3 条规定的"出口税"，二者规范的对象完全不同，即便在实施第 8 条规定的"进出口规费和手续"时可援引第 20 条"一般例外"也不意味着采取"出口税"措施可同样如此，"出口税"根本不在第 8 条的适用范围之内，中方上述观点同样不能成立。②

此外，上述机构注意到，《加入议定书》第 11 条第 1 款和第 2 款用语与本案诉争的第 3 款也并不相同，前两款规定均明确规定了"与 GATT11994 相符"这一用语，而第 3 款却没有。"我们注意到，第 11.1 条规定的是海关税费，第 11.2 条规定的是国内税费，而第 11.3 条则特别规定了取消适用于出口产品的全部税费。鉴于第 11.1 条和 11.2 条均提及 GATT1994 以及它们适用的对象和义务性质（与第 11.3 条适用的对象和义务性质）不同，我们认为，第 11.3 条未提及 GATT1994 这种情况进一步支持了我们的解释：中国不能援引 GATT1994 第 20 条作为其违反第 11.3 条取消出口税承诺的法律依据。而且，鉴于中国取消出口税的承诺只源于《加入议定书》，并非来自 GATT1994，我们认为这样的假设是合理的：如果（中国与其他 WTO 成员方）在这个问题上拥有引入 GATT1994 第 20 条的合意，那么，能产生这

---

① AB reports，para. 6. 284 – 6. 287.

② AB reports，para. 6. 289 – 6. 291.

种效果的用语就应出现在第 11.3 条或者《加入议定书》其他地方。"①

在上诉机构否定了中国的上述观点后，中方又提出一项关键性证据：《工作组报告》第 170 段明确引用了 GATT1994 相关条款，而该段所适用的对象与《加入议定书》第 11 条一致，即"对进出口产品征收的税费",② 这就说明《工作组报告》第 170 段与《加入议定书》第 11.3 条的适用范围存在"极为明显的交集"（a very considerable overlap）（均含有针对出口税的承诺。——作者注），它们构成了对出口税费的共同义务，中方认为，上述两项条款本质上规范的都是出口税，因此第 170 段赋予中国采取与 WTO 义务不符的出口税费措施的任何灵活性都应当同样适用于第 11.3 条。③

上诉机构考察后发现，《工作组报告》第 170 段是在 D 项 1 款之下，而 D 项名为"影响货物贸易的国内政策"，尽管 D 项 1 款规定的是"对进出口产品征收的税费"，似乎涉及了"出口税"，但结合该款之下的另一段规定即第 169 段内容来看，第 170 段回应的仅是工作组成员对地方各级政府对进口产品征收的增值税和额外费用的关注。因此，上诉机构认为，第 170 段规定与解释第 11.3 条几乎毫不相干，第 170 段根本未涉及中国取消出口税的承诺。

上诉机构指出，相反，《工作组报告》的第 155 段和 166 段却包含了涉及取消出口税承诺的、名为"出口法规"的内容。④ 上诉机构注意到，"这两段的语言非常接近第 11.3 条的规定，且同样未提及 GATT1994 第 20 条可

---

① AB reports, para. 6. 293.

② 《工作组报告》第 170 段在 D 项 1 款之下，该款名为"对进出口产品征收的税费"，第 170 段规定："中国代表确认，自加入时起，中国将保证其与对进口产品和出口产品征收的所有税费、税费有关的法律和法规将完全符合其 WTO 义务，包括 GATT1994 第 1 条、第 3 条第 2 款和第 4 款及第 11 条第 1 款，且将以完全符合这些义务的方式实施此类法律和法规。工作组注意到这一承诺。"《中国加入世界贸易组织组织文件》，对外贸易经济合作部世界贸易组织司译，法律出版社，2002，第 800 页。

③ AB reports, para. 6. 294 - 6. 296.

④ 《工作组报告》C. 出口法规：1. 关税、对提供的服务收取的规费和费用、对出口产品征收的国内税。……155. 一些工作组成员对仅针对出口产品适用的税费表示关注。他们认为，此类税费应予取消，除非其实施符合 GATT 第 8 条或列在议定书（草案）附件 6。……156. 中国代表指出，尽管有包括钨矿砂、硅铁以及部分铝产品在内的 84 个税号需征收出口税，但是对绝大多数产品不征收出口税。他指出，出口货物的完税价格为货物的离岸价。《中国加入世界贸易组织组织文件》，对外贸易经济合作部世界贸易组织司译，法律出版社，2002，第 797 页。

作为抗辩依据，这就进一步证明了我们的解释观点"，因此，上诉机构对中方提出的这一理由同样不予接受。①

在反驳了中方的上述观点和理由后，上诉机构转而考察本案涉及的另一个重要的法律问题，即中方一开始就提出的"固有权利"问题。

中方认为，中国应和其他国家一样享有以促进资源保护和公共健康方式管理贸易的权利，为此，中方援引"中国—出版物和音响制品案"上诉机构报告为依据指出，管理贸易的权利是 WTO 成员方一项"固有权利"，并非由《WTO 协定》这样的国际条约所给予。通过加入 WTO，成员方同意以符合 WTO 涵盖协定规则的方式行使它们享有的固有权利，同时遵从确定性的义务，或遵从那些"附带 GATT 第 20 条包含的例外那样的义务"。中方强调说，《加入议定书》以及《工作组报告》均未包含表明中国放弃其管理贸易的固有权利内容，而且，中国提交入世承诺本身就表明中国仍享有这一权利。在中方看来，专家组对第 11.3 条的解释是"将固有权利变成了既得权利（acquired rights）"，这完全扭曲了中国入世时所形成的权利、义务之间的平衡。②

对于中方提出的上述观点，本案申诉方美国、墨西哥提出反驳，它们认为，专家组并没有说 WTO 成员方在加入时已放弃管理贸易的固有权利，正是因为成员方享有这一权利才需要在 WTO 协定之中对那些限制权利的规则达成一致，中国在第 11.3 条中做出的取消出口税的承诺完全是中国行使其主权以换取其作为 WTO 成员能得到的利益的结果。如果按照中方观点，第 11.3 条在缺乏援引 GATT1994 这种"特殊条约用语"的情况下仍有权援引 GATT 第 20 条作为其违反承诺的依据的话，那同为《加入议定书》条款的第 5.1 条序言、第 11.1 条和第 11.2 条援引 GATT1994 的内容就成为"多余"，这显然是不合理的。GATT1994 第 20 条之所以能作为豁免第 5.1 条所做承诺的依据是其用语本身，并非"抽象的"管理贸易权，而第 11.3 条的用语同其他成员方入世文件中涉及出口税义务的条款完全不同。它们指出，中国推动其非贸易利益的权利未因本次争端而处于"危险"中，中国完全可以寻求其他方式实现这一利益，第 11.3 条也并没有阻止中国采取出口税以外的其他方式推动合法的保护公共健康和资源的目标，中国有许多方式

---

① AB reports，para. 6. 299.

② AB reports，para. 6. 300.

可以达到这样的目的。① 本案另一申诉方欧盟也对中方观点提出类似反对意见。

上诉机构认为，正像专家组所指出，WTO 成员有时会将 GATT1994 第 20 条通过相互援引的方式融入其他涵盖协定。例如，《与贸易有关的投资措施协定》第 3 条就明确了可引用 GATT1994 第 20 条作为法律依据的权利，规定："GATT1994 项下的全部例外均应适当地适用于本协定。"上诉机构进而指出："但就当前这个案件来说，我们非常重视这一事实——《加入议定书》第 11.3 条虽明确提及 GATT1994 第 8 条，但未包含援引包括第 20 条在内的 GATT1994 其他任何条款。在'中国—出版物和音像制品案'中，上诉机构考察《加入议定书》第 5.1 条项下的申诉时的确认定中国有权援引 GATT1994 第 20 条 a 项作为制定与中国在《加入议定书》及《工作组报告》中所做承诺不符的政策的依据，但之所以得出这一结论，上诉机构依赖的是第 5.1 条的前言内容——'在不损害中国以符合《WTO 协定》的方式管理贸易的权力的情况下……'正像专家组指出的那样，我们未发现第 11.3 条有这样的用语。因此，我们不同意中国的观点，即上诉机构在'中国—出版物和音像制品案'中认定中国有权援引 GATT 第 20 条的裁决同样适用于违反第 11.3 条采取的出口税措施。"②

中方提出，《WTO 协定》、GATT1994、《实施卫生与植物卫生措施的协定》、《技术性贸易壁垒协定》、《进口许可程序协定》、《服务贸易总协定》以及《与贸易有关的知识产权协定》的序言均规定了促进保护生命健康、可持续发展等非贸易目标，故认定中国已放弃保护资源及公共健康等非贸易权利的做法实际上扭曲了《入世议定书》所建立的权利和义务平衡。

上诉机构认为："《WTO 协定》序言的确列举了许多目标，包括'提高生活水平'、'寻求既保护和维护环境'以及'扩大货物和服务的生产和贸易为目的，同时应依照可持续发展的目标，考虑对世界资源的最佳利用'等，但序言也提出了实现上述目标的方式是'建立一个完整的、更可行的和持久的多边贸易体制'。基于序言的内容，我们理解，作为一个整体，《WTO 协定》反映了 WTO 成员在贸易与非贸易关切之间达成的一种平衡。然而，无论是以上列举的目标，还是它们之间达成的平衡都没能在回答

---

① AB reports，para. 6.301.
② AB reports，para. 6.303 - 6.304.

GATT1994 第 20 条是否适用于《加入议定书》第 11.3 条问题时给予特别的指导。鉴于中国在第 11.3 条中所做的取消出口税的明确承诺以及该条款缺少引入 GATT1994 第 20 条的用语这一情况，我们认为，并不存在 GATT1994 第 20 条可适用于与第 11.3 条不符的出口税措施的基础。"[1] 上诉机构并不认同中方提出的 GATT1994 第 20 条 "一般例外" 具有普遍适用的效力，也不认同该条规定的权利是成员方固有权利。

最终，上诉机构认定专家组在这个问题上的观点没有错误，从而支持了专家组的裁决。

第二节　反驳上诉机构观点的途径分析

相对于配额等非关税措施来讲，出口税措施因其公开、透明、简便易行等特点具有许多优势，成为各国对本国产品出口进行调控的一项重要举措。但根据上诉机构在本案中的裁决，中国对绝大部分出口产品（除了附件 6 列举的 84 种产品以外）均无权采取出口税措施，即便是为了保护生命健康和可用竭资源等正当的环保目的。从中方提交专家组、上诉机构的两次答辩中可以推断，中国政府在入世谈判及 2001 年正式签署《加入议定书》过程中完全没有意识到《加入议定书》第 11.3 条会产生这样的法律后果，可谓始料不及。

根据 WTO《关于争端解决规则与程序的谅解》，上诉机构所做裁决属于终审裁决，中国政府应予以遵从并执行，这是 WTO 成员方必须履行的条约义务。但这并不影响对上诉机构的错误予以反驳和澄清，争取使上诉机构认识错误，并在今后的裁决中改变原有立场，这在 WTO 的争端解决中早有先例。例如，GATT 时期专家组在两起 "美国—金枪鱼案" 中曾不加分析地一味否定了美国保护濒危生物相关措施的合法性，但 WTO 上诉机构在美国—海虾案的裁决中改变了立场，肯定了美国相关措施的环境保护目标合法，以司法解释方式历史性地将环境保护内容纳入 WTO 多边贸易体制，从而赢得赞誉。[2] 中

---

① AB reports，para. 6. 305 – 6. 306.
② 参见赵维田《几点评价》，载赵维田主编《美国——对某些虾及虾制品的进口限制措施案》，上海人民出版社，2003，第 1046～1048 页。

方可循此先例，力争上诉机构尽快在未来案件中改变在本案中所持立场，这是目前争取自身合法权益的唯一路径。

那么，如何才能令上诉机构改变立场呢？详细阅读上诉机构、专家组报告后，笔者认为，要想单纯从技术上驳倒上诉机构和专家组阐述的观点几乎没有可能，因为它们在运用《维也纳条约法公约》条约解释的"通则"解释《加入议定书》条款方面可谓炉火纯青、无懈可击，相比较而言，前一阶段国内曾经发表的一些旨在推翻上诉机构、专家组对《加入议定书》条款解释的文章则显得苍白、无力，说明此路不通。

要想达到正本清源的目的，必须从理论上澄清 GATT 第 20 条"一般例外"究竟是一条什么性质的条款？如果它是 WTO 成员方享有的固有权利，即像人的生命权那样绝不可通过协议方式被剥夺的权利，那么，无论《加入议定书》第 11.3 条用语如何、签约双方意欲何为都不会影响中国享有这一权利。

相反，如果 GATT 第 20 条规定的权利仅是一项约定或协议权利，即只能从国际公约、协定或双边条约的明确规定中才可获得，《加入议定书》第 11.3 条既然没有规定，中国便未获得这种权利，那么，上诉机构所做的裁决无疑就是正确的。看来，GATT 第 20 条规定的权利性质是决定能否推翻上诉机构观点的关键，只有明确这一权利属于不可剥夺的、任何主权国家均应享有的固有权利，上诉机构在本案中的观点便不攻自破。

第三节　国际法视角下的 GATT 第 20 条权利

GATT 第 20 条是一条旨在保护人类生命健康、可用竭资源的多项权利组合条款，由于本案主要涉及的是该条款的 b 项和 g 项内容，故仅对这两项涉及的权利性质加以分析。对这两项权利的考察应拥有更为广阔的视野，从现代国际法的大视角进行，这样才能更准确地把握和提炼本质，得出的结论才更有说服力。

首先要考察的是 GATT 第 20 条 b 项规定的权利，该条规定：为保护人类及动植物的生命或健康所必需者。显然，该条款保护的权利是人类及动植物的生命权和健康权，如果再细分就是人类的生命权、健康权以及动植物的生命权、健康权，前者是人权中最为重要的两种权利，后者涉及动植物保护的国际法规则。

人权是人类应当享有的最基本权利，保护基本人权已成为国际社会最重要的目标和任务，对此国际社会早已形成共识。《联合国宪章》将保护和促进人权作为其重要宗旨之一，[①]《世界人权宣言》重申各会员国已誓愿同联合国合作以促进对人权和基本自由的普遍尊重和遵行，第 3 条规定："人人享有生命、自由和人身安全的权利。"第 25 条规定人人享有健康权。此外，国际人权法中最重要的两项公约《公民权利和政治权利国际公约》第 6 条规定"人人享有固有的生命权，该权利应受法律保护"，《经济、社会及文化权利国际公约》第 12 条规定"本公约缔约国承认人人有权享有能达到的最高的体质和心理健康的标准"。国际法学界普遍认为，《世界人权宣言》及上述两公约规定的基本人权和自由已构成国际习惯法，甚至成为国际强行法规则，各主权国家和国际组织必须予以尊重和遵行，保护公民的生命权、健康权是主权国家的一项基本权利，更是其应承担的国际法义务，绝不可因主权国家的明示或暗示的放弃或与其他国家之间的协定而放弃。

在 WTO 体制内，尽管尚未出台处理贸易与人权之间关系的专门协定，但在涉及人权问题的多个宣言中，WTO 明确阐明了其尊重人权的理念，最为著名的就是有关劳动权的 1996 年《新加坡宣言》和协调 TRIPS 与健康权关系的《TRIPS 与公共健康多哈宣言》。为了回应发达国家长期以来坚持将劳动权纳入 WTO 体制的呼吁，WTO 发表了有关劳动权问题的《新加坡部长宣言》，该宣言指出："我们重申我们对遵从国际公认的主要劳动权标准的承诺。国际劳工组织是一个有能力制定和处理这些标准的机构，同时，我们确认在促进这些标准时对它的工作的支持。"[②] 此外，为解决发展中国家业已存在的、严重的公共健康问题，2001 年 11 月，WTO 发表了《TRIPS 与公共健康多哈宣言》，该宣言指出："当重申我们对 TRIPS 的承诺时，我们确认该协定能够也应当以一种支持 WTO 成员保护公共健康特别是促进所有人可获得（治疗疾病的）药品的方式来解释和适用。"该宣言为发展中国家获得治疗严重疾病的药品与遵守 TRIPS 有关药品专利权保护提供了途径，赢得各方高度评价，时任 WTO 总干事的素帕差指出：宣言是 WTO 的历史

[①] 《联合国宪章》第 1 条规定："联合国之宗旨为：……三、促进国际合作，以解决国际间属于经济、社会、文化及人类福利性质之国际问题，且不分种族、性别、语言或宗教，增进并激励对于全人类之人权及基本自由之尊重。"

[②] 刘敬东：《人权与 WTO 法律制度》，社会科学文献出版社，2010，第 163~164 页。

性决定……再次向所有人证明，这个组织有能力处理人权与贸易之间的相关问题。欧盟贸易代表则认为，宣言的公布显示 WTO 是"将人置于市场之前（来考虑）"。① 近年来，呼吁 WTO 尊重人权原则的声音不断高涨，著名的国际经济法学家彼得斯曼教授曾指出，与冷战前相比，当代国际法的主题已发生根本变化，国家主权和国家同意的概念已经弱化，尊重人权成为国际法的最高宗旨和原则，国际经济法的原则亦应随之改变，并以此提出了以人权为核心的"国际经济法宪政化"理论。② 另一位著名学者美国的杰克逊教授也主张 WTO 应当运用"平衡利益"的方式解决人权与贸易之间可能发生的冲突。③

可见，普遍尊重和保护基本人权是国际法的基本原则，对 WTO 多边贸易体制来讲，意味着它必须承认保护包括生命权和健康权在内的人权是成员方的一项固有权利，绝不可能因成员方未予明示而放弃。

动植物权利保护是国际环境法的一项重要内容，尽管尚未达到与人权保护一样的国际习惯法或强行法的程度，但国际法学界普遍认为，动植物权利保护也是主权国家的重要权利和义务。

1993 年生效的《生物多样性公约》是涉及动植物权利保护的一项重要国际公约，其创立的原则、规则在保护地球生物多样性和确保其组成部分的可持续使用方面极大地扩展了国际法律制度的范围，增强了其潜在效力，至 2000 年底已有 177 个成员方，成为批准最为广泛的国际环境公约之一。④ 该公约要求各成员国在保护生物多样性方面开展合作。近年来，动植物保护已成为各国立法的一项重要内容，一系列特别保护动物免受侵害的公约通过欧洲议会得以缔结，欧盟还通过了使这些公约对全体欧盟成员国产生约束力的决议。⑤ 从发展趋势看，随着人类文明进程的推进，动植物权利保护的国际法规则将会进一步明确，并有理由成为与人权保护一样重要的国

① 刘敬东：《人权与 WTO 法律制度》，社会科学文献出版社，2010，第 231～234 页。

② EU Petersmanm, *Theories of Justice*, *Human Rights and the Constitution of the International Markets*, pp. 2 - 3, 2003 European University Institute.

③ John H. Jackson, "Preamble", *Human Rights and International Trade*, Edited by Thomas Cottier, Joost Pauwelyn and Elisabeth Burgi Bonanomi, Oxford University Press, 2005.

④ 〔英〕帕特莎·波尼、〔英〕埃伦·波义尔：《国际法与环境》（第二版），那力等译，高等教育出版社，2007，第 542～543 页。

⑤ 〔英〕帕特莎·波尼、〔英〕埃伦·波义尔：《国际法与环境》（第二版），那力等译，高等教育出版社，2007，第 539 页。

家权利和义务。

尽管目前动植物权利保护尚未形成国际习惯法规则，但从国际环境法的原则以及相关公约的规定来看，对这一权利保护已形成广泛的国际共识，国际法不会允许有关国家通过协定方式放弃这一权利或义务，因此，WTO 应当对成员方保护动植物这一固有权利予以充分尊重，否则就是对国际法进步的漠视，无疑会遭到国际舆论的谴责。

我们再考察 g 项包含的权利性质。该项规定：关系到养护可用竭的自然资源的有关措施，凡这类措施同限制国内的生产和消费一道实施者。其核心是规定成员方拥有保护可用竭资源的可持续发展权。可持续发展权则是现代国际法发展的一项最新成果，是主权国家享有的固有权利，这早已赢得国际社会广泛共识。

"可持续发展"的概念早在 1992 年联合国环境与发展大会召开之前就已经出现了，在里约会议上获得了近乎普遍性的认可，从而确立了它在环境保护的国际法律和政策发展过程中的地位。[1] 国际法学界一般认为，里约宣言为"可持续发展原则"的法律内涵做出了权威性解读，主要是该宣言的原则 3 至原则 8 和原则 16 体现了可持续发展原则的实体性要素。根据里约宣言的权威解读，可持续发展原则包括以下内容：自然资源的可持续利用；环境保护与经济发展的一体化；发展权；在当代人内部和当代人与后代人之间追求资源的公平分配（代内公平和代际公平）以及通过适用"污染者付费原则"使得环境成本内部化。[2]

根据可持续发展原则，各国经济的发展必须要考虑以上要素，"环境保护应成为发展过程中的一个组成部分，并且不能孤立于发展过程来看待。"（里约宣言原则 4），这种将环境保护与经济发展一体化（integration）的要求已对现代国际法产生重要影响。国际法院在 1997 年"盖巴斯科夫—拉基玛洛大坝案"中首次提出"可持续发展概念恰当地表达了协调经济发展与环境保护的需要"这一内容，该内容被国际法院看作决定性因素之一。[3] 国

---

① 〔英〕帕特莎·波尼、〔英〕埃伦·波义尔：《国际法与环境》（第二版），那力等译，高等教育出版社，2007，第 81 页。

② 〔英〕帕特莎·波尼、〔英〕埃伦·波义尔：《国际法与环境》（第二版），那力等译，高等教育出版社，2007，第 82 页。

③ 〔英〕帕特莎·波尼、〔英〕埃伦·波义尔：《国际法与环境》（第二版），那力等译，高等教育出版社，2007，第 83 页。

际法院对可持续发展原则的认可和运用标志着这一原则已成为现代国际法中一项法律原则，而不应仅限于国际环境法领域。

从 GATT 时期开始，可持续发展等环境保护问题就已成为多边贸易体制中的一项重要议题，1995 年 WTO 协定更是将 GATT1947 序言中原有的"使世界资源得以充分利用"改成"按可持续发展的目标使世界资源获得最佳利用，力求兼顾环境保护"。首次将"可持续发展"作为 WTO 的宗旨和目标，这一改变突出体现了 WTO 多边贸易体制支持"可持续发展"的立场。

GATT/WTO 体制以及争端解决机制对"可持续发展"在国际贸易关系中的法律地位早已充分肯定，成立了专门的"贸易和环境委员会"，在 2001 年 11 月 14 日通过的正式启动多哈发展议程（多哈回合谈判）的多哈部长宣言中将"贸易与环境"问题纳入谈判内容。[①] WTO 上诉机构对 1998 年"美国—海虾案"做出历史性裁决，首次将环境保护原则引入 WTO 法律制度中并将其具体化，为协调贸易规则与环保需要之间的矛盾与冲突开辟了一条独特之路。[②]

对于 WTO 中的可持续发展权，有学者指出："考虑到国际法对这个概念（指可持续发展原则。——作者注）的广泛认同，其应与非歧视原则等国际经济法原则相协调，这一相互融合的进程已经开始，正如有学者指出的那样：考虑到国际法对这个概念的广泛认同，有一点是清楚的，即发展原则上应该是可持续的，而且所有的自然资源都应该据此进行管理，对此很少有国家再有异议。"[③] 著名国际法学者波尼教授指出，国际法院以及 WTO 争端解决机制在司法实践中已表明支持"可持续发展"作为一项法律原则的立场，"这样的原则也许是软的，但是，正如 Lowe 所令人信服的指出，当法院或国际机构不得不解释、适用或发展这个领域的法律时，可持续发展和它的组成部分是非常重要的。这也许就是从国际法院在'盖巴斯科夫—拉基玛洛大坝案'以及从世界贸易组织上诉机构在'美国—海虾案'中参考可持续发展做出裁定的举动中，我们可以获得的最重要的经验了。无论可持续发展是不是一个法律义务，而且正如我们所看到的，这看起来

---

① 孙振宇主编《WTO 多哈回合谈判中期回顾》，人民出版社，2005，第 257 页。

② 赵维田主编《美国——对某些虾及虾制品的进口限制措施案》，上海人民出版社，2003，第 1046 页。

③ 〔英〕帕特莎·波尼、〔英〕埃伦·波义尔：《国际法与环境》（第二版），那力等译，高等教育出版社，2007，第 90 页。

是不可能的，它确实代表了一个目标，这个目标能够影响案件的结果、条约的解释、国家和国际组织的实践，而且，它也可能导致现存法律的重大改变和发展。从这个非常重要的意义上来说，国际法看起来的确要求国家和国际机构考虑可持续发展的目标并为实现此目的而确立适当的程序"。①

可见，从现代国际法的角度来看，可持续发展原则是现代国际法中一项重要法律原则，"可持续发展权"已成为 WTO 成员方拥有的一项"固有权利"，不应被剥夺，更不会因为未予明示而放弃。

第四节　中国与 GATT 第 20 条一般例外

从以上对 GATT1994 第 20 条 b 项和 g 项包含权利性质的考察中可以得出这样的结论，在现代国际法中，尽管还存在国际法效力方面的差别，但人类和动植物的生命、健康权，以及保护可用竭资源的可持续发展权是主权国家应享有的固有权利，是国际法赋予国家的普遍性权利，同时，也是主权国家必须履行的国际法义务，绝不可因 WTO 成员方明示或暗示、直接或间接、单方或协议的方式而被放弃。基于这一基本判断，WTO 上诉机构、专家组在本案中认定中国因《加入议定书》第 11.3 条未明确规定引入 GATT1994 或 GATT1994 第 20 条 "一般例外"即丧失了援引该条款包含的权利作为豁免《加入议定书》第 11.3 条的合法抗辩依据的结论实属不当。

上诉机构、专家组以及本案申诉方多次强调《加入议定书》第 5.1 条等其他条款用词与第 11.3 条不同，据此认为两个条款的效力理应不同，如果认定这两条均产生适用 GATT 第 20 条的效力的话，那第 5.1 条的相关用语就成为多余了，这种观点貌似合理，但条约用语本身毕竟属于技术性问题，不可与以上权利的国际法性质问题相提并论，更何况按照《维也纳条约法公约》的解释通则，应当对条约条款进行善意解释，并尊重后续惯例。中国签署《加入议定书》已 10 年有余，上诉机构应当用发展的眼光、时代的视角看待 10 年前的约定，秉承上诉机构在著名的 "美国—海虾案" 解释 "可用竭资源" 一词时的理念，做出历史性裁决。上诉机构曾在该案中指

---

① 〔英〕帕特莎·波尼、〔英〕埃伦·波义尔：《国际法与环境》（第二版），那力等译，高等教育出版社，2007，第 91~92 页。

出："第 20 条 g 项中的可用竭的天然资源一词，实际上是 50 多年以前创造出来的。条约解释者必须参照国际社会当代所关心的环境保护来解读。乌拉圭回合虽然未对第 20 条做出修改，但《WTO 协定》的序言表明，该协定在 1994 年的签字各方完全了解环境保护作为国内和国际政策的重要性和正当性。《WTO 协定》序言明确认识可持续发展的目标……从写入《WTO 协定》序言的视角来看，我们注意到：第 20 条 g 项里的天然资源这个普通用词，其含义或所指者并不是静止不变的，从定义上说，是演变的。因此，记住如下一点是必要的：现代国际公约和宣言经常把天然资源看作兼指有生命的和无生命的资源……我们认为在今天仍把 GATT1994 第 20 条 g 项解读为仅指养护可用竭的矿产或无生命资源，未免太落伍了。"①

从裁决内容看，上诉机构对《加入议定书》第 11.3 条的解读完全基于条约文字本身，尽管严格遵循了《维也纳条约法公约》的解释通则文字解释的技术，但与现代国际法确立的尊重人权、动植物权利以及可持续发展权这些重要的国际法原则、权利相比，这种仅依赖文字的技术性解读显然落后于时代潮流，也背离了上诉机构多次与时俱进地推动 WTO 法发展的理念，上诉机构应充分认识到此次裁决的不当并尽快改变其针对《加入议定书》第 11.3 条所持"落伍"的、错误的立场。对于中国学者而言，还应更加深入探究 GATT1994 第 20 条包含的权利性质，及时发出自己的声音，争取在短时间内说服上诉机构，尽最大努力维护中国的合法权益。

第五节　WTO 规则与中国稀土政策之思考

近一段时期以来，中国政府为了保护不可再生的稀土资源、防止生态环境恶化出台了一系列加强稀土开采、生产和贸易管理的政策。孰料，这一为可持续发展而实施的正当举措却在国际上引起强烈反响，美、日等许多稀土进口国纷纷指责中国，声称中国政府制定上述管理政策属于出口限制行为，违反了 WTO 规则。那么，中国政府究竟是否有权采取国内措施加强稀土开采、生产和贸易管理？这些措施是否违反了 WTO 规则？对此，我

---

① 赵维田主编《美国——对某些虾及虾制品的进口限制措施案》，上海人民出版社，2003，第 986～990 页。

们应当从国际法角度，特别是 WTO 法的角度认真加以分析，从而得出公正的结论以正视听。

一　中国稀土管理政策的背景分析

稀土是化学元素周期表中镧系元素的统称，包括 17 种化学元素，广泛适用于尖端科技领域和军工领域。近年来随着高科技产业的迅速发展，全球对稀土的需求和消耗量快速增长。中国是当今世界上最大的稀土生产、出口国，已查明的稀土资源储量占世界总储量 55.7%，俄罗斯稀土储藏量占 22%，美国稀土储藏量则占 15%，但目前中国一个国家的稀土出口量就占国际市场份额的 90% 以上。[①] 尽管稀土作为一种原材料对各国的高科技产业至关重要，但稀土资源属于不可再生的矿产资源，或者说是一种"可用竭的自然资源"。由于多年来的大量、无序开采，商务部统计发现，中国的稀土储藏量在近 5 年间急速下降，如果按现有生产速度，中、重类稀土储备仅能维持 15 年至 20 年，可见，中国的稀土资源已濒临用竭。同时，稀土生产、加工过程对于生态环境影响巨大。稀土之所以得名是因为其中的有效元素含量很低，而要提取这些微量元素需要使用大量化学药剂，需要经过许多化学程序，这些程序产生的废水包含了近百种化学药剂，其中还有放射性物质。在中国，稀土以往生产过程存在着方式粗放、资源浪费严重等一系列的问题，环境污染比较严重。中国的稀土之都——白云鄂博，正遭受滥采滥挖的严重侵袭，地下水严重污染，耕地荒芜，牲畜大量死亡。在包头，包钢选矿厂尾矿坝对周边地区的放射性污染日益严重，且尾矿坝离黄河最近处仅 10 公里，尾矿坝的水正以 300 米/年的速度朝黄河渗透。专家指出，一旦出现地震或者大规模降雨致使尾矿坝决堤，尾矿坝的水流入黄河，严重程度料将远远超过 2005 年发生的松花江水污染事件。此事倘若成真，附近人口稠密的居民区将遭受灭顶之灾。为此，2005 年 10 月，中国科学院院士、北京大学稀土研究中心名誉主任徐光宪联合包括王乃彦、何祚庥等人在内的 15 位中科院院士联名向国务院提交了《关于保护白云鄂博钍和稀土资源，避免黄河和包头受放射性污染的紧急呼吁》的紧急提案，呼吁政府尽快采取措施规范稀土生产，保护当地生态环境。[②]

---

① 以上数据来自工信部发言人讲话，商务部网站，新华社，中新网等。
② 参见《民主与法制时报》2006 年 7 月 16 日。

鉴于稀土资源储量严重下降、濒临用竭的严峻形势，同时，考虑减少直至消除稀土生产过程中对生态环境的破坏性影响，中国政府相继出台了一系列政策、措施加强稀土的开采、生产和贸易管理。自 1998 年开始，中国就已实施稀土产品出口配额许可证制度，并把稀土原料列入了加工贸易禁止类商品目录。2006 年，中国停止发放新的稀土矿开采许可证，并对稀土矿开采实行指令性计划。除了控制稀土出口配额和减少稀土矿的年度开采量，中国还逐步加强稀土行业的集中度。2010 年 8 月，国务院正式发布《关于促进企业兼并重组的意见》，首次把稀土企业列入重点行业兼并重组的名单。中国商务部表示，2011 年中国仍将对稀土出口实行配额管理，且配额将有所减少。[①] 中国政府多次表示，加强稀土开采、生产和贸易管理的指导思想是保护可用竭的自然资源和保护生态环境不再遭受严重破坏，实际上是一种可持续发展的战略考虑。国际上那些指责中国政府垄断稀土资源并将稀土作为政治施压的工具、遏制他国发展的论点根本没有事实依据。

可持续发展是 WTO 多边贸易体制的宗旨和原则，《WTO 协定》序言开宗明义指出："本协定各参加方，认识到在处理它们在贸易和经济领域的关系时，应旨在提高生活水平，保证充分就业，保证实际收入和有效需求的大幅稳定增长，扩大货物和服务的生产和贸易，同时应依照可持续发展的目标，考虑对世界资源的最佳利用，寻求既保护和维护环境，又以与它们各自在不同经济发展水平的需要和关注相一致的方式，加强为此采取的措施……"中国政府为了最佳利用可用竭的稀土资源并出于环境保护的目的加强稀土开采、生产和贸易管理完全符合上述可持续发展宗旨和原则，应得到 WTO 全体成员方的支持。

二　WTO 与中国管理稀土资源主权关系分析

针对一些国家的指责，中国政府多次指出，依法管理中国的稀土开采、生产和贸易是中国的主权，国际上一些学者对此提出质疑。在他们看来，中国既然已经加入了 WTO，成为 WTO 的正式成员，就应承担 WTO 的规则义务，这意味着中国丧失了管理稀土资源的主权。这种观点貌似合理，但仔细分析后就会发现，实际上是一种混淆视听的谬论。姑且不论中国政府的行动是否违反了 WTO 协定义务，单就中国作为主权国家在加入 WTO 之

---

① 新华网北京 2010 年 11 月 2 日电，商务部新闻发言人对新华社记者发表的谈话。

后是否还拥有管理贸易的主权这个原则问题来说，答案毫无疑问是肯定的。

　　根据国际法，中国加入 WTO 后承担 WTO 涵盖协定义务并不意味着中国完全丧失了管理贸易的主权，相反，在遵守 WTO 规则的前提下，如何管理包括稀土在内的资源开发、生产和贸易仍是国际法赋予中国政府的主权权利，理应受到他国尊重。

　　正如许多国际法学者所述，GATT/WTO 法律制度本质上是贸易自由化与国家贸易管制之间协调的产物，它并未改变成员方运用贸易主权追求利益最大化的实质。作为一项颇为成功的现代国际法制度，GATT/WTO 体制通过大量法律规则直接影响其成员方国内贸易政策和立法，使得传统上属于主权国家内政的贸易政策和立法乃至行政执法均"听命"于 WTO 涵盖协定，但 GATT/WTO 体制所具备的管理国际贸易功能本身就是全体成员方谈判协调、相互让渡主权的产物。加入 WTO 后，WTO 成员通过行使贸易主权追求本国贸易利益最大化的本质并未因 GATT/WTO 体制而改变。[①]

　　国家对贸易的管制与贸易自由化是一对矛盾统一体——对自由化的追求限制了国家贸易主权的行使，但以自由化为宗旨的 GATT/WTO 法律制度是国家主权的协调产物，这就决定了贸易的完全自由化只是 WTO 全体成员方追求的目标。从具体的条款内容来看，WTO 涵盖的具体协定不但没有排斥成员方的贸易管制权，反而为保证贸易自由化进程中各方利益平衡还赋予成员方诸多维护国内贸易利益的权利，例如，WTO 规定的反倾销、反补贴、保障措施、贸易救济措施等就属于成员方依法管理贸易行为的正当权利。从这个意义上，与其说 GATT/WTO 法律制度是贸易自由化的衍生品，不如说它是贸易自由化进程中用来协调成员方之间利益的调节器。《WTO 的未来》一书的作者指出："不论 WTO 还是 GATT 都不是一套自由贸易无序化的文件。实际上，二者都曾经并正努力寻求一个有序的、积极有效的途径以使得自由贸易的价值依附于法律原则和公平之上。通过这些，它们为那些商人和投资者所追求的市场准入利益提供了安全性和可预见性。但是，规则也反映了体制内政治现实与自由贸易规则之间的现实与平衡。WTO 并

---

　　① WTO 秘书处指出：（WTO）这些协议是世界上大多数贸易国通过谈判签署的，为国际商业活动提供了基本法律原则，其本质是契约，约束各国政府将其贸易政策限制在议定的范围内。参见世界贸易组织秘书处编《贸易走向未来》，法律出版社，1999，第 1 页。

非不允许市场保护，而是设置了一些严格的纪律，政府只有在这些纪律之下才可以选择对特殊利益的反应。"① 可见，虽然 GATT/WTO 法律制度对成员方贸易主权进行了约束，但实施贸易管制仍是各成员方的主权。

事实上，成员方对 GATT/WTO 规则的遵守并未影响它们通过行使贸易管制权利追求本国经济利益最大化的理念。有学者就此指出："随着贸易自由化程度和范围的进一步加深和扩大，国家为了追求本国的贸易利益，在积极利用国际贸易规则的同时，也实施严格的对外贸易管制措施。国家严格的对外贸易管制措施常常是各国政府用以贯彻限制对外贸易、体现国别政策和实施贸易歧视政策的重要手段。"② WTO 成员方在行使贸易管制权时，国内利益的诉求往往成为其制定对外贸易政策和立法的原始动力，后果就是对自由贸易的干预——"任何一项对外贸易法律或者政策的制定和实施都是国内利益集团的需求与政府的供给之间的均衡；所有对外贸易法律和政策的基本性质都是政府为特定的经济、政治和社会目的而对贸易自由化的干预"。③ 应当指出，这种对自由贸易的"干预"并没有为 GATT/WTO 体制所完全禁止，有的甚至就是赋予成员方的正当权利。

WTO 强调尊重其成员方管理国家事务的宪法和法律体制，这为成员方实施贸易管制提供了国内法依据——"某些 WTO 成员具有宪法上的或者制度上的结构可以阻止 WTO 的争端解决裁决自动成为其国内法。这些成员可能还要求有进一步的国内立法或行政行为，因此在一定程度上保留了主权——通过有效的'政府机关之间的彼此相互制衡'阻止针对国内违法的不负责任的国家干涉……'保留的主权'可以被国内特殊的保护主义者或者其他利益拥护集团所利用"。④ 尽管如此，"保留的主权"在 WTO 体制中客观存在，在这种主权之下，甚至带有保护性质的贸易限制措施都不违反 WTO 规则，正如 WTO 法专家舍费尔教授指出："尽管基于（自由化）贸易

---

① 〔英〕彼得·萨瑟兰等：《WTO 的未来》，刘敬东等译，中国财政经济出版社，2005，第 13 页。

② 李雪平：《贸易自由化与国家对外贸易管制——从中国和平发展遭遇的贸易保护主义谈起》，《武汉大学学报》2006 年第 6 期。

③ 李雪平：《贸易自由化与国家对外贸易管制——从中国和平发展遭遇的贸易保护主义谈起》，《武汉大学学报》2006 年第 6 期。

④ 〔英〕彼得·萨瑟兰：《WTO 的未来》，刘敬东等译，中国财政经济出版社，2005，第 40 页。

理论的性质，但 WTO 体制并未使得每一项保护国内市场份额的措施非法化。"①

可见，根据 WTO 法律的理论和现实，中国加强稀土开采、生产和贸易的管理政策、措施是中国的一项主权，并未因中国承担了 WTO 协定义务而丧失，明确这一点至关重要。

三　GATT "一般例外"：中国管理稀土资源的 WTO 法依据

GATT/WTO 体制要求各成员方不得采取除关税以外的非关税措施限制进出口贸易，这是一条基本原则，GATT1994 第 11 条规定："任何缔约方不得对任何其他缔约方领土产品的进口或向任何其他缔约方领土出口或销售供出口的产品设立或维持除关税、国内税或其他费用外的禁止或限制，无论此类禁止或限制通过配额、进出口许可证或其他措施实施。"一些国家正是依据这个条款指责中国政府的稀土管理政策。但是，仅依据此条款就做出中国违反 WTO 规则的判断显然是片面的，因为 GATT1994 规定了可豁免此项条款义务的特殊条款，而根据这些特殊条款，成员方有权采取贸易限制措施。其中，GATT1994 第 20 条 "一般例外" 条款使得成员方享有的一项重要的义务豁免权利（waiver clause）。21 世纪初，WTO 上诉机构在美国—海虾案中就是依据该条款做出了有利于环境保护的历史性裁决。此后，各成员方运用该条款采取国内措施保护可用竭资源和生态环境的做法已屡见不鲜。

GATT1994 第 20 条规定：在遵守关于此类措施的实施不在情形相同的国家之间构成任意或不合理歧视的手段或构成对国际贸易的变相限制的要求前提下，本协定的任何规定不得解释为阻止任何缔约方采取或实施以下措施：（a）为保护公共道德所必需的措施；（b）为保护人类、动物或植物的生命或健康所必需的措施……（e）与监狱囚犯产品有关的措施；（f）为保护具有艺术、历史或考古价值的国宝所采取的措施；（g）与保护可用竭的自然资源有关的措施，如此类措施与限制国内生产或消费的措施一同实施。② WTO 涵盖协定均包含于《WTO 协定》附件 A 中，因此，GATT "一

---

① Krista Nadakavukaren Schefer："Dancing with the Devil: A Heretic's View of Protectionism in the WTO Legal System", *Asian Journal of WTO & International Health Law and Policy*, September, 2009, p. 428.

② 参见《世界贸易组织乌拉圭回合多边贸易谈判结果法律文本》，法律出版社，2000，第 455 页。

般例外"条款应适用于全部的 WTO 涵盖协定。① WTO 学者认为，该条款的目的是为 WTO 成员在开放国内市场的同时解决国内社会问题提供可游离于协定的灵活机制。从可以豁免 WTO 协定义务的角度讲，GATT 第 20 条为成员方寻求保护本国利益、在一定条件下实施贸易限制措施提供了合法途径。

由于海龟属于濒临灭绝的海洋生物，为了保证在捕虾过程中不会人为地对海龟造成损害，美国于 1989 年制定了公法 101～102 第 609 节，该规定禁止使用对海龟有不利影响技术所捕的虾出口到美国。美国从 1990 年到 1996 年通过多次发布政府指令和司法判决的方式实施第 609 节，不但要求虾出口国安装美国要求的 TED 装置（即能防止捕获海龟和降低捕虾过程中海龟死亡率的技术装备）或与之类似的设备，而且要求捕虾国提供证明它具有"商业拖网捕虾不会引起海龟伤亡威胁的"特定渔业环境的相关证明，那些未能安装上述设备或提供法定证明的捕虾国不能将虾及其制品出口到美国，这实际上是美国为保护海龟而采取的贸易限制措施。对于美国的上述措施，印度、马来西亚等传统虾出口国则强烈反对，认为美国的做法违反了 GATT1994 的多个相关条款、损害了它们的贸易利益，为此，它们请求 WTO 争端解决机构予以裁决。②

从法律上讲，WTO 专家组在审理本案时面临的核心问题就是美国的上述进口限制措施是否符合 GATT1994 第 20 条"一般例外"条款。美国认为，其采取的保护海龟的措施符合第 20 条 g 项之规定，是正当的。申诉方则认为该措施不属于第 20 条规定的"例外"，应予以取消，双方观点尖锐对立。

由于历史原因，类似保护濒危动植物这类的环境保护新课题当初并未进入 GATT/WTO 领域，其规则也没能将这一重要内容加以体现，但在环境保护已为世界高度关注的今天，如何补上"环境保护"这一课无疑是 WTO 面临的重大任务，解决不好势必影响人们对 WTO 的信心。就本案而言，专家组本应通过这个案件向世人表明一种有利于环境保护的态度和导向，但遗憾的是，对于这样一起涉及国际贸易与环境保护关系的重大问题，专家组仅以美国措施与第 20 条"一般例外"的序言不符为由武断地判决美国败

① James Harrison, *The Human Rights Impact of the World Trade Organization*, Oxford and Portland, Oregon, Hart Publishing, p. 198.

② 具体案情请参见赵维田主编《美国——对某些虾及虾制品进口限制措施案》，上海人民出版社，2003，第 16～30 页。

诉，并未对美国措施是否属于第 20 条 g 项规定的措施这个关键性问题给予回答，也未对美国怎么违反了第 20 条序言之规定做出合理解释，引起美国的强烈不满，美方遂上诉至 WTO 上诉机构。上诉机构采取了正视难题的严谨态度，顺应保护环境这一时代主题，对于美国保护海龟的立法宗旨予以肯定，为环境保护原则引入 WTO 体制做出了历史性贡献。

在案件审理中，为了贯彻环保原则，上诉机构成功地发挥了"司法造法"功能。例如，几个申诉方曾提出：第 20 条 g 项中"可用竭的天然资源"是指"诸如矿产品等有限的资源"，而不是生物或可更新的资源，[①] 即范围仅限于养护"矿产品"或"没有生命的"天然资源，本案中的海龟显然不在此列。对此，上诉机构未予认可，它指出：第 20 条 g 项中的可用竭的天然资源一词，实际上是 50 多年以前创造出来的。条约解释者必须参照国际社会当代所关心的环境保护来解读。乌拉圭回合虽然未对第 20 条做出修改，但《WTO 协定》的序言表明，该协定在 1994 年的签字各方完全了解环境保护作为国内和国际政策的重要性和正当性。《WTO 协定》序言明确认识可持续发展的目标……从写入《WTO 协定》序言的视角来看，上诉机构注意到：第 20 条 g 项里的天然资源这个普通用词，其含义或所指者并不是静止不变的，从定义上说，是演变的。因此，记住如下一点是必要的：现代国际公约和宣言经常把天然资源看作兼指有生命的和无生命的资源……上诉机构认为，在今天仍把 GATT1994 第 20 条 g 项解读为仅指养护可用竭的矿产或无生命资源，未免太落伍了。[②] 此外，上诉机构还运用现代国际条约以及国际法理论就海龟作为一种生物资源的"可用竭性"、美国对海龟资源的管辖权、美国第 609 节与保护可用竭资源的合法性目的之间实质关系等问题做出了有利于美国的裁决。上诉机构认为：美国第 609 节是GATT1994 第 20 条 g 项意义上的、关系养护可用竭的天然资源的一种措施，支持了美国援引该条"例外"的权利。赵维田教授曾对此评价道："上诉裁决报告在第 153 和 155 段里两次提到按 WTO 条约目的与宗旨上的变化，对第 20 条 g 项向环保方向大力倾斜，指出最佳利用世界资源应该按照可持续发展的目标加以实现。这分明是在表明，GATT1994 的第 20 条已不同于

---

① 具体案情请参见赵维田主编《美国——对某些虾及虾制品进口限制措施案》，上海人民出版社，2003，第 984 页。

② 具体案情请参见赵维田主编《美国——对某些虾及虾制品进口限制措施案》，上海人民出版社，2003，第 986~990 页。

GATT1947 的第 20 条，要恰如其分地加大权利与义务中的环保分量，做出向有利于环保倾斜的解释。"①

大量研究表明，稀土作为一种矿产资源具有不可再生性，属于可用竭的自然资源，此次国际社会对中国采取稀土管理措施的敏感程度也充分说明了这一资源的稀缺和珍贵。GATT1994 第 20 条 g 项以及上诉机构在美国—海虾案中展示的司法理念为中国政府的举措提供了 WTO 规则和判例依据。在这里，需说明一下，一些学者认为，中国政府也可援引 GATT1994 第 20 条 b 项（为保护人类、动物或植物的生命或健康所必需的措施）作为实施稀土管理的依据，但由于该项的要求比 g 项的要求严格得多（b 项要求采取的措施是为保护人类、动物或植物的生命或健康所必需，而后者只要求措施与保护可用竭的自然资源有关即可，二者法律要求差别甚大，WTO 专家组和上诉机构已多次重申），援引该项作为合法性依据的风险较大，而 g 项则足以成为中国进行稀土管理的法律依据。

四　中国管理稀土资源应注意的重要原则

通过以上分析，可以看出，中国加强稀土开发、生产和贸易的管理政策遵循了 WTO 可持续发展的宗旨和原则，符合 WTO 规则和司法实践，是中国政府行使贸易管制的正当主权。与此同时，应指出的是，即便如此，中国政府在行使权利的过程中也应注意以下几项原则，否则，仍可能面临违反 WTO 协定的法律风险。

1. GATT1994 第 20 条 "序言" 体现的善意原则

在著名的美国—海虾案中，上诉机构肯定美国 609 节保护海龟这一立法宗旨后，并未就此止步，它揭示 GATT1994 第 20 条 "序言" 体现的善意原则，以此考察第 609 节的具体实施情况，而这最终成为该案的决定性因素。

上诉机构指出："第 20 条序言实际上是善意原则的一种表述方式，这个原则既是法律的一般原则，也是国际法的普遍原则，它制约着国家对权力的行使。这个原则的另一种实施方法，即禁止滥用权利（abus de droit），这是人所共知的。禁止滥用一国的权利，凡所主张的权利侵犯了条约所包含的义务时，责成它必须 "善意"（bona fide）地行使，这就是合理地行使。因此，解释与适用这个序言的任务，实质上是在一个成员方引用第 20

---

① 赵维田：《按 "习惯规则" 解释——WTO 司法机制》，《国际贸易》2001 年第 5 期。

条例外的权利，和其他成员方在 GATT1994 各实体法规定（如第 11 条）的权利之间画一条平衡线，这是一个棘手的问题，即一方的竞争权不能排除另一方的，从而扭曲与剥夺（或减损）成员方们自己在该协定构造的权利与义务的平衡。这条平衡线的位置，如该序言所表示者，并非固定不变，这条线随着措施形态和种类的不同而变动，因特定条件的事实不同而变动。"①

根据"序言"所体现的国际法善意原则，上诉机构全面考察了第 609 节及相关行政指令的执行措施和方法，认为其行政指令实际上是要求 WTO 其他成员采取的管理办法，并非仅仅类似，而是必须和美国捕虾拖网船实行的办法相同。这样，第 609 节实行的结果设定一个严格而僵硬的标准，美国官员据此来决定是否给别国开出证明，从而给予或拒绝给予其他国家对美国出口海虾的权利。② 这就使得美国实行第 609 节的具体措施违反了善意原则，属于第 20 条序言中任意的、无端的歧视手段，而美国在具体实施前并未与相关国家协商，这种单方面性加重了进口禁令的破坏与歧视性影响，加重了它的不讲道理或无端性。③ WTO 上诉机构最终裁决："美国虽有资格引用第 20 条 g 项，但未满足第 20 条序言的要求，因此不符合第 20 条的规定。"④ 最终美国败诉。可见，即便中国政府有权援引 GATT1994 第 20 条作为管理稀土资源的 WTO 规则依据，但在具体实施过程中，必须遵循善意原则，对其他成员方不得采取任意的、无端的歧视性手段，否则仍有可能面临在 WTO 败诉的法律风险。

2. WTO 体制中的"透明度"原则

透明度原则是 GATT/WTO 体制中的一项基本法律原则，对于多边贸易体制的稳定性和可预见性至关重要。WTO 各涵盖协定均对成员方贯彻透明度的义务做出规定。按照普遍理解，WTO 透明原则主要体现为成员方以下几个方面的义务：第一，缔约方应迅速公布与贸易有关的法律、法规、

① 赵维田主编《美国——对某些虾及虾制品进口限制措施案》，上海人民出版社，2003，第 1016 页。
② 赵维田主编《美国——对某些虾及虾制品进口限制措施案》，上海人民出版社，2003，第 1020 页。
③ 赵维田主编《美国——对某些虾及虾制品进口限制措施案》，上海人民出版社，2003，第 1032 页。
④ 赵维田主编《美国——对某些虾及虾制品进口限制措施案》，上海人民出版社，2003，第 1044 页。

司法判决和普遍适用的行政裁定。第二，缔约方应公布与贸易有关的更多的特别信息，尤其是某些非关税壁垒方面的信息应提前公布。同时应预先公布固定配额的细节，如未来特定期限内将允许进口的产品总量或总值以及此种数量和价值可能的变化情况等（GATT 第 13 条第 3 款 b 项）。第三，缔约方应保证设立咨询点、联络点（enquiry points、contact points）作为信息中心，以回答其他缔约方中之利害关系方提出的所有合理询问。第四，缔约方应不加歧视地给予其他缔约方合理时间以对其公布的标准提出书面意见并对这些书面意见和讨论结果予以考虑。

根据以上 WTO 透明度义务，中国政府制定稀土开采、生产和贸易的管理政策和措施时，应在付诸实施之前迅速公布这些政策和措施，并指定专门的咨询机构回答各方就这些政策和措施提出的问题，同时，应听取和考虑利益关系方提出的意见并予以及时、适当的反馈。

3. 管理过程中国内外一视同仁的原则

GATT1994 第 20 条 g 项规定了成员方采取与保护可用竭资源有关的贸易限制措施的权利，但其后半段还有一项很重要的法律要求：如此类措施与限制国内生产或消费的措施一同实施。它要求成员方在采取贸易限制措施的同时，必须也对其国内该可用竭资源的生产或消费行为予以同样限制。如果该项要求没有被满足，则仍可能面临在 WTO 败诉的风险。关于这一点，GATT 时期的专家组在 1991 年第一个金枪鱼案中就已明确提出，WTO 成立后上诉机构在美国—海虾案等案件中又多次重申。

1991 年金枪鱼案专家组特别注意到该项规定中的法律要求，并解释说："只有该生产与消费在一国管辖之内时，该国才能有效地控制一项可用竭天然资源的生产与消费。"（报告第 5. 31 段）上诉机构在美国—海虾案的裁决中指出："在美国汽油案中，我们认为上引第 20 条 g 项的句子'……宜于解读为要求该施加限制的措施，不只是对进口汽油的也是对本国汽油的。在施加限制方面，对可用竭的天然资源的养护而言，要求在施加限制上用手一掰两半'。在本案中，我们需要审查第 609 节对进口海虾所施加的限制是否也施加给了美国捕虾拖网船所捞到的虾。"（上诉机构报告第 143 段）在考察了美国制定濒危物种法的历史后，上诉机构说，"因此我们认为第 609 节是同限制国内捕虾一道实行的，符合第 20 条 g 项要求的措施"。（上诉机构报告第 145 段）

可见，中国在加强稀土资源管理过程中，应采取国内外一视同仁的做法，不仅要采取措施对稀土出口予以限制，而且还要对国内的稀土开采、生产和销售各个环节予以限制。如果在限制出口的同时，对国内的稀土开采、生产和销售放任自流，则违反了第 20 条 g 项中的这一法律要求。

　　以上分析和研究说明，中国依法管理稀土资源的举措是中国政府的主权，符合 WTO 可持续发展的宗旨以及 WTO 规则，一些国家对中国政府这一正当举措的指责是毫无道理的。但与此同时，我们应当充分注意，在具体政策的实施过程中应遵循国际法中的善意原则、WTO 透明度原则并奉行国内外一视同仁的原则，只有这样才能更好地遵循包括 WTO 规则在内的国际法规则，防范法律风险。

第七章

环境议题引发的思考一：
"加入议定书"的定位

在 WTO 法律体系中，"加入议定书"是一类比较特殊的法律文件。不同于 GATT1994 等 WTO 涵盖协定，"加入议定书"是一个国家或单独关税区根据马拉喀什建立 WTO 协定（以下简称《WTO 协定》）第 12 条之规定，为了加入 WTO，就其与 WTO 议定的加入条件同 WTO 谈判达成的国际协定。[①] 可以说，"加入议定书"条款就是新成员与 WTO 议定的加入条件，具体内容包括新成员做出的具体承诺以及专门针对新成员议定的特殊规则。由于议定书条款涉及新成员与 WTO 其他成员的具体权利、义务，对议定书条款的解释和适用关乎相关各方重大贸易利益。

据统计，157 名 WTO 成员中有超过 1/6 的成员属于新加入成员，其中，不乏中国、俄罗斯这样的全球重要贸易体，且申请加入或正谈判加入的新成员仍在增加，这些新成员无一例外均要与 WTO 签订"加入议定书"。[②]

随着 WTO 新成员的不断增加，"加入议定书"的数量持续增长，在 WTO 法律体系中的作用日渐凸显。但是，现有 WTO 规则对"加入议定书"

---

① 通常而言，"加入议定书"不仅包括 WTO 部长会议批准的"加入议定书"本身，还包括为新成员加入而设置的 WTO 工作组做出的《工作组报告》（Working Party Report）的部分内容，一般以"加入议定书"援引（Reference）的方式与"加入议定书"一道成为《WTO 协定》的组成部分。例如，《中华人民共和国加入议定书》第 2 条就规定："本议定书，包括工作组报告书第 342 段所指的承诺，应成为《WTO 协定》的组成部分。"见《中国加入世界贸易组织法律文件》，对外贸易经济合作部世界贸易组织司译，法律出版社，2002，第 2 页。不只是中国，越南、沙特阿拉伯、俄罗斯等新近加入 WTO 的成员方均在"加入议定书"中援引了《工作组报告》中的某些内容，构成了适用于上述成员方的《WTO 协定》的组成部分。

② 截至 2012 年 8 月，WTO 共有正式成员 157 个，其中 29 个属于 WTO 成立后加入的新成员。

法律定位过于笼统、原则，特别是对议定书与 WTO 涵盖协定之间的关系这一核心问题未予明确，争端解决机构对"中国—原材料案"等具体案件做出的相关裁决又将新成员置于不利地位，这就引发了各方围绕议定书法律定位的广泛争议。议定书本身含有大量"超 WTO 义务"（WTO Plus），早就使新成员不堪重负，争端解决机构在涉及议定书条款问题上对新成员做出的不利裁决，对这些新成员来说则意味着雪上加霜，导致许多新成员以及国际法学者对 WTO 多边贸易体制的公平性、平等性以及"非歧视"原则究竟能否惠及 WTO 全体成员方提出严重质疑。[①]

为了维护多边贸易体制的完整性、稳定性和可预见性，WTO 应当根据公认的国际法原则、WTO 的法律原则，本着有利于建立多边贸易体制的目标和宗旨，尽快、彻底地解决"加入议定书"在 WTO 体系中的法律定位问题。从目前各成员间的贸易摩擦和争端解决实践来看，解决议定书定位问题的核心或者关键在于，从法律上澄清"加入议定书"与 WTO 现有涵盖协定之间的关系。

第一节　"入门费"与模糊定位

与 GATT 时期相比，WTO 成立后新成员加入的条件，无论是其内容还是性质均发生了根本性改变。在 GATT 时期，如果想成为 GATT 缔约方，尽管也要与 GATT 缔约方谈判并议定条件，但加入条件主要包含两部分内容，

---

① 2012 年，对"中国—原材料案"，专家组认为，由于中国政府在《中华人民共和国加入议定书》第 11.3 条中承诺取消出口税，且该条未能链接、援引 GATT1994，因此，中国无权引用GATT1994 第 20 条作为因保护环境而限制原材料出口的抗辩依据，上诉机构支持了专家组该裁决。See Appellate Body Report, *China – Measures Related to the Exportation of Various Raw Materials* (*China – Raw Materials*), WT/DS394/AB/R, WT/DS395/AB/R, WT/DS398/AB/R, adopted 22 February 2012; Panel Report, *China – Measures Related to the Exportation of Various Raw Materials* (*China – Raw Materials*), WT/DS394/R and Corr. 1, WT/DS395/R and Corr. 1, WT/DS398/R and Corr. 1, adopted 22 February 2012 as modified by Appellate Body Report (WT/DS394/AB/R, WT/DS395/AB/R, WT/DS398/AB/R)。上述裁决极具争议，参见 Elisa Baroncini, *The China – Rare Earths WTO Dispute: A Precious Chance to Revise the China – Raw Materials Conclusions on the Applicability of GATT Article XX to China's WTO Accession Protocol*, Cuadernos de Derecho Transnacional (October 2012), Vol. 4, No 2, pp. 49 – 51, 又见刘敬东《GATT1994 第 20 条的权利性质分析——对 WTO 上诉机构相关裁决的思考》，《北方法学》2013 年第 1 期。

即新缔约方遵守 GATT 全部条款的承诺以及关税减让的清单。当时，GATT 只是对波兰、罗马尼亚和匈牙利等实行"非市场经济"的社会主义国家提出了一些更严格的条件，但这些条件并未偏离 GATT 条款及其规则本身。①但到了 WTO 时代，准入的门槛却大幅提升，新成员无论实施何种经济制度、无论属于哪个地区、无论经济发展程度如何，与 GATT 时期相对而言，新成员加入条件都变得极为苛刻，这是 GATT/WTO 体制在 WTO 成立后发生的一个重要变化。

由于新成员加入需得到全体缔约方的同意（虽然《WTO 协定》第 12 条规定 2/3 成员同意即可，但实际上 WTO 还是以协商一致方式做出接受新成员加入的决定），在一对一的谈判中，原始成员方往往迫使新成员做出巨大让步，新成员被迫做出对自身明显不利的承诺，相当一部分超出了 WTO 原有成员方做出的承诺范围，成为"超 WTO 义务"承诺，甚至一些为 WTO 规则所禁止的内容成为"加入议定书"的正式条款。中国签订的"加入议定书"就是明显例证，其做出的承诺，无论从数量上，还是范围上，以及游离于 WTO 规则的程度上，均可谓史无前例。②其他一些新成员，如俄罗斯、越南、沙特阿拉伯、约旦等签订的"入世议定书"也不同程度地存在类似情况。目前看来，为了加入 WTO，新成员为其他 WTO 成员所迫，签订含有大量不利于己方的"超 WTO 义务"的"加入议定书"已成 WTO 一种普遍现象。很大程度上，新成员入世已演变为 WTO 原始成员方运用自身实力和地位攫取利益（甚至政治利益）的有效工具。③人们意识到，新成员必须付出高昂的代价（有人形象地称之为 WTO 的"入门费"）才能加入 WTO，这在全球性国际组织中是绝无仅有的。

议定书中"超 WTO 义务"条款以及针对新成员议定的特殊规则的大量涌现，不仅造成新、老成员之间权利、义务的不平衡，而且催生了 WTO 法律体制内规则适用的"双轨制"甚至"多轨制"，形成了对新成员法律适用

---

① Yamaoka, Tokio. "Analysis of China's Accession Commitments in the WTO: New Taxonomy of More and Less Stringent Commitments, and the Struggle for Mitigation by China", *Journal of World Trade* 47, No. 1 (2013): pp. 113 – 114.

② Mitali Tyag said, "The Chinese AP broke new ground, although not entirely without precedent, with the breadth and depth of modifications of the legal framework of the WTO." Mitali Tyagi, "Flesh on A Legal Fiction: Early Practice in the WTO Accession Protocol," *Journal of International al Ecomomic Law* 15 (2), p. 395.

③ 在俄罗斯入世谈判过程中，与之有领土纠纷的格鲁吉亚甚至提出了许多政治性条件。

上的一种歧视。因议定书条款导致的 WTO 规则适用的不统一现象越来越多,长此以往,必将导致 WTO 法律的"碎片化",严重破坏 WTO 法律制度的完整性。随着新成员与其他成员间贸易摩擦和争端的频发,由议定书引发的这种 WTO 体制性弊端已经十分明显。①

除了"加入议定书"含有的大量"超 WTO 义务"条款以及特殊规则造成 WTO 规则适用上的不统一外,WTO 本身对议定书定位的模糊,更加剧了 WTO 规则适用的"碎片化"和混乱局面。

关于"加入议定书"定位,现有两份 WTO 法律文件的相关条款涉及,即①《WTO 协定》中的第 12 条规定;②WTO 秘书处确认为"加入议定书"普遍性条款中的格式条款。

其中,《WTO 协定》第 12 条规定:"任何国家或在对外贸易关系及本协定和多边贸易协定规定的其他事项方面享有充分自治的单独关税区,可按它与 WTO 议定的条件加入本项。此加入适用于本协定及所附多边贸易协定。"从性质上说,"加入议定书"就是该成员在加入 WTO 时与 WTO"议定的条件"。

此外,2005 年 WTO 秘书处确认,以下条款为"加入议定书"的"标准条款"(Standard Protocol),新成员签订的"加入议定书"均含这一标准条款:

"本议定书,包括工作组报告第 XX 段所指的承诺,应成为《WTO 协定》的一部分(shall be an integral part of the WTO agreement)。"②

尽管这一"标准条款"并非 WTO 协定条款,但由于它已成为"加入议定书"中的必备条款,因此,其法律效力毋庸置疑。根据这一"标准条款"规定,"加入议定书"是《WTO 协定》的组成部分。

由此可见,在 WTO 看来,新成员签订的"加入议定书"是其与 WTO"议定的条件",同时,它属于《WTO 协定》的一部分。但对于议定书与 WTO 涵盖协定(如 GATT1994、GATS、《反倾销协定》、《补贴与反补贴措

① 原始成员方之间关系适用 WTO 建立时的涵盖协定条款,原始成员方与新成员之间适用"加入议定书"条款。随着更多新成员的加入,已经加入的新成员成为老成员,它们与更新成员之间适用的是更新的"加入议定书"条款。这就是法律适用上的"双轨制"或"多轨制"。

② The Standard Protocol appears on page 42 of "Technical Note on the Accession Process", *Note by the Secretariat*,WT/ACC/10/Rev. 3(28 November 2005)〔hereinafter "Secretariat Note"〕.

施协定》等）之间的关系这个核心问题，WTO 没有明确、具体的规定，单从以上两个对议定书的原则性规定，也很难推导出有说服力的答案，这就为涉及议定书条款的争端解决带来巨大麻烦。

由于缺乏明确而具体的定位，在涉及"加入议定书"与 WTO 涵盖协定条款之间关系的问题上，争端解决机构曾试图以消极态度回避解决此问题，在无法回避的情形下，又被迫选择以条约解释的方式加以解决，期望取得良好效果，但循此路径做出的最终裁决却适得其反，不但未能彻底解决这一棘手问题，反而备受各方批评和指责。[①]

大量带有"歧视性"色彩的"超 WTO 义务"条款和特殊性规则原本就加重了新成员的负担，WTO 对"加入议定书"的模糊定位又导致争端解决机构裁决明显不利于新成员，这使得新成员方积怨更深，对 WTO 法律体制的权威性产生严重质疑。

第二节　"加入议定书"：新的涵盖协定？

目前 WTO 对"加入议定书"的定位，即"与 WTO 议定的条件"与"成为《WTO 协定》的组成部分"两句话，前者说明"加入议定书"的内容是什么，后者解决的是"加入议定书"在 WTO 中的法律效力问题（作为《WTO 协定》的组成部分，"加入议定书"对于新成员与 WTO 原有成员均具有拘束力）。那么，在 WTO 体制中，特别是在其与 WTO 涵盖协定的关系上，议定书是附属于 WTO 各涵盖协定的一个附件？还是一个独立于其他涵盖协定的新协定？它对于 WTO 涵盖协定是否构成"修订"？或仅仅是针对每一个新成员的具体情况就 WTO 涵盖协定中的普遍性规则做出的特殊安排？只有清楚地回答上述问题，才能彻底解决"加入议定书"在 WTO 法制中的定位问题。

从争端解决机构判例中，可以看出该机构对于上述问题的基本观点。

---

① 近年来，国际法专家曾发表许多文章质疑 WTO 对"中国—汽车零部件案""中国—原材料案"中有关加入议定书与 WTO 涵盖协定之间关系问题做出的裁决。例如，Matthew Kennedy，"The Integration of Accession Protocols into the WTO Agreement"，*Journal of World Trade* 47，No. 1（2013），Mitali Tyagi，"Flesh on a legal fiction：Early practice in the WTO Accession Protocol"，*Journal of International Ecomomic Law* 15（2）。

迄今为止，WTO 争端解决机构在两个涉及中国"加入议定书"条款的案件中做出裁决，一个就是"中国—出版物和音像制品案"，另一个就是引发广泛争议的"中国—原材料案"。

在"中国—出版物和音像制品案"中，中国曾援引 GATT1994 第 20 条，作为豁免其"加入议定书"第 5.1 条涉及贸易权的协定义务的依据。由于涉及议定书与 WTO 涵盖协定关系这一敏感问题，一开始，上诉机构试图回避这个问题的态度十分明显，但为了做出裁决，它选择以条约解释的方式解决问题：上诉机构"在进行分析时，并未讨论在 WTO 协定体制内，中国'加入议定书'与 GATT1994 条款之间的体制性关系，反而将分析的重点放在了'加入议定书'相关条款的解释上，包括考察涉及的条款文字含义、上下文以及'加入议定书'的整体架构等"。① 面对议定书引发的争议，在 WTO 缺乏明确、具体规定的情形下，争端解决机构选择以条约解释的方法寻求对具体事项做出裁决的法律依据。

在该案中，中方认为，"加入议定书"第 5 条开宗明义规定"在不损害中国以符合《WTO 协定》的方式管理贸易的权利的情况下……"而且，议定书第 6.1 条也存在类似的用语，显然，"'WTO Agreement'指的是包含于《WTO 协定》中并成为其组成部分的所有协定，只有这种解释才能确保源于'加入议定书'的中国与其他 WTO 成员方之间的权利平衡"。因此，中方主张，作为 GATT1994 具体条款的 GATT 第 20 条应适用于与"加入议定书"条款相关的争议。对此，美国等申诉方、第三方表示反对，认为 GATT 第 20 条与"加入议定书"之间的关系存在着一个广泛的体制性植入（import）的问题，而第 20 条仅适用于 GATT 协定本身，由于该条未被"体制性植入"中国的"加入议定书"中，因此，中方无权援引 GATT 第 20 条作为因议定书条款引发争议的抗辩依据。上诉机构运用条约解释的方法做出推理，最终支持了中方观点，理由是"加入议定书"第 5 条和第 6 条中的用语表述意味着，GATT1994 第 20 条抗辩已被包含于"加入议定书"中，议定书通过这种援引的方式，将该条纳入"加入议定书"，构成了中国加入 WTO 承诺的一部分。因此，中方有权援引 GATT 第 20 条作为抗辩依据。②

上诉机构在"中国—出版物和音像制品案"中选择这种回避议定书与

---

① Reports of the Panel, China – Raw Materials, para. 7. 117.
② Reports of the Panel, China – AV, paras4. 434 – 35, 7. 739, 5. 9 – 5. 10, 5. 27.

涵盖协定体制性关系问题、以条约解释的方式处理所涉议定书争端的做法，因最终支持了中国作为新成员的合法权利，并未曾引发风波，但这一做法却为解决日后发生的"中国—原材料案"争端埋下了法律上的巨大隐患。

在随后发生的"中国—原材料案"中，专家组遵循上诉机构依赖条约解释规则解决议定书与涵盖协定之间关系的方法，做出了不利于中国这个新成员的裁决，从而引起轩然大波。

该案的专家组指出，与前案涉及的第 5.1 条不同，"加入议定书"第 11.3 条缺乏援引 GATT 第 20 条或 GATT 条款的明确规定，也未包含类似"加入议定书"第 5.1 条那样的引言，因此，GATT 第 20 条的抗辩并未被植入第 11.3 条中，中国无权引用该条作为抗辩依据。①

在专家组看来，第 11.3 条"对用词的精心选择以及该条款缺少对 WTO 协定或者 GATT1994 普遍性适用的用语，这就告诉我们，WTO 成员和中国无意将符合 GATT1994 第 20 条规定的抗辩依据引入第 11.3 条"。② 它进一步指出，"在没有明确规定或授权的情况下，如果允许中国适用这样的例外将改变中国《加入议定书》的内容以及谈判过程中达成的谨慎的平衡（careful balance），这无疑会损害国际贸易体制的可预见性和法律上的稳定性"。③ 对于专家组的这一结论，上诉机构予以支持。

对待议定书条款，该案专家组运用了"谨慎的平衡"这一法律词汇，上诉机构也未予推翻，因此，从这一用语，我们可以分析出争端解决机构对议定书定位认识的基本观点和立场。

从法律理论上讲，"平衡"一词说明，议定书条款是新成员与 WTO 其他成员方之间达成的新的权利、义务平衡。可见，在专家组、上诉机构看来，议定书条款是新老成员谈判达成的"平衡"的结果，是一种与 WTO 现有涵盖协定无关的、新的、成员方之间的权利义务关系。④ 这种"新平衡论"观点的实质，是将"加入议定书"置于与 WTO 各涵盖协定完全平等的独立的新协定地位。这无疑意味着，当在新成员与原有成员之间发生争端

---

① Panel Reports, *China – Measures Related to the Exportation of Various Raw Materials*, WT/DS394/R/WT/DS395/R/WT/DS398, (Panel Reports), para. 7. 124, para. 7. 126 – 7. 129.

② Panel report, *China – Raw materials*, para. 7. 129.

③ Panel report, *China – Raw materials*, para. 7. 159.

④ Matthew Kennedy, "The Integration of Accession Protocols into the WTO Agreement", *Journal of World Trade* 47, No. 1 (2013): p. 45.

时，争端解决机构适用的应是"新的协定"——"加入议定书"条款，只有议定书条款明确提到 WTO 涵盖协定条款时，才可以适用这些涵盖协定条款。简言之，按照这一观点和逻辑，在新成员与 WTO 其他成员之间的关系上，议定书条款应优先适用，WTO 涵盖协定中的普遍性规则反而成为适用规则的例外。

"一石激起千层浪"，上述裁决一经公布不仅遭到当事方中国的强烈反对，争端解决机构这种实质上将"加入议定书"置于 WTO 涵盖协定之外，视其为一个新的、独立协定的立场招致国际法学界严重质疑。

欧洲学者巴隆西尼指出，上诉机构在"中国—原材料案"中做出的解释，已造成一系列严重后果。他认为，首先，按照上诉机构的逻辑，属于"超 WTO 义务的"取消出口税义务不能通过 GATT 的公共政策例外得以豁免，而这一政策给予成员方为了保护非贸易利益可采取甚至违反 WTO 支柱原则的最惠国待遇、国民待遇的国内措施，这显然是不合理的逻辑；其次，这一做法给已支付高额"入门费"的中国平添更为沉重的负担，同时，也引发 WTO 司法中严重的体制性问题；最后，由于议定书中许多"超 WTO义务"很难在未来被修正，上诉机构做法无疑使得"超 WTO 义务"这一不对称现象恶化。[①]

另一位学者肯尼迪教授认为，专家组、上诉机构把"加入议定书"只当成是《WTO 协定》本身的一部分的观点显然是错误的，《WTO 协定》与WTO 涵盖协定是一个整体，作为《WTO 协定》一部分的"加入议定书"，毫无疑问是包括全部附件在内的《WTO 协定》的"一部分"，换句话说，它们完全是一个文件体系，否则，很难解释为什么新成员不必一一加入WTO 涵盖协定，而这些协定自其加入时起即对其生效。在他看来，议定书不是一个单独的协定，而是 WTO 规则针对每一个新成员的具体化和特殊性规定，无论议定书是否援引 GATT1994 条款，GATT 全部条款均适用于新成员。[②] 至于议定书有的条款未提及 GATT，是因为这些条款属于并未包含在现有涵盖协定条款中的新 WTO 义务，即便如此，这些条款也要与 WTO 涵盖协

①　Elisa Baroncini，*"The China - Rare Earths* WTO Dispute：A Precious Chance to Revise the *China - Raw Materials* Conclusions on the Applicability of GATT Article XX to China's WTO Accession Protocol"，Cuadernos de Derecho Transnacional（Octubre 2012），Vol. 4，No 2，pp. 58 - 59.

②　Matthew Kennedy，"The Integration of Accession Protocols into the WTO Agreement"，*Journal of World Trade* 47，No. 1（2013）：pp. 64 - 66.

定共同解读，而不是视其为新的、独立的 WTO 规则。[1]

专家组、上诉机构在"中国—原材料案"中提出的"新平衡论"将"加入议定书"视作 WTO 新的涵盖协定，这一定位不仅不符合 WTO 的法理，而且对新成员极为不公平。不仅如此，在 WTO 体制中，争端解决机构是否有权处理议定书在 WTO 规则中定位这样的重大问题，这本身就是疑问。[2] 因为，从争端解决机构获得的授权来看，"加入议定书"并未明确包含在 DSU 第一条规定的争端解决机制"范围和适用"之中。反倒是《WTO协定》第 9.2 条规定，对该协定以及多边贸易协定做解释的权力属于部长会议和总理事会。"加入议定书"属于《WTO 协定》的一部分，根据第 9.2 条规定，对其进行解释的权力应不属于争端解决机构，而属于部长会议和总理事会的职权范围。

争端解决机构解释"加入议定书"缺乏法律依据，有越权之嫌。不仅如此，"加入议定书"关乎新成员在 WTO 中的基本权利和义务，对于这样重大的问题，仅凭争端解决机构运用条约解释的方法来解决显然不合适。实际上，争端解决机构在"中国—原材料案"中对议定书条款做出裁决已经严重损害了中国作为新成员加入 WTO 的可预期利益，对中国来说是极不公平的。

第三节　"加入议定书"定位的基本思路

笔者在研究、分析 WTO"加入议定书"的历史轨迹、基本性质以及

---

[1]　Matthew Kennedy, "The Integration of Accession Protocols into the WTO Agreement", *Journal of World Trade* 47, No. 1 (2013): p. 75.

[2]　米塔里·提亚吉教授（Mitali Tyagi）对 WTO 争端解决机构对这个问题是否有权做出裁决提出严重质疑，参见 Mitali Tyagi, "Flesh on A Legal Fiction: Early Practice in the WTO Accession Protocol", *Journal of International Ecomomic Law* 15 (2), p. 398。查诺维茨教授也曾指出："在得出议定书这类文件在 DSU 中是可执行的结论之前，必须考虑 WTO 部长会议有权与其他国际法主体（如联合国）达成协定而且通过共同同意运用 DSB 解决（因该协定）引发的争端这一说法造成的后果。在我看来，对 WTO 司法最为重要的是，以不产生 WTO 意想不到的负面后果的方式来判断议定书的可执行性。" Steve Charnovitz, "Mapping the Law of Wto-accession", p. 79, *The George Washington University Law School Public Law And Legal Theory Working Paper No.* 237, *Legal Studies Research Paper No.* 237. This article is posted on SSRN with the approval of Juris Publishing.

WTO 规则的基础上，认为解决议定书在 WTO 法律体系中的定位问题，应确立以下基本思路：充分尊重多边贸易体制的目标和宗旨，遵循 WTO 法律原则、规则以及国际法基本原则，将议定书置于 WTO 法律制度的整体框架内，在此基础上，妥善处理议定书与《WTO 协定》及其附件之间的法律关系，保障新成员方应享有的 WTO 普遍性权利。

从程序和职权上应当明确，按照《WTO 协定》有关职权分配条款，对于解决议定书定位这一重大问题，WTO 部长会议和总理事会负有义不容辞的责任，也是它们的法定权力，争端解决机构无权对这样一个涉及成员方根本利益的问题做出司法裁决。

事实上，WTO 总理事会已经在行使这一权力。在新成员申请加入 WTO 并与成员方开展谈判过程中，总理事会对议定书中存在的严重"超 WTO 义务"的问题早有警觉，并为此于 2002 年通过了最不发达国家加入指南的决议，强调指出，WTO 协定中规定的特殊及优惠待遇应适用于最不发达国家，并要求 WTO 成员在寻求这些国家做出货物和服务贸易减让和承诺时保持克制。[①] 尽管这一决议针对的是最不发达国家，但总理事会欲扭转新成员入世谈判中出现的不正常情况的决心可见一斑。不仅如此，WTO 秘书处还出台了《〈WTO 协定〉第 12 条之下的谈判程序》和四个技术性文件作为新成员入世谈判的指南，这无疑也是为规范新成员"加入议定书"谈判做出的努力。[②] 在当前因议定书条款引发的争端不断增多的情形下，WTO 部长会议和总理事会理应行使《WTO 协定》第 9.2 条赋予的权力，通过相关决议，彻底解决议定书的法律定位问题，为争端解决机构裁决与议定书相关的争端提供充分法律依据。

需要指出的是，尽管"加入议定书"的定位问题须经部长会议和总理

---

① WTO document, *Accession of Least – Developed Countries*, Decision of 10 December 2002, WT/L/508, Jan. 20, 2003.

② Note by the Secretariat, Accession to the World Trade Organization – Procedures for Negotiations under Art. XII –, WT/ACC/1, Mar. 24, 1995. Notes by the Secretariat, Accession to the World Trade Organization – Information to be Provided on Domestic Support and Export Subsidies in Agriculture –, WT/ACC/4, Mar. 18, 1996. Accession to the World Trade Organization – Information to be Provided on Policy Measures Affecting Trade in Services –, WT/ACC/5, Oct. 31, 1996. Accession to the World Trade Organization – Checklist of Illustrative SPS and TBT Issues for Consideration in Accessions –, WT/ACC/8, Nov. 15, 1999. Accession to the World Trade Organization – Implementation of the WTO Agreement on TRIPS –, WT/ACC/9, Nov. 15, 1999 and corr. 1, Feb. 16, 2001.

事会解决，但这丝毫不影响它应具备的法律效力，定位问题只是在明确议定书在 WTO 中对各方均具有拘束力的前提下解决议定书适用过程中的具体问题，或称技术性问题，解决这一问题的目的是为了更公平地适用议定书条款，并非否定它的法律效力。作为一项国际协定以及《WTO 协定》的组成部分，对"加入议定书"条款，各方均应善意履行，欲以违反公平原则等理由推翻或主张重新修订议定书条款不仅违反"禁止反言"这一公认的国际法原则，而且，也不可能真正实现。应当强调的是，尽管包含大量严重"歧视性"的"超 WTO 义务"，但"加入议定书"在 WTO 中的法律效力是不容置疑的。

在明确这一前提后，笔者认为，在解决议定书定位问题时，应确立以下几项基本规则。

第一，对全体成员方一视同仁地适用 WTO 普遍性规则应作为一项基本原则，但议定书另有规定或新成员明确承诺不适用普遍性规则的情形除外。

主权平等是现代国际法重要原则，尽管 WTO 成员方除主权国家外还包括单独关税区，但在贸易权方面，WTO 成员方地位是平等的，不应有高低之分，也不存在加入国际组织的先后之别，这是处理议定书与《WTO 协定》及其附件关系时首先应当明确的。在解决成员方贸易争端时，国际法主权平等原则无疑具有最高指导意义，WTO 普遍性规则应平等地适用于全体成员方，无论是新成员还是老成员，不能以议定书的特殊性为由人为地在成员方之间制造或扩大不平等。因此，对 WTO 全体成员方平等地适用 WTO 普遍性规则应成为一项基本原则。

与此同时，还应尊重并适用议定书中的特殊约定，但这只能作为平等适用 WTO 普遍性原则的例外情形。

条约必须信守是国际法重要原则，尽管议定书中的"超 WTO 义务"条款带有明显的歧视性，但这是主权国家之间达成的国际协定条款，是新成员行使主权、自愿承担的义务，理应尊重并履行，不应以不公平或带有歧视性为由拒不履行。因此，如果议定书对某些事项另有规定，或新成员明确承诺不适用普遍性规则，就应遵守这些具体规定和承诺，这样做符合"特殊法优于一般法"的法律适用原则，对于保持 WTO 的稳定性、可预见性同样重要。

此外，对于那些议定书未明确排除适用 WTO 普遍性规则或规定模糊不清的情况，应当在尊重 WTO 宗旨和原则的前提下予以解读和适用。这是国际法主权平等原则、WTO 不歧视原则，以及建立统一、完整的多边贸易体制这一宗旨所决定的。

《WTO 协定》在序言部分明确了可持续发展、保证发展中国家在国家贸易增长中获得与其经济发展需要相当的份额，达成互利互惠安排，实质性削减关税和其他贸易壁垒，消除国际贸易关系的歧视性待遇等目标和宗旨。解读和适用议定书条款必须遵循以上目标和宗旨，不应与这些目标和宗旨相冲突。

根据以上 WTO 的目标和宗旨，争端解决机构在涉及中国"加入议定书"争议时做出的裁决并不成立。例如，如果按照 WTO 可持续发展的目标和宗旨，考察 GATT 第 20 条"一般例外"能否适用于"加入议定书"的问题，就很容易得出与争端解决机构相反的结论。

"一般例外"条款的核心是，豁免成员方为保护人类生命健康以及保护可用竭资源等目的而采取违反 WTO 规则或其所做承诺的贸易限制措施，在 WTO 体制尚无具体环境规则的情形下，该条款是 WTO 成员方可资援引以实现环境保护目的的重要协定条款。很难想象，仅凭议定书条款未能援引 GATT 第 20 条就可以置 WTO 确立的可持续发展这一重要宗旨而不顾，证明新成员无权引用该条款作为抗辩依据。

应当指出，当议定书条款未明确排除适用 WTO 普遍性规则或规定模糊不清的情形出现时，国际法中的平等原则以及 WTO"不歧视原则"对于解读议定书条款就具有特别指导意义。

国际法中主权平等原则与 WTO"不歧视原则"要求，在议定书未明确排除适用 WTO 普遍性规则或规定模糊不清时，应适用《WTO 协定》及其附件的普遍性条款，只有这样，才能真正体现成员方之间平等和"不歧视原则"。换句话说就是对于这类条款的解读不应局限于条约解释规则，出发点和归宿均应是平等及"不歧视原则"，所得出的结论不能令新成员丧失 WTO 成员普遍享有的权利，从而形成对新成员的新的"歧视"。优先适用 WTO 普遍性规则不仅符合国际法平等原则与 WTO"不歧视原则"，而且也符合《维也纳条约法公约》第 31 条"参照条约的目的和宗旨"的解释规则，对议定书这一特殊法律文件以及暴露出的体制性问题来讲，"参照条约的目的和宗旨"的解释规则显得尤为重要。

遵循以上规则解读议定书条款，不但不减损议定书新成员做出的具体承诺，而且还会使包括新老成员在内的 WTO 成员应享有的普遍性权利得到保障，从而逐步减小大量"超 WTO 义务"给多边贸易体制带来的消极影响，避免 WTO 法碎片化日益严重现象，维护 WTO 规则体系的统一性和完整性。①

第二，"加入议定书"的国际法性质要求其必须服从、服务于《WTO 协定》及其附件，并同其一道解读和适用。

按照权威国际法学家的解释，议定书常用作一个主条约的辅助文件，以补充、说明、解释或改变主条约的规定。这种附属文件是广义条约的一种，而且也是主条约的一个组成部分。② 当然，每一个议定书产生的具体效果，要依靠该主条约的相关条款以及议定书的内容而确定。

根据 WTO "加入议定书"的国际法性质及其内容，可以认为，在 WTO 法律体系中，"加入议定书"是《WTO 协定》及其附件的辅助文件，是其中的组成部分，绝非独立于《WTO 协定》及其附件的新协定，其功能只能限于补充、说明、解释或改变主条约规定这一范围，不具有彻底改变，甚至推翻主条约的基本原则和基本权利、义务的功效。议定书条款无论是补充、说明、解释还是改变主条约条款，它在 WTO 体制中都不能自成一体，必须与《WTO 协定》及其附件一同解读和适用。

那么，具体而言，在 WTO 语境下，"加入议定书"是对《WTO 协定》这一主条约的补充、说明、解释还是改变？

有学者从议定书存在大量"超 WTO 义务"的角度分析，认为"加入议定书"是对《WTO 协定》及其附件条款的一种修订（amendment），例如，埃勒曼、洛塔尔·艾林等就断定"加入议定书""是对《WTO 协定》的一种修订，这种修订使得该协定可以覆盖更多的国际法议题"。"从法律上讲，通过成为《WTO 协定》的一部分，标准的议定书修订了该协定。"③ 这个观点与 WTO 争端解决机构在"中国—原材料"案中的观点（新平衡论）类似。

另一些学者则持反对意见，否认议定书具有修订主条约的功效。例如，

---

① "加入议定书"的大量出现已使得 WTO 规则"碎片化"现象日益严重，see Yamaoka, Tokio. "Analysis of China's Accession Commitments in the WTO: New Taxonomy of More and Less Stringent Commitments, and the Struggle for Mitigation by China." *Journal of World Trade* 47, No. 1 (2013): 113 – 114。

② 李浩培：《条约法概论》，法律出版社，1988，第 27 页。

③ Claus – Dieter Ehlermann & Lothar Ehring, Decision – Making in the World Trade Organization, 8 *J. INT' L ECON. L.* 51, 57 (2005).

查诺维茨教授就认为，"入世议定书"至多是对《WTO 协定》及其附件条款的一种"调整"（modify），而并非对该协定条款的"修订"。①

从 GATT 时期开始，新缔约方加入文件就运用了"加入议定书"这一名称，由于那时议定书只是重申对 GATT 义务的承诺和具体减让，并没有"超 GATT 义务"内容，因此，没有人认为议定书是对 GATT 本身的修订。WTO 时期沿用了 GATT 做法，仍将新成员加入文件称为"加入议定书"，却增加了大量"超 WTO 义务"条款，甚至有些承诺超出了 WTO 规则范围，这些"超 WTO 义务"和超范围承诺仍然不具有修订《WTO 协定》及其附件条款的效果，原因在于以下几个方面。

首先，"加入议定书"的法律依据不同于 WTO 规则修订的法律依据，议定书不可能产生修订的法律效果。

《WTO 协定》第 10 条对于条款修订规定了一套极为严格程序和规则。例如，2005 年 WTO 总理事会协商一致通过对 TRIPS 相关条款修订案，并依据第 10 条规定提交全体成员方通过。而"加入议定书"依据的是《WTO 协定》第 12 条，就其内容来说，仅是新成员与 WTO "议定的条件"，不可能产生修订 WTO 规则的法律效果。从"议定的条件"这一根本性质来看，它更像是对《WTO 协定》及其附件条款的一种"调整"，是针对具体国家、具体事项，在 WTO 规则某些领域，对 WTO 相关规则的调整适用。因此，准确地说，"加入议定书"对 WTO 涵盖协定条款做出事实上的调整和改变，仅是针对每一名新成员的具体情况而对 WTO 普遍性规则做出的特殊性适用。

例如，中国"加入议定书"规定了专门针对中国的"特殊保障措施"，与《保障措施协定》不针对某一特定国家的原则相背离，但这只是适用《保障措施协定》规则时的特例和暂时调整，并非产生修订《保障措施协定》条款的法律效果。所谓"非市场经济地位"条款等其他"超 WTO 义务"也是如此。

其次，如果将议定书视为对 WTO 规则的修订将严重分裂多边贸易体制，对该体制产生极大破坏性作用。

---

① Steve Charnovitz, "Mapping the Law of Wtoaccession", pp. 44 – 45, *The George Washington University Law School Public Law And Legal Theory Working Paper No. 237*, *Legal Studies Research Paper No. 237*. This article is posted on SSRN with the approval of Juris Publishing.

将议定书视为对《WTO 协定》及其附件条款的修订，意味着原条款不再适用于新成员，这不仅违反了 WTO "不歧视原则"，而且还会对多边贸易体制的完整性、统一性产生破坏甚至毁灭性影响。

1994 年 4 月为建立 WTO 而发表的马拉喀什宣言向世界宣示了建立 WTO 的历史意义："WTO 的建立开创了全球经济合作的新纪元，反映了各国为其人民的利益和幸福而在更加公平和开放的多边贸易体制中运作的普遍愿望。"《WTO 协定》序言更是将 WTO 体制定义为"一个完整的、更可行的和持久的多边贸易体制"。这就要求，WTO 所确立的法律制度必须为这样的目标服务。

如果新成员签订"加入议定书"后，就只能依据议定书处理与其他 WTO 成员的关系，不能享有《WTO 协定》及其附件中的权利，这显然不符合人们对多边贸易体制"更加公平和开放"的普遍愿望。不仅如此，随着议定书数量的增加，各类不同的议定书条款不断增多，完全脱离《WTO 协定》及其附件来适用议定书条款，就会造成 WTO 规则适用的"双轨制""多轨制"这样的混乱局面：原始成员之间适用《WTO 协定》及其附件，原始成员与新成员之间适用议定书，新成员变成"老成员"后与更新的成员之间适用更新的议定书，等等。长此以往，这种规则的"碎片化"将造成 WTO 成员关系和法律体制的严重分裂，"一个完整的、更可行的和持久的多边贸易体制"将荡然无存。

第三，对于 WTO 普遍性规则未包含、议定书确有规定的特殊事项，应当首先从该事项性质上将其归入 WTO 具体涵盖协定，并根据归类情况分别适用相关涵盖协定中的普遍性规则。

"加入议定书"不具有修订《WTO 协定》及其附件的功能，它只是《WTO 协定》及其附件条款的具体化或适用中的个别调整或特殊性的适用。在解决 WTO 贸易争端时，对新成员适用 WTO 普遍性规则应成为原则，适用议定书条款是特殊情况或者例外。但人们注意到，"加入议定书"中时常含有一些 WTO 涵盖协定所未包括的事项，例如，中国在加入议定书第 11.3 条中做出的"取消出口税"承诺，GATT1994 中并没有相应条款予以规制，那么，对于此类承诺事项，是否就可以完全抛开 GATT1994 而独立解读和适用呢？答案应当是否定的。原因在于，尽管此类事项并未包含于 WTO 涵盖协定规定的普遍性规则中，但其出处或来源仍未脱离 WTO 涵盖协定所调整的范围，WTO 体制中的基本法律原则对其仍适用，这是 WTO 作为一个国际组织和完整法律体系所要求的。很难想象，"加入议定书"中出现那种完全脱离 WTO 规则调整范围、与 WTO 所有涵盖协定均无关的事项，如果出现这种情况，WTO 就有越权之嫌，争端解决机构裁决这些事项就将触犯《关于争端解决规则与程序的谅解》规定的"高压线"——第 3 条："争端解决机制的建议和裁决不能增加或减少适用协定所规定的权利和义务。"

合理的做法是，对于那些《WTO 协定》及其附件没有规定，但议定书确有规定的事项，应当首先确定该事项的性质，即明确它归属于货物贸易、服务贸易、知识产权还是投资措施等范畴，然后，将议定书中规定的该事项条款同它归属的 WTO 事项所涉及的协定条款共同解读，如果出现议定书条款规定模糊不清的情况，亦同样优先适用其归属的协定条款。

按照以上思路考察争端解决机构在中国—原材料案中做出的裁决，就能清楚地看到，上诉机构仅以议定书第 11.3 条未明确援引 GATT1994 条款就认定中国无权引用相关条款这一结论是错误的：一方面，这一做法将议定书与《WTO 协定》及其附件完全割裂，使得议定书成为独立的、新的协定；另一方面，其后果是在 WTO 普遍性规则适用方面对新成员形成一种歧视，无论其运用条约解释规则的技术多么娴熟和成功，都不应违反 WTO 目标和宗旨、"不歧视原则"，不应破坏 WTO 体制完整性。在中国—原材料案中，上诉机构对议定书条款的解读和定位无疑犯了"死抠条文"这样的教条主义错误。

为了维护 WTO 多边贸易体制的完整性、促进实现 WTO 确立的目标和宗旨，贯彻国际法中的主权平等原则、WTO "不歧视原则"，避免 WTO 规则"碎片化"对 WTO 法律体制的严重破坏，在解决"加入议定书"的定位问题上，应当遵循上述三条基本规则，从而使得新成员同 WTO 其他成员一道享有 WTO 普遍性权利，共同分享多边贸易体制给世界经济发展带来的巨大利益。当前，WTO 应当从全体成员方的整体利益出发，以维护多边贸易体制的完整性为目的和宗旨，遵循国际法原则、WTO 原则，尽快就议定书定位问题做出科学、合理的结论，以纠正争端解决机构所犯错误，让 WTO 成为更令人期待和向往的国际法模范体制。

"加入议定书"是 WTO 法律体系中一项重要内容，随着新成员的不断加入，"加入议定书"的数量逐渐增多，由于 WTO 对议定书的定位模糊，涉及议定书条款解释和适用的争端频发。为了加入 WTO，新成员签订的"加入议定书"通常含有大量"超 WTO 义务"和针对新成员议定的特殊规则，这些义务和规则带有明显的歧视性，引发国际上对 WTO 多边贸易体制公平性越来越多质疑。WTO 规则本身对 "加入议定书" 定位不清、争端解决机构在中国—原材料案中做出不利于新成员享有 WTO 普遍性权利的相关裁决，导致 WTO 成员方以及国际法学界对议定书定位问题产生巨大争议。

面对议定书定位这一关乎各方重大贸易利益的重要、复杂的法律问题，WTO 部长会议和总理事会应当履行法定职责，充分尊重建立多边贸易体制的目标和宗旨，遵循 WTO 法律原则、规则以及国际法基本原则，将议定书置于 WTO 法律制度的整体框架内，妥善处理议定书与《WTO 协定》及其附件之间的法律关系，应确立以下三项规则，指导并解决 "加入议定书" 在 WTO 法律制度中的定位问题：①适用 WTO 普遍性规则应作为一项基本原则，议定书另有规定或新成员明确承诺不适用普遍性规则的情形作为例外；② "加入议定书" 的国际法性质要求其必须服从、服务于《WTO 协定》及其附件，并同其一道解读和适用；③对于 WTO 普遍性规则未包含、议定书确有规定的特殊事项，应当首先从该事项性质上将其归入 WTO 具体涵盖协定，并根据归类情况适用相关涵盖协定中的普遍性规则。

以上三项规则的目的在于，平等保障新成员方应享有的 WTO 普遍性权利，只有根据上述规则解决 "加入议定书" 在 WTO 法律制度中的定位问题，才能取得各方均可接受的效果，才能维护和促进多边贸易体制的完整性、稳定性和可预见性。

第八章

环境议题引发的思考二：WTO 体制改革

由于西雅图部长会议失败、坎昆部长会议无果而终，人们意识到，WTO 体制已面临重大危机。WTO 多哈发展回合持续 10 年后至今仍无最终结束之迹象，在应对国际金融危机爆发后日益严重的贸易保护主义方面几无建树，WTO 改革问题更为紧迫。

面对国际关系的历史性变化以及国际金融危机，WTO 理应改革自身体制以适应新的形势，为 21 世纪全球经济治理做出新贡献。作为世界上第二大经济体的中国，在此进程中应发挥重要作用，中国学者应广泛参与有关WTO 改革的讨论，积极地建言献策。

WTO 改革不仅关乎每一名成员方的利益，更关乎多边贸易体制在 21 世纪的走向，关乎全球经济治理模式重构的重大使命，对世界经济以及国际经济法的发展至关重要。

第一节　WTO 改革的两大必要性

2005 年受 WTO 总干事委托，由前总干事萨瑟兰牵头，杰克逊教授、经济学家巴格瓦蒂等八位著名学者参与，共同撰写了《WTO 的未来》[①] 报告（又称为《八贤人报告》），对 WTO 体制进行了深刻总结，并提出多项改革建议。此后，由学者和非政府组织组成的华威委员会又发表了名为《多边贸易机制：出路何在?》[②] 的报告（又称为《华威委员会报告》），提出 WTO

[①]　*The Future of the WTO*：*Addressing Institutional Challenges in the New Millennium*，Geneva，WTO，2004.

[②]　The Report of the First Warwick Commission，*The Multilateral Trade Regime*：*Which Way Forward?* Coventry，U. K，University of Warwick，2007.

改革的具体方案。近年来，许多非政府组织和学术机构不断召开有关专题研讨会，学者们纷纷著书立说，一时间 WTO 改革成为国际热门话题。

尽管改革思路和方案不同，但对于 WTO 改革的必要性，各界有着广泛的共识，突出地体现在以下两点。

1. WTO 体制已不适应新的国际关系和力量格局

WTO 体制延续的是 1947 年诞生的 GATT 体制，而这一体制的显著特点就是美国等发达国家主导、广大发展中成员被动接受，这种特点已不适应新国际关系和力量格局。

第二次世界大战后，各国原本拟就的、推动贸易自由化的《国际贸易宪章》，由于美国国会的强烈反对而胎死腹中，各国代表不得不决定把关贸总协定原有的、作为临时性文件的程序规则抽出来，单独写成一个《临时适用议定书》。GATT 恰恰是用这种变通办法从 1947 年开始"临时适用"，直到近半个世纪后的 1995 年世界贸易组织（WTO）成立才被取代。① 在具体规则方面，GATT 几乎完全照搬发达国家之间制定的协定条款，② 从此，发达国家制定规则、发展中国家被动接受并执行成为 GATT/WTO 体制的惯例。

在决策方面，尽管 WTO 实施的是"协商一致"决策体制，似乎体现了成员方之间的平等关系，但实践中，GATT/WTO 长期存在所谓"四极体制"，即由美、欧、日、加四个发达国家或地区成员主导决策，只要这四方商定的事，其他成员反对也好、支持也罢，基本上无关大局。③ 所谓"绿屋谈判"（Green House，又称为"休息室谈判"）就是由少数发达成员方先行磋商决定，再利用各自势力强迫其他成员方接受的决策模式，这一决策特点至今无实质变化，"WTO 百余个发展中成员中的大多数（尤其是其中最贫最弱的）在有效参与'休息室谈判'进程与 WTO 决策制定的能力问题上，依然存在着严重的不足"。④

---

① 赵维田：《世贸组织的法律制度》，吉林人民出版社，2000，第 8 ~ 9 页。
② 赵维田曾指出："从规范国际贸易行为上说，现行的 WTO 多边贸易整套法律，主要是从发达国家之间传统的双边贸易条约中继承与演化出来的。因此，反映在 WTO 的法律规则上，首要保护的是发达国家的利益，所有决策和立法要经过它们同意或认可才得以有效实施和运转。"参见赵维田《协调共同与特殊利益》，《国际贸易》2002 年第 11 期。
③ 张向晨：《窗外的世界——我眼中的 WTO 与全球化》，中国人民大学出版社，2008，第 120 页。
④ 〔加拿大〕黛布拉·斯蒂格主编《世界贸易组织的制度再设计》，汤蓓译，上海人民出版社，2011，第 21 页。

美国的基欧汉教授形容这种模式是一种"多国合作的俱乐部模式"①，尽管这种第二次世界大战后形成的具有"等级制"特征的"俱乐部模式"曾对促进国际经济合作、规范国际经济关系发挥了积极作用，但随着全球经济格局的变化，特别是广大发展中国家经济实力不断提升，这种"多国俱乐部"模式的不公正、不合理越发凸显，加拿大的斯蒂格教授认为："三个国际组织都面临着重大的合法性与问责性危机，因为它们内部的投票与决策结构没有反映全球新的权力关系现实……要让国际经济组织在 21 世纪全球充满活力的经济中重要、负责、有效，有必要进行重大的制度改革。政府领导人应当将这作为一项优先事务。"②

改革的核心是扩大广大发展中国家参与和决策权，占成员方大多数的发展中国家对 WTO 体制的有效参与对克服当前"合法性"危机具有重要意义，"除非发展中国家能够积极参与新的国际经济体系治理程序的设计，否则这些组织的重要性与合法性就岌岌可危。现在是国际体系急剧变化的时期，但正是在充满压力与不确定的时代，关于改革的思想将成为有助于引导制度构建的明灯。"③

面对发展中国家与发达国家力量对比关系发生的历史性变化，特别是以中国等"金砖国家"为代表的新兴国家实力的大幅提升，WTO 必须对现行体制做出顺应时代潮流的变革。

2. GATT/WTO 体制制度性缺陷凸显

在过去的半个多世纪，GATT/WTO 体制推行的贸易自由化以及规则导向模式推动了国际贸易的大发展，其具有强制性的争端解决机制为国际法增添了亮丽的色彩，但这些并不能掩盖这一体制长期存在的、严重阻碍其引领和管理国际贸易功能的诸多制度性缺陷，芝加哥、坎昆两次部长会议

---

①　他指出："从 1944 年布雷顿森林会议开始，有关治理的关键机制就以'俱乐部'的方式来运行。最初，少数富国的内阁部长与同一问题领域的部长级官员聚在一起制定规则。贸易部长们主导了 GATT；财政部长们则推动了 IMF 的工作；国防部长和外交部长会聚北约总部；央行行长则聚首国际清算银行。他们先秘密磋商，然后将相关协议提交国家立法机关并公布于众。直到最近，这种模式仍是不可挑战的。"〔美〕罗伯特·O. 基欧汉：《局部全球化世界中的自由主义、权力与治理》，门洪华译，北京大学出版社，2004，第 249 页。

②　〔加拿大〕黛布拉·斯蒂格主编《世界贸易组织的制度再设计》，汤蓓译，上海人民出版社，2011，第 5～6 页。

③　〔加拿大〕黛布拉·斯蒂格主编《世界贸易组织的制度再设计》，汤蓓译，上海人民出版社，2011，第 5～6 页。

的惨败以及多哈回合谈判的停滞不前使得这些制度性缺陷更加凸显。

普遍认为，WTO 存在的制度性缺陷主要集中于两大方面：管理功能的严重缺失以及"协商一致"决策方式造成的决策困难。

WTO 的第一个制度性缺陷是 WTO 管理功能的严重缺失，它既是一个历史问题，又是一个成员方对 WTO 的定位问题。

说它是一个历史问题是因为 GATT 体制本身就存在"先天不足"：由于美国国会的反对，GATT 并不是法律意义上的正式国际组织，建立之初只能用"全体缔约方"的名义开展活动，甚至一度靠借用联合国经社理事会筹备成立"国际贸易组织"的秘书班子为缔约方提供服务，GATT 条文中只提到了"执行秘书"（Executive Secretary），到 1965 年悄悄改称为"总干事"（Director – General），连 GATT 条文都不做改动。[①] 这种"先天不足"令 GATT 无法像其他国际组织那样行使正常的管理职能，其"总干事"以及秘书处也总有一种名不正言不顺的感觉。尽管随着 WTO 的建立，国际组织的法律地位问题得以彻底解决，但历史的惯性、传统的意识并未完全消失，WTO 总干事及秘书处仍难以发挥强有力的管理职能。

此外，成员方对 WTO 的定位也是其管理职能缺失的重要原因。与 IMF 等国际经济组织不同，WTO 是一个"成员方主导型"的国际组织，即全体成员方主导 WTO 决策以及多边贸易体制的运行，总干事和秘书处只是被动执行成员方决策，充其量扮演了一个"协调人"角色，管理权力非常有限，这一特点使 WTO 成为国际组织中的"另类"，斯蒂格教授就曾指出："WTO 缺少其他国际组织与生俱来的许多管理架构与规则制定程序。例如，它没有一个执行机构或管理委员会，没有拥有实权、能确定立法优先事项、倡议新的规则的总干事或是秘书长，没有一个行使职责的立法机构，没有与利益攸关方以及市民社会进行互动的正式机制，也没有批准新规则的正式体系……在许多方面，它是国际组织中'最不成熟的'的组织。"[②]

随着经济全球化的不断发展，国际社会对 WTO 体制的期望越来越高，但"成员方主导型"定位导致的管理职能缺失严重影响了人们对 WTO 的信

---

① 赵维田：《世贸组织的法律制度》，吉林人民出版社，2000，第 14～15 页。
② 〔加拿大〕黛布拉·斯蒂格主编《世界贸易组织的制度再设计》，汤蓓译，上海人民出版社，2011，第 8～9 页。

心。坎昆会议失败后，时任欧盟代表团团长的拉米曾经抨击 WTO 是"中世纪式"（medieval）的组织。① 在推动多边贸易谈判方面，总干事和秘书处几乎无能为力，关于 WTO 究竟应当向谁负责甚至成为争论话题，WTO 秘书处人员主张，是 WTO 成员方而不是秘书处应为特定的 WTO 协议内容负责。② 事实上，WTO 成员方也的确仅将秘书处视为一个为成员方提供支持的机构，通常不欢迎秘书处提出的建议。③ 对于重要决策，总干事和秘书处不愿意主动提议并设计方案，因为在以前的多边贸易谈判中，太过主动的结果往往是费力不讨好。④

在运行半个多世纪后，人们发现，GATT/WTO 体制暴露出的第二个重大制度性缺陷就是"协商一致"决策机制，似乎体现成员方之间平等关系的"协商一致"决策机制除了未能根本解决发达成员与发展中成员之间决策权不平等的问题外，还存在着议而不决、效率低下导致的决策困难问题。因为"协商一致"意味着任何一名成员方都可否决 WTO 的重要决策，即便是其他成员方全体同意。杰克逊教授早就注意到这一缺陷："需要全体一致意见的一个不利之处在于它可能成为僵局、相持不下和半途而废的祸因。"⑤ 这种"谁都不能得罪"的决策体制令 WTO 举步维艰，近些年来在涉及国际贸易重大决策和规则修订方面几乎毫无建树。

事实上，在处理与地区性贸易协定关系的规则、贸易政策审议机制、与非政府组织关系以及争端解决机制的透明度等方面，WTO 均暴露出一些

---

① 张向晨：《窗外的世界——我眼中的 WTO 与全球化》，中国人民大学出版社，2008，第 150 页。

② 〔加拿大〕黛布拉·斯蒂格主编《世界贸易组织的制度再设计》，汤蓓译，上海人民出版社，2011，第 18 页。

③ 《八贤人报告》指出："虽然秘书处一直备受关注，但是近几年来，各成员方代表与 WTO 工作人员之间的确没有像过去那样相互信任了……在一个'成员方主导'的组织中，秘书处必然在 WTO 机构体系当中起着独一无二的支持作用，而不是倡导发起作用，更不是防御保护作用。"〔英〕彼得·萨瑟兰等《WTO 的未来》，刘敬东等译，中国财政经济出版社，2005，第 111 页。

④ 坎昆会议期间曾任总理事会主席的卡洛斯事先炮制了一份部长决议草案，结果他的名字永远和坎昆会议的失败联系在一起。还有就是前农业谈判委员会主席哈宾森提出了著名的《哈宾森案文》，遭到了八名成员的公开否决，使这位资深谈判专家元气大伤。张向晨：《窗外的世界——我眼中的 WTO 与全球化》，中国人民大学出版社，2008，第 152 页。

⑤ John H. Jackson，"WTO 'Constitution' and Proposed Reforms: Seven 'Mantras' Revisited"，4（1）*Journal of international Economic Law* 67（2001），at 74 – 75.

缺陷，但从对多边贸易体制运转影响的广度和深度上讲，以上两个制度性缺陷的破坏性突出。经济全球化需要一个高效、有力并敢于负责的多边贸易体制，但 WTO 体制自身存在的以上两大制度性缺陷却使其难以担当此任，人们对 WTO 体制的信心正逐步丧失，WTO 现有体制必须进行改革，否则它将面临生存之虞。

第二节　WTO 改革的指导思想之辩

WTO 改革应当确立什么样的指导思想？或者说，改革的基本思路为何？这是首先要明确的方向性问题。在这个问题上，发达国家和发展中国家之间存在分歧，学术界也是观点迥异。目前看，主要围绕以下三方面议题展开争论。

1. WTO 是否应当走"宪政化"道路

争论的一大焦点是：WTO 是否应当改变贸易自由化宗旨而选择以维护人权与社会正义为核心的"宪政化"之路？

近年来，WTO 在人权、劳工标准以及环境保护等方面备受质疑，批评人士认为，WTO 只注重经济事务，对上述社会事务视而不见，导致普通民众的权利以及环境受损，这就动摇了 WTO 的合法性基础。[①] 基于此，WTO 西雅图部长会议遭到反对全球化人士的大规模抗议，最终不欢而散。

为了回应国际社会对 WTO 忽视人权和环境等社会事务的质疑，彼得斯曼等人提出，现阶段应当以"宪政化"理论改造 WTO 体制。彼得斯曼主张以欧盟统一法的发展为模式推动国际法的"宪政化"，认为"宪政化"是国际法发展的未来方向。[②] 因此，国际经济法也应确立人权和民主程序，并将

[①]　哈里森教授曾抨击 WTO 现行体制，甚至认为忽视人权的 WTO 缺乏合法性基础："不断增长的认识是，国际贸易法体制与全体国内法和国际法体制一道，正是由于将促进正义作为体制的中心目标，它们才具有合法性。随着对 WTO 批评的不断增强，有一个更为广泛的需求令人察觉：应以外界的社会正义制度、特别是人权标准来判断这个组织（的合法性）。" James Harrison：*The Human Rights Impact of the World Trade Organization*，Oxford and Portland，Oregon，Hart Publishing，p. 36。

[②]　Ernst - Ulrich Petersmanm：*Theories of Justice*，*Human Rights and the Constitution of the International Markets*，2003，printed in Italy in Dec. 2003 European University Institute，pp. 2 - 3.

其作为国际经济法指导原则。① 他指出，人权原则在《WTO 协定》中并没有被提到，迄今为止，WTO 争端解决机制做出的法律裁决也从未提到人权原则，这不符合国际法中"国际正义"原则，有必要在 WTO 多边贸易体制框架内厘清市场功能、宪法性权利和国际法之间关系，为此目的，在国际经济领域应当建立人权与市场相互融合的法律制度。② 在他看来，人权对于国际经济法体系的功能和作用体现为：人权可以弥补市场竞争带来的缺陷，保护大多数人，特别是"市场失败者"的利益，并且有利于解决国家之间可能发生的冲突。③ 对 WTO 成员方政府来说，"人权原则为政府进行对经济市场的'最佳干预'提供了'最佳政策工具'"④，可以指导政府有意识地消除市场的不公平现象，为政府干预市场的政策提供法律依据。以人权原则为指导的"社会市场经济"的核心是政府应当保护"市场游戏中的失败者"，并为他们提供享有人权所必需的食品和服务。⑤ 他甚至警告：如果没有人权原则作为指导，市场经济将归于失败。⑥

---

① 彼得斯曼指出："在全球走向融合的当代世界，有超过 60 亿人口和近 200 个国家为了争夺稀缺的商品、服务和资本开展竞争。利益之间的矛盾在法律上和经济上是不可避免的，并且是普遍存在的。从人权角度看，'国际正义'首先是指以人权和民主程序判断（资源）分配和保护平等的基本权利，以及为个人自我发展所必需的、作为社会人道德上的和合理地自治之目的的稀缺资源分配。"Ernst – Ulrich Petersmann：*Theories of Justice*，*Human Rights and the Constitution of the International Markets*，2003，printed in Italy in Dec. 2003 European University Institute，p. 3。

② 他提出，这一制度的基本内容应包括：A. "规范的个人主义"应作为人权与市场融合法律的前提，他主张的"规范的个人主义"指尊重个人自治、个人多样性以及取决于优势和同意的价值依赖性；B. 非歧视的竞争原则和多层级宪政化应作为人权与市场融合法律制度的共同核心价值；C. 作为构建市场和促进投资、竞争和社会福利政策工具的个人权利应受到尊重。同上注。

③ Ernst – Ulrich Petersmann：*Theories of Justice*，*Human Rights and the Constitution of the International Markets*，2003，printed in Italy in Dec. 2003 European University Institute，pp. 25 – 29。

④ Ernst – Ulrich Petersmann：*Theories of Justice*，*Human Rights and the Constitution of the International Markets*，2003，printed in Italy in Dec. 2003 European University Institute，p. 30。

⑤ Ernst – Ulrich Petersmann：*Theories of Justice*，*Human Rights and the Constitution of the International Markets*，2003，printed in Italy in Dec. 2003 European University Institute，pp. 36 – 39。

⑥ "（国际法）多层次的宪政化有利于更好地理解、运用、强化国际法和国内宪法规则之间的功能化内在联系。正像如果没有'宪法性民主'，民主本身就不可能延续，因而如果没有尊重人权、非歧视原则、消费者导向竞争政策，以及社会公正的'经济宪法'，那市场经济就不能很好地运作。"Thomas Cottier, Joost Pauwelyn, and Elisabeth Burch, "Linking Trade Regulation and Human Rights in International Law：An Overview"，*Human Rights and International Trade*，Edited by Thomas Cottier, Joost Pauwelyn and Elisabeth Burgi Bonanomi，Oxford University Press，2005，p. 4。

彼氏的观点尽管赢得了一些人追捧，但同时也面临不少批评。《WTO 的未来》一书的作者反对 WTO "宪政化"的态度就十分鲜明，指出：WTO 倡导的自由贸易极大地促进了各国财富的增长，不但没有损害人权，反而为促进和保护人权做出了贡献；自由贸易不但促进了中国、印度这两个最大的发展中国家的经济繁荣，最终有利于工人权利的进步，同时也有利于发达国家的经济发展。[①] 该报告作者认为，指责 WTO 忽视人权甚至损害人权是"一叶障目不见泰山"的偏见，贸易自由化和市场开放对各国有利，必须得以维护。阿尔斯通教授认为，国际人权法和国际贸易法的目标不同、体制不同，不应混为一谈："它们（指国际贸易法和国际人权法。——作者注）的目的是根本不同的。人权被认为是基于所有人固有的人的尊严（而产生的权利）；与贸易相关的权利则是由于规则的原因才被给予个人（的权利）。（在贸易法中）个人被视为客体，而不是权利的拥有者。"[②] 在他看来，以人权原则改造 WTO 体制无异痴人说梦。对于"宪政化"理论，发展中成员强烈反对，担心发达成员以人权为由制裁发展中国家的历史重演。

贸易自由化宗旨是 GATT/WTO 体制赖以生存和发展的根基，必须坚持，绝不可动摇、改变。全球化带来的人权、环境等问题并非是贸易自由化导致的后果，恰恰相反，正是奉行这一原则的 GATT/WTO 体制推动了全球经贸的发展、增添了人类财富，为改善人权和保护环境创造了物质条件，基于 WTO 体制忽视社会事务的观点而产生的"宪政化"理论缺乏令人信服的事实基础，并不可取。由于贸易法与人权的性质不同、调整的法律关系不同，人为地将二者黏合在一起势必引起 WTO 规则体系的混乱，甚至成为保护主义泛滥的温床。对于人权、环境等非贸易事务，WTO 完全可以通过"一般例外"规则等现有机制加以协调，而不必大动干戈地将 WTO 体制"宪政化"。

2. WTO 是否应当将工作重心转移

起初，为了对抗第二次世界大战后以高关税为基础的贸易保护主义，GATT 体制的工作重心集中于降低关税、推动市场准入，GATT 时期的八轮多边贸易谈判均以普遍降低关税为核心目标，WTO 成立后虽然扩大了多边

---

① 〔英〕彼得·萨瑟兰：《WTO 的未来》，刘敬东等译，中国财政经济出版社，2005，第 4 ~ 10 页。

② P Alston："Resisting the Merger and Acquisition of Human Rights by Treaty Law: A Replay to Petersman"，*European Journal of International Law*，(2002) 13 (815) 7.

贸易体制调整的范围，但重心仍未偏离于此，21 世纪开始的多哈回合谈判的议题本身也证明了这一点。① 21 世纪以来，全球经济一体化程度不断提高，全球经济治理需要各国更广泛的政策配合和协调，因此，一些学者提出，WTO 应改变传统，将工作重心转移至规制成员方国内政策和行为方面，以应对经济一体化带来的挑战，更好地行使多边贸易体制管理国际贸易的职能。

这些学者认为，WTO 面对的国际贸易领域已发生重大变化，传统的关税及市场准入谈判远远满足不了成员方对 WTO 的期待，而且事实上，WTO 早已介入成员方内部领域。例如，僵持不下的农产品补贴问题，知识产权保护，政府采购行为规范，《技术性贸易壁垒协定》《实施卫生与植物卫生措施协定》规制的成员方非关税壁垒问题等，这些议题无不涉及成员方内部的政策制定、立法乃至执法行动。同时，与贸易有关的环境保护、投资保护、知识产权保护等非贸易问题已进入国际贸易领域，WTO 不得不面对这些问题。解决这些问题需要成员方国内政策和法律的支持与配合，金融服务的管制也将进一步增强 WTO 规则制定谈判的复杂性。② 柯蒂尔呼吁人们重视 WTO 领域发生的上述变化："随着关税的逐步降低与禁止限制农产品数量，管制工作的重心已经转移到国内管制与保证其他领域公平投资的条件的范围中了。"③

诚然，与 GATT 时期相比，WTO 体制的内容更为丰富、规制的范围更为广阔，需要成员方以制定国内政策、法律加以配合的事务越来越多，这反过来对 WTO 管理职能的要求也越来越高，WTO 的工作重心应增添新的内容。但作为多边贸易体制，降低关税、推动市场准入的任务依然十分繁重，不应偏废，正确的做法是：在降低关税、推动市场准入的同时，加强对各成员方的国内政策和立法的管理和监督。这种改革符合全球经济一体化对 WTO 体制的要求，有利于各国协调行动应对经济全球化的挑战，是完善全球经济治理的必然之举。

---

① 〔加拿大〕黛布拉·斯蒂格主编《世界贸易组织的制度再设计》，汤蓓译，上海人民出版社，2011，第 46 ~ 47 页。

② 托马斯·柯蒂尔：《一种 WTO 决策制定的双层次分析法》，载〔加拿大〕黛布拉·斯蒂格主编《世界贸易组织的制度再设计》，汤蓓译，上海人民出版社，2011，第 46 ~ 47 页。

③ 托马斯·柯蒂尔：《一种 WTO 决策制定的双层次分析法》，载〔加拿大〕黛布拉·斯蒂格主编《世界贸易组织的制度再设计》，汤蓓译，上海人民出版社，2011，第 47 页。

但不得不承认，要想实现上述改革的困难很大：一方面，作为世界头号强国的美国的态度甚为关键，其国会对 WTO"过分"干预美国贸易政策（例如，WTO 通过争端解决机制做出的裁决要求美国改变国内法）的做法一直不满，甚至多次扬言退出。如果将 WTO 工作重心转移至成员方国内政策和立法行为，美国国会的反对态度是不言自明的。另一方面，对于乌拉圭回合中达成的一揽子协定含有的大量规范成员方内部法律制定、执法行为的内容（最为明显的就是 TRIPS），发展中成员本来并不情愿接受，只是在发达成员的强压之下，通过利益交换（换取发达成员在农业谈判中的让步）被迫接受的，如果将 WTO 工作重心转移至成员方国内政策和立法行为，一些发展中成员肯定不会轻易答应。上述两点无疑是实现这一改革的最大阻力。在这种情况下，WTO 可采取逐步推进的做法，即从某一个或某几个领域开始加大管理和监督成员方国内政策和立法行为的力度，待各方达成共识后再进行全面的制度性改革。

3. WTO 是否应从"成员方导向型"转为"管理导向型"

一些学者提出，目前的 WTO 体制"笨重不堪"、无法前行，已远不适应全球经济治理的需要，应尽快改变目前的权力运行模式，将 GATT/WTO 体制的定位由传统的"成员方导向型"转为"管理导向型"，从而强化 WTO 作为国际组织的管理职能。一些学者虽同意这一改革建议，但认为不能操之过急，多哈回合谈判本身就已十分困难，现在谈 WTO 定位改革颇有些不识时务。还有学者反对此建议，在他们看来，WTO"成员方主导型"定位、一致意见原则、"一视同仁"的范式符合成员方的利益，不应被改变和重新设计，只需根据需要修订一些具体协定、规则、程序。[①]

斯蒂格教授等学者认为，无论采取哪种改革方案，都必须将"善治"的观念作为关键性指导原则，他们提出"善治"的四个维度或标准，即"有效、高效、问责性、以及代表性"。建议应当在这四个维度的框架下设计 WTO 的改革方案，只有这样才能使 WTO 更有力、更有效、更高效，并对其成员方以及整个世界负责。[②] 其实，斯蒂格等人提出的"善治"标准不

[①] 艾斯格：《WTO 的决策制定：我们能从秘书处与"临界数量"中获得帮助吗?》，载〔加拿大〕黛布拉·斯蒂格主编《世界贸易组织的制度再设计》，汤蓓译，上海人民出版社，2011，第 69~70 页。

[②] 斯蒂格、斯普科夫斯科娅：《WTO 的内部管理：改善的空间》，载〔加拿大〕黛布拉·斯蒂格主编《世界贸易组织的制度再设计》，汤蓓译，上海人民出版社，2011，第 138~139 页。

单适合于 WTO，对其他国际组织来说也可以套用，但关键在于，如果按此标准进行改革就必须改变其"成员方导向型"定位，而这无疑是一大难题。与其他国际组织不同，GATT/WTO 体制天生就缺乏管理结构的设计，WTO 成立后情况未有实质性改变，更为麻烦的是，从目前反映的情况看，WTO 成员方并无强化 WTO 管理职能的共识。

实际上，基于前述理由，改变 WTO 的"成员方导向型"定位也会遭到不少成员方的反对，真正实施的希望十分渺茫。但管理职能弱化的确是 WTO 体制长期存在的缺陷，已严重威胁多边贸易体制的正常运转，多哈回合长期停滞不前、WTO 应对国际金融危机乏力、推动国际贸易法治方面鲜有作为都证明了这一点，因此，必须采取措施加以克服。成员方应当意识到，强化 WTO 管理职能并不意味着其主权的削弱，相反，一个高效、负责任的 WTO 将推动多边贸易体制的有效运作，最终将有利于全体成员方，因此应支持加强 WTO 管理职能的改革思路。为了获得大多数成员方的支持，WTO 应在不改变"成员方导向型"定位的前提下强化 WTO 某些领域的管理职能，这样的好处在于一方面可在某种程度上改变 WTO 管理职能较弱的被动局面，另一方面又可以赢得绝大多数成员方的支持，从而保证此项改革顺利进行。

第三节　WTO 改革的具体方案及其评价

到目前为止，一些非政府组织、研究机构、WTO 总干事设立的专家咨询委员会，以及众多 WTO 学者从各自的改革思路出发研究并提出了具体改革方案。这些方案尽管内容迥异，但重点大都针对总干事及秘书处的职权、WTO 决策的透明度、现行决策机制这三项。此外，一些方案还研究了 WTO 与区域间贸易协定之间关系、贸易政策审议制度改革等问题，但总体上讲，以上三个领域的改革建议影响十分显著，尤其是 WTO 决策体制的改革。

1. 强化总干事和秘书处职权

正如前文所述，多年来多边贸易体制运转困难、多哈回合谈判长期停滞不前的一个重要根源是 WTO 极弱的管理职能，因此，几乎所有改革方案都提出，应尽快改变 WTO 总干事和秘书处长期处于弱势和被动的地位，强化其职能和权力。

事实证明，与 IMF 和世界银行等国际组织相比，目前 WTO 总干事的权力的确十分有限，甚至已沦为一个发言人的角色，不能发挥推动多边贸易谈判的实质性作用，"如果总干事变为一名发言人和国际自由贸易的倡议者，那么他或她就不可能在外交及谈判上对日内瓦发挥巨大影响力"。①

为此，《WTO 的未来》一书的作者提出，总理事会应当进一步明确总干事的权力和职能，在总干事人选问题上摒弃发达成员、发展中成员轮流坐庄的思维方式，将良好的专业技能及适当的工作经验作为选择总干事的先决条件。除此之外，应建立一支强有力的秘书处管理队伍，可任命一名副总干事作为秘书处的首席执行官以强化管理职能，秘书处应作为 WTO 体系的维护者并提出更多的政策性分析建议。②

柯蒂尔教授提出应当仿效联合国设立安理会的做法，在 WTO 中设置执行董事会，该执行董事会包括主要大国，并根据面积、地理位置、发展水平确定其他成员方的代表，依据固定年限轮换席位。在法律制定与争端解决过程中，秘书处应被赋予提出倡议与维护多边贸易体系共同关切的优先权力。③ 有人甚至提出，应当将议程设定的特权授予总干事，以避免由于不存在任何明确的制度化的议程，各方不停提出建议致使多边贸易谈判陷入多哈回合"无限循环"的困境。④

早在 1947 年 GATT 体制诞生之时就有人提出设立一个管理委员会的建议，但直到 WTO 成立也未能实现。在此番改革讨论中，该建议又被多名学者提出，这些学者认为 WTO 应尽快建立一个具有咨询、执行与监督功能的管理委员会，该委员会应在其能力范围内的事务上拥有决策制定权，这是向更为有效、有力、透明的 WTO 治理迈出的重要一步。⑤

其实，无论是建立管理委员会，还是设置咨询委员会，其核心就是要加强总干事和秘书处的职权。客观上讲，这对 WTO 发挥其作为国际组织管

---

① 〔英〕彼得·萨瑟兰等：《WTO 的未来》，刘敬东等译，中国财政经济出版社，2005，第 113 页。

② 〔英〕彼得·萨瑟兰等：《WTO 的未来》，刘敬东等译，中国财政经济出版社，2005，第 128 页。

③ 托马斯·柯蒂尔：《一种 WTO 决策制定的双层次分析法》，〔加拿大〕黛布拉·斯蒂格主编《世界贸易组织的制度再设计》，汤蓓译，上海人民出版社，2011，第 60～61 页。

④ 艾斯格：《WTO 的决策制定：我们能从秘书处与"临界数量"中获得帮助吗?》，〔加拿大〕黛布拉·斯蒂格主编《世界贸易组织的制度再设计》，汤蓓译，上海人民出版社，2011，第 72 页。

⑤ 斯蒂格、斯普科夫斯卡娅：《WTO 的内部管理：改善的空间》，〔加拿大〕黛布拉·斯蒂格主编《世界贸易组织的制度再设计》，汤蓓译，上海人民出版社，2011，第 141～144 页。

理国际贸易的作用、摆脱多哈回合各方僵持不下的局面无疑是有益的，但也有不少人担心，在目前总干事和秘书处人员大都来自发达国家或地区的情况下，这些建议只是有利于发达成员。[①]

笔者认为，在多边贸易体制面临困境的时候，强化总干事和秘书处的职能是 WTO 摆脱困境、推动多边贸易体制前行的唯一选择，但由于指导思想尚未统一，因此，目前不宜在 WTO 内另设类似管理委员会的独立机构，着眼点应放在加强总干事和秘书处推动规则制定和贸易谈判的权力这一具体方面。在选择总干事和秘书处人员时应注重发达成员和发展中成员的平衡，当务之急是增加来自发展中成员的人员数量和比例，改善现有 WTO 管理机构的代表性。目前，应改变总干事来自发达成员的传统，从发展中成员选择新的总干事，增强占成员方绝大多数的发展中成员的发言权和对多边贸易体制的信心，WTO 秘书处吸收更多来自发展中成员的人才，改变以前消极、被动的态度，集中精力研究多边贸易谈判议题并及时提出建议，以供成员方决策时参考。

2. 扩大 WTO 决策的透明度

随着经济全球化的发展，如环境保护、气候变化、劳工标准等非贸易问题变得非常突出，质疑、指责全球化的声音越发强烈，并赢得很大一片市场，推行贸易自由化的 WTO 首先受到质疑。此外，现行 WTO 体制缺少与成员方的企业、市民以及非政府组织沟通机制，决策缺乏透明度，致使各种质疑、指责之声无处发泄，逐步累积，最终引发了大规模的抗议浪潮，西雅图部长会议就是在这种抗议浪潮中宣布失败的。鉴于此，众多 WTO 改革方案提出应尽快采取措施扩大 WTO 决策的透明度，以回应和减少以上质疑和指责。

扩大透明度的改革方案主要包括两个建议：一个就是增强 WTO 与成员方议会之间的互动，另一个就是尽快建立与非政府组织之间的沟通机制。

政府官员为成员方代表参与决策的 GATT/WTO 体制安排，经常被批评缺乏对成员方普通市民社会的透明度与问责性，而参与多边贸易谈判的各国政府又必须对自己的选民负责——经济是全球性的，而政治却是地方性的。因此，在维护多边贸易体制与尊重本国选民意愿方面，各国代表往往处于两难境地，这也是当前 WTO 体制举步维艰的一个重要原因。为此，

---

① Nordstrom, "The World Trade Organization Secretariat in a Changing World", 39 *Journal of World Trade* 819（2005）. At 835.

WTO 必须采取措施加强与市民社会的沟通与互动。

由于各国议会系其国内选民的合法代表，因此，许多改革方案建议，WTO 应增强与成员方议会之间的互动。《WTO 的未来》从两方面提出建议：（1）成员方应对其议会提升透明度；（2）议员们应当能充分向其选民反映 WTO 谈判的目的、目标与结果，有效地与他们可以影响的人们进行谈判并做出决定。① 但有学者认为，这两项建议不温不火、令人失望。② 一些学者提出，应在 WTO 体制内设立正式的议会参与机制和机构，斯蒂格等人就认为："是时候根据 WTO 的议会会议经验，将已经在 WTO 和议员们之间建立起来的关系正常化，并通过一个与 WTO 具有正式联系的常设议员机构，把议会层面置于 WTO 的框架下了。"③

笔者认为，增强与成员方议会之间的联系有助于扩大 WTO 决策的透明度，有助于加强成员方的企业、市民对多边贸易体制及其决策的理解和支持。近年来，为了更好地与市民社会沟通、减少外界对 WTO 的批评，WTO 及其总干事均做出努力，不断增加与各国议员的交流，一些成员方还举办或参与了 WTO 议会会议，为各国议员交流 WTO 事务提供国际场合。④ 但是否应当为此在 WTO 内部增设专门的议会机构则有待商榷。原因在于，各国的议会体制不同，功能千差万别，利益关注点迥异，某些发达国家的议会权力很大且具有保护主义色彩，直接参与 WTO 决策无疑会给多边贸易体制带来更大的不确定性，因此，专门设立议会机构的建议并不可取。⑤ 可在不另设机构的

---

① 〔英〕彼得·萨瑟兰等：《WTO 的未来》，刘敬东等译，中国财政经济出版社，2005，第 67 页。

② 查诺维兹教授认为，该报告在这方面的建议"失去了机会"，既没有"揭露"针对 WTO 设立议会大会的反对观点，也没有提出反对议会参与的综合性观点。报告没有做其中的任何一件事。Steve Charnovitz, "A Close Look at a Few Points", 8 (2) *Journal of International Economic Law* 311 (2005), at 319. 〔加拿大〕黛布拉·斯蒂格主编《世界贸易组织的制度再设计》，汤蓓译，上海人民出版社，2011，第 147 页。

③ 〔加拿大〕黛布拉·斯蒂格主编《世界贸易组织的制度再设计》，汤蓓译，上海人民出版社，2011，第 150 页。

④ 例如，由 22 个国家的议员与 4 个国际组织官员组成的后多哈回合指导委员会决定每年召开一次有关 WTO 的议会会议，并在每次 WTO 部长级会议召开时举行会议。WTO 议会会议从 2003 年至 2008 年每年均成功举行，并发表了多项声明和决议。

⑤ 美国国会就具有浓厚的保护主义色彩，甚至有人感慨道："或者汪洋肆意，或者汩汩滔滔，全球化的潮流似乎无处不在，什么时候能将冥河之水引到美国国会，让那里的议员们浸泡一番呢？"参见张向晨《窗外的世界——我眼中的 WTO 与全球化》，中国人民大学出版社，2008，第 166 页。

前提下建立一种长效机制，将与各成员方议会之间的互动作为 WTO 的一项日常工作，总干事应增加与各国议员沟通的机会，秘书处应当安排专门人员定期向各国议会传送 WTO 信息和资料，同时，及时回答来自各国议员的问题。在这种机制下，WTO 应定期举办各国议会代表会议，就重大贸易决策和谈判议题征求他们的意见、建议，并获得他们的支持。

在决策的透明度方面，WTO 与非政府组织（NGO）之间的关系也是一个长期备受关注的话题。许多非政府组织批评 WTO 忽视它们的声音、未能给它们参与 WTO 决策提供机会，与 IMF、世界银行相比，WTO 缺少与非政府组织进行交流的机制和规则。① 因此，许多改革方案建议，WTO 应当制定规范其与非政府组织关系的专门规则，以便非政府组织的意见、建议能更好地反映在 WTO 相关决策中，增强 WTO 决策的民主性和科学性。此外，有人提出，WTO 争端解决机制尽管在解决贸易争端方面获得巨大成功，但缺乏必要的公开和透明，非政府组织的意见和建议未被专家组、上诉机构采纳，《WTO 的未来》的作者也曾提醒，现在争端解决审理程序的保密程度不利于 WTO 的制度建设。②

实际上，在与非政府组织沟通方面，WTO 近些年来还是有所作为的，尽管尚未允许非政府组织成为正式观察员，但已采取措施增强了与非政府组织之间的交流、互动，在具体案件审理过程中，专家组、上诉机构也曾听取非政府组织的专业意见和建议。WTO 上诉机构在美国—海虾案、美国—铅铋案 II 等案件审理过程中明确指出，它有权考虑并接受来自各方的顾问性简报，但是否考虑、采纳其中观点的权力在上诉机构。但对于 WTO 争端解决机制目前做法，一些非政府组织仍不满意，华威委员会（Warwick Commission）在其 2007 年发表的报告中敦促上诉机构在考虑由非政府组织提交的顾问性简报问题上持更加开放的态度，指出允许非政府组织以这种方式参与具有"丰富专家组成员在考虑争端时获得信息"的好处，并有助于增加争端解决程序的透明度。③

---

① 《WTO 的未来》的作者认为：在与 NGO 的关系上，尽管 WTO 已取得很大进步，但仍存在一些不足，例如，NGO 提出的在 WTO 中建立其与市民社会联系的评价体系的倡议尚未获得批准，与其他若干国际组织不同，WTO 还不允许 NGO 作为"观察员"参加正式会议等。参见〔英〕彼得·萨瑟兰等《WTO 的未来》，刘敬东等译，中国财政经济出版社，2005，第 67~68 页。

② 〔英〕彼得·萨瑟兰等：《WTO 的未来》，刘敬东等译，中国财政经济出版社，2005，第 87 页。

③ Warwick Commission, The Multilateral Trade Regime：Which Way Forward？ *Report of the First Warwick Commission*, Coventry：University Of Warwick，2007，at 33.

非政府组织影响国际事务的功能越来越强大，目前已成为不容忽视的民间力量，一些专业性非政府组织拥有在各自领域的专业优势和权威。因此，WTO 采取措施扩大与非政府组织之间的交流，听取它们在某些领域的意见和建议是完全必要的，也是赢得国际社会更多支持、取得更大成功的关键。WTO 应建立一种正式的与非政府组织沟通的机制，同时制定专门规则，对非政府组织的定义、标准，参与决策的范围、方式等做出明确规定，以法律形式规范与非政府组织之间的关系。在争端解决方面，当具体案件涉及专业性问题时，该领域的非政府组织可以向专家组、上诉机构提出专业意见，供专家组、上诉机构参考和借鉴，专家组、上诉机构也可在遇到专业性问题时主动征询相关非政府组织的意见和建议。

但在建立与非政府组织关系机制、制定规则过程中，应注意其代表性、权威性和合法性问题。由于经济发展水平、社会开放程度、人员素质等原因，现阶段活跃在国际场合的非政府组织大多由来自发达成员的人员掌控，资金也主要来自这些发达成员的企业或民间组织，其意见或建议的公正性和可信度势必会受到发展中成员的质疑。[1] 目前，国际上的各种非政府组织鱼目混珠，其代表性、权威性和合法性决定了该非政府组织能否在多边贸易体制中发挥应有的作用。因此，在建立机制、制定规则的同时，WTO 首先建立由一个主要由发展中成员代表组成的资格认定机构，依据其制定的资格标准确定哪些非政府组织可以参与 WTO 的活动。在非政府组织的资格考察、交流机制方面，联合国经社理事会、世界知识产权组织、IMF 等多年来已积累了许多成功经验。[2]

3. 改革现有决策机制

与其他改革建议相比，改革 WTO 现有决策机制的呼声最为强烈，现已发表的每一个改革方案都提出此类建议并设计了具体方案。正如前文所述，WTO 目前实行的 "协商一致" 原则虽具有成员方地位平等的优点，但这种

---

[1] 《WTO 的未来》的作者认为：非政府间国际组织的合法性、代表性、责任和政治利益等仍引起人们的长期关注。还有一个重要的平衡点，即非政府间国际组织能力之间的平衡。〔英〕彼得·萨瑟兰：《WTO 的未来》，刘敬东等译，中国财政经济出版社，2005，第 68 页。

[2] 上述国际组织均有一套完整的 NGO 认定标准，参见〔加拿大〕黛布拉·斯蒂格主编《世界贸易组织的制度再设计》，汤蓓译，上海人民出版社，2011，第 326～336 页。

每一名成员都有否决权的决策机制往往会因为众口难调陷入决策困难的僵局，效率极为低下，谈判进行得十分艰辛，以致有人把 WTO 比喻成"清谈馆"。[①] 普遍认为，必须尽快改革这种决策机制，否则 WTO 将难以运转，多边贸易谈判也无法取得进展。

尽管对"协商一致"原则有不同意见，但大多数改革方案并未建议完全放弃这一原则，而是主张在坚持这一原则的前提下增加权重投票比重，以提高决策效率。

杰克逊教授提议的同时又被华威委员会接受的"临界数量"建议影响最大。该建议提出，当达到临界数量的国家支持一项决策时就无须全体成员方达成一致意见，而"临界数量"就是占压倒性多数的国家和占压倒性数量的世界贸易权重，例如，这两个因素均已到达 90%。此外，柯蒂尔等人提出用一种权重投票体系来补充"协商一致"规则，当不能达成一致意见时，可运用这一方法。该方法建议采用建立在若干变量的公式基础上的权重投票规则，变量包括对 WTO 的贡献、国内生产总值、市场开发程度、人口，以及基本票数。哈夫鲍尔则建议对 WTO 决策机制进行更为激进的变革，他倾向于权重投票方式，认为如果不对 WTO 投票程序进行外科手术式的变革，将不可能成功地实现多边贸易谈判，由代表不到世界贸易份额 10% 的成员方阻碍决策制定是危险的。[②]

此外，为了改革现有决策体制，柯蒂尔提出首先应进行的是"双层次"的改革方案，所谓"双层次"方案就是在保持现有 WTO 原则和成员方基本权利义务的前提下，对 WTO 涵盖协定进行结构性调整，并辅之以决策机制的改革。柯蒂尔建议，将 WTO 涵盖协定区分为两大类：第一层次为基本协议，即具有宪章性质的协定。此类协定规定成员方基本权利义务，对所有成员方具有拘束力，包括 GATT1994、GATS、TRIPS 等。今后还可以增加关于组织结构、决策制定模式、基本的实质性义务与程序性义务、例外及透明度方面的专门协定，这类"基本协议"对全体成员方一视同仁。第二层次为从属性规则，即受制于基本协议的、属于具体政策工具的协定，并不需要对全体成员方具有相同的拘束力，目前包括成员方的日程表与复边协

① 张向晨：《窗外的世界——我眼中的 WTO 与全球化》，中国人民大学出版社，2008，第 126 页。
② 〔加拿大〕黛布拉·斯蒂格主编《世界贸易组织的制度再设计》，汤蓓译，上海人民出版社，2011，第 131～132 页。

定，今后可拓展到其他具体的协定或谅解。[①] 这一方案的优势在于：既尊重了多边贸易体制的基本原则和共同性，又着眼于成员方之间利益的特殊性及不同发展阶段，有助于推动成员方及时达成谈判结果，特别是有利于促使多哈回合摆脱长期达不成共识的尴尬局面。与此方法相配套，柯蒂尔提出改革 WTO 现有决策机制，设立不同层次的投票机制：对于第一层次的基本协议，仍将严格按照"协商一致"原则或替代性的例外协商一致或达到法定人数的权重投票方式制定、修改；对于第二层次的附属性规则，则可采取其他投票方法制定、修改，如建立在"临界数量"（critical mass）基础上的一致。[②]"双层次"解决方案的意图在于，用区别对待的方法推动一些领域先取得进展，然后再适时推动整个体制的前进。

在研究了改革 WTO 决策机制的各种建议后，我们发现，也有一些人对改革 WTO 现有决策机制不以为然，认为 WTO 的目的是通过互换准入承诺以实现贸易自由化，因此 WTO 改革并无必要。[③]

但笔者认为，由于决策效率低下，WTO 体制运转已十分艰难，这说明改革现有决策机制是十分必要的，如不进行适当改革，多边贸易体制确有崩溃的危险。目前，一些成员方对 WTO 体制的状况不满，将注意力转向双边或地区自由贸易协定，可见，生存的风险是现实存在。但改革决策体制无疑是一个触动成员方根本利益的敏感问题，应在广泛征求意见的基础上谨慎行事。目前看来，在坚持"协商一致"原则的前提下增加权重投票的决策比例是正确的改革方向，但应当坚持，权重投票只能是"协商一致"原则的例外。一方面，对于那些涉及多边贸易体制基本规则或基本原则的重大决策，可规定全体成员方在一定时间内无法达成共识时适用"临界投票"办法做出决策，即当赞成的成员方达到绝对多数且已包含那些世界上主要贸易国或地区后可采取权重投票方式做出决策，具体比例可以根据不同的事项进行不同的规定，在考察"临界数量"国家或地区时要考虑对

---

① 托马斯·柯蒂尔：《一种 WTO 决策制定的双层次分析法》，〔加拿大〕黛布拉·斯蒂格主编《世界贸易组织的制度再设计》，汤蓓译，上海人民出版社，2011，第 54~55 页。

② 关于"临界数量""权重投票"等本文将在后边内容中加以解释，托马斯·柯蒂尔：《一种 WTO 决策制定的双层次分析法》，〔加拿大〕黛布拉·斯蒂格主编《世界贸易组织的制度再设计》，汤蓓译，上海人民出版社，2011，第 55~56 页。

③ 关于"临界数量""权重投票"等本文将在后边内容中加以解释，托马斯·柯蒂尔：《一种 WTO 决策制定的双层次分析法》，〔加拿大〕黛布拉·斯蒂格主编《世界贸易组织的制度再设计》，汤蓓译，上海人民出版社，2011，第 132 页。

WTO 的贡献、开放程度、国内生产总值、人口数量等因素，但该国的贸易总量及占世界贸易量的比例应是最关键的考虑因素。另一方面，对那些事务性、程序性事项，则可以全部采取权重投票的方式进行决策，对仅涉及部分成员方利益的某些决策完全可由相关成员方协商一致，而不必征得全体成员方的一致同意。需注意的是，在采取这种决策机制的同时，也应尊重少数持反对态度成员方的利益，特别是在采取"临界投票方式"时，可对那些持反对立场的成员方予以该项义务豁免，待其转变态度后取消此项豁免。

　　总之，国际关系和力量格局的变化、WTO 体制的制度性缺陷均说明确有必要对 WTO 现有体制进行改革，但作为多边贸易体制根基的贸易自由化宗旨不应改变，否则 WTO 体制就会成为"无源之水、无本之木"。WTO 管理职能弱化既是历史遗留问题，又是成员方对它的定位问题。面对全球经济一体化趋势，WTO 的现有管理职能已远不适应全球经济治理的新任务，应得以适当强化，特别是应加强 WTO 总干事和秘书处推动多边贸易谈判和决策的能力，在重大问题上赋予总干事更多权力。考虑到发展中成员占绝大多数的现实，WTO 应改变传统做法，选择发展中成员代表出任总干事，并扩大发展中成员人才在秘书处中的比例。为赢得国际社会更多支持并实现决策的科学性和民主性，WTO 应就与各国议会以及非政府组织之间的关系建立机制、制定规则，进一步扩大贸易决策和争端解决的透明度。在改革决策机制方面，WTO 应在坚持"协商一致"原则的前提下增强权重决策的比例，逐步改变决策困难的局面，推动 WTO 体制高效运转。但应坚持将权重决策作为"协商一致"原则的例外，严格规定其适用条件和范围，不得滥用。

研究结论

贸易主义和环境主义争论的根源在于对环境的哲学认识，贸易主义将环境从属于人类的目的，环境主义以自然为本。环境保护与自由贸易既互相依存，又存在重大的矛盾；在人类发展的过程中，二者都受到重视，但又很难和谐一致。贸易与环境之争的深刻本质是功利主义与生态主义的思想分歧。

贸易与环境本质具有统一关系，就是环境与发展的关系，无论是自由贸易还是环境保护都不是终极目的，只是达到终极目的的一种手段。终极目的应该是人类生活水平的提高，全球经济的繁荣与发展，就业的增加。

贸易与环境的协调发展应该建立在可持续发展理论之上，同时它也是可持续发展的一部分。现在，可持续发展既是全人类面临的重大课题，也是世界各国要实现的发展战略和目标，还是协调贸易与发展之间关系的根本指导原则。短期内将两者的关系协调好绝非易事，因为贸易目标和环境目标存在相当大的差异。全球环境政策的目标是对全球环境资源进行管理，需要在明确认识环境资源有限性的前提下，实现可持续发展。贸易政策为的是防止出现新的贸易限制措施，是保护贸易、取消现有的贸易壁垒和阻碍贸易的法规并最终实现增加贸易收益。所以，平衡环境保护和自由贸易两个体系，遵循何种原则是个关键问题。从长期看，处理贸易与环境的关系需要重新审视两种体系中的相关因素，最终在一个新的相互结合的体系中将两个问题综合起来考虑。

作为世界上管理贸易政策的 WTO 已无法回避日益严峻的全球环境问题，应在 GATT/WTO 体制中确立环境保护的原则和相关规则。但应当指出，确立环保原则和规则势必会对贸易自由化政策产生冲击，无论这种冲击是正面还是负面的，从这个意义上讲就是对 GATT/WTO 体制基础理论的一种异化。当然，这种异化总体上有利于全人类的生存和发展，问题的关键在于如何在环境保护与打着"环境保护"旗号的保护主义之间画出一条平衡线。

一　国际经济法异化是贸易与环境关系问题的法理渊源

以"宪政化"思潮为代表，以人权、环境等非贸易事务为切入点的国际经济法异化动向的产生具有复杂而深刻的国际背景。国际上普遍认为，冷战结束后，经济全球化进程加快，东、西方之间政治、军事障碍的消除为国际贸易大发展开创了历史性机遇，经济发展成为国际社会的主题。冷战时期错综复杂的国际政治、军事斗争被各国间的经济、贸易竞争所取代，国际关系呈现新的特点，这些都成为国际经济法异化的重要因素。此外，人类面临的日益严重的环境问题，特别是近年来面临的全球变暖问题等，都对 GATT/WTO 多边贸易体制产生挑战，从而对国际经济法体制产生异化影响。

与对待人权理论的态度不同，WTO 对于环境政策一开始就持欢迎态度。实际上，自 1995 年成立以来，WTO 对环境保护问题予以高度关注，不仅在建立 WTO 的马拉喀什协定的序言中确立了"可持续发展"的政策目标，而且成立伊始就设立了专门的贸易和环境委员会，这成为环境议题融入 WTO 体系的重要标志，1998 年 WTO 上诉机构对美国海虾案做出有利于环境保护的历史性裁决使 WTO 赢得普遍好评。正如 WTO 前任总干事萨瑟兰所言："环境政策制定现已成为国家和国际政策制定中发展最为快速的领域，而且现在重视 GATT/WTO 与环保的关系完全是适宜的，以确保贸易政策和环保政策之间有效的政策协调和国际合作。"可见，环境保护导致的 GATT/WTO 体制理论的异化从某种意义上讲是适应时代要求的一种进步。

以"宪政化"思潮为代表的 GATT/WTO 理论异化是时代发展、国际形势巨变后的产物，一味地加以拒绝是不现实的主观主义表现。对于"宪政化"理论应当具体分析，GATT/WTO 多边贸易体制及其法律制度赖以生存的贸易自由化理论基础不应被损害和抛弃，在这个大原则之下，对人权、环境等非贸易因素与贸易法律制度之间的关系重新予以审视和衡量，立足于 WTO 现有体制框架和机制解决人类的重大关切，努力保证国际经济法的异化现象不会走向保护主义的极端。

二 环境保护是 GATT/WTO 体制长期关注的重点议题

分析 GATT/WTO 体制处理贸易与环境之间关系问题的基本历程，我们可以看出，随着环境保护浪潮的不断高涨，多边贸易体制也不得不重视这一关乎人类生存与发展的重大课题。在各方努力推动下，GATT 自 20 世纪 70 年代开始关注贸易与环境的关系问题，并成立了相关机构研究此问题，但总体上讲，在开始阶段并不积极，只是到了东京回合谈判期间，关于环境保护的技术标准才得以讨论并体现在一些具体的涵盖协定之中，乌拉圭回合谈判将环境问题作为谈判的一项重要议题，并在最终文件中纳入了"可持续发展"的基本原则和内容。

WTO 成立后，其所属的贸易和环境委员会正式开展了相关议题的研究。在处理和协调贸易与环境保护的关系上，WTO 强调"非歧视"原则，认为 WTO 体制已为协调贸易与环境保护之间的关系提供了足够的规则空间，同时，WTO 主张应当发挥多边环境保护公约作用，运用多边环境保护机制系解决贸易与环境之间冲突的最佳途径，应当避免成员方以环境保护为由采取单边行动，应以协调、合作、多边作为解决贸易与环境保护之间冲突的基本法律原则。

在 2001 年召开的多哈部长会议上，WTO 成员方再次确认它们对健康以及环境保护的承诺，并同意开始包括贸易与环境之间关系某些问题在内的新一轮贸易谈判。除了启动新一轮谈判外，多哈部长会议宣言要求 CTE 在推动它的所有工作议题过程中集中关注三个主要议题，且与 WTO 贸易与发展委员会合作，共同作为讨论谈判中有关环境和发展方面议题的论坛。

在 WTO 体制内，如何看待和协调市场准入与环境措施之间的关系是 WTO 解决贸易与环境问题过程中最为重要的内容。WTO 认为，在保障科学、可行的环境措施得以尊重的同时，确保成员方市场准入承诺的贯彻和落实是协调二者之间关系的关键所在。

目前看来，市场准入与环境措施之间的关系问题涉及内容广泛而复杂，包括环境措施对市场准入的影响，一些成员实施的产品环境标签的合法性，TBT 条款的解释、运用及修订，为保护环境而实施的国内税收政策的合法性，贸易对环境产生的影响，等等。WTO 成员方对于上述问题，以及对环境、资源至关重要的农业、能源、渔业、林业等领域的问题看法不一，特别是在补贴问题上，发达成员与发展中成员之间的矛盾巨大。因此，要想短期内实现 WTO 成员对市场准入与环境措施之间关系的协调、统一认识有相当大的难度。

三　WTO 体制具备处理环境与贸易冲突的规则基础

GATT1994 以及 WTO 涵盖协定中的一些条款与环境保护具有直接的法律联系，可成为成员方实施环境保护政策或措施的法律依据，与此同时，这些条款也起到了防止环境措施被滥用的法律规范作用。

历经八年之久的乌拉圭回合谈判虽然终于达成了一揽子协议并成立了 WTO 这个管理国际贸易政策的最大国际组织，但由于当时的历史条件，环境保护、人权保护等一系列与贸易相关的新生事物没能在 WTO 协定中加以体现。在 WTO 司法实践中，WTO 专家组和上诉机构在审理环境保护、劳工待遇标准、反垄断等新型贸易争端时，可能面临 WTO 协定中无相关规则的尴尬局面，有时即便有相应的协定条款，但这些条款所依据的条件发生了变化，明显不符合时代要求，适用这些过时的条款有可能造成严重后果，这种情况该如何处理？这无疑是摆在 WTO 专家组和上诉机构面前的一大难题。当然，要求 GATT 的创制者在几十年前预想今天的国际现实，从而制定出超乎当时历史背景的规则显然是不现实的。

面对上述情形，WTO 专家组和上诉机构采取何种态度，是消极等待还是积极进取？这关乎人们对于 WTO 的信心。实践证明，WTO 争端解决机构并未退缩，充分运用善意等国际法一般原则，接受并采取国际法条约解释的习惯规则，成功地将环保政策等新生事物纳入 WTO 制度，赋予了 WTO 相关协定条款时代新内涵，解决了一大批国际贸易领域所面临的新难题，真正发挥了填补法律空白、平衡贸易利益关系的"司法造法"功能（judicial law－making），很大程度上推动了 WTO 规则的"与时俱进"。在这方面，1998 年 WTO 专家组和上诉机构对美国海虾案做出的裁决堪称典范。

四　协调气候变化与贸易之间关系需要 WTO 成员的多边解决方案

当前，气候变化已成为国际社会迫切需要解决的一个最为重要的、对可持续发展的挑战。应对气候变化所采取的措施必须与国际社会促进经济发展和人类进步的雄心相匹配。毫无疑问，气候变化是一个跨国挑战，不仅需要国内层面的努力，而且需要国际间的密切合作。

WTO 体制是国际合作的重要组成部分，它为促进全球贸易提供了一个规则体系，是一个旨在贸易更为开放的谈判论坛。WTO 奉行的贸易自由化本身并非目的，它与建立 WTO 的马拉喀什协定所规定的人类最为重要的价值和财富密切相关。促进人类生活水平提高，按照可持续发展原则促进世界资源的最佳利用，保护和保持环境资源都是该协定确立的目标。

气候变化事务本身并非 WTO 日常工作的内容，WTO 体制中也没有专门针对气候变化的规则条款。但是，应对气候变化的许多政策、措施在多个方面与国际贸易事务密切相关，因此，气候变化与 WTO 不无关系。首先，开放的贸易有助于减轻并适应气候变化，例如，通过促进世界资源（包括自然资源）的有效分配、提高人们的生活水平（以及满足环境治理的需求）、促进环境友好型产品与服务的准入等方式应对气候变化。其次，由于成员方为减轻和适应气候变化而各自采取的国内措施可能对国际贸易产生影响（这些措施可能改变竞争条件），从而成为 WTO 规则规制的对象，因此，WTO 体制不能将气候变化问题置之度外。WTO 规则可用来检验成员方采取的应对气候变化措施的合法性。更为重要的是，WTO 规则体系可为此类措施的可预见性、透明度及公正性提供制度保障。

气候变化已经成为国际政治的重要议题，某种程度上已经超出了国际法的能力范围，因为这个问题背后实际上是国家实力、国家利益等一系列问题的较量。对此，在气候问题谈判上，首先，我国应积极开展"环境外交"，为解决"碳关税"等问题提供稳定、可靠的多边谈判场所。必须坚持"共同但有区别的责任"原则，反对任何形式的与气候变化有关的贸易保护主义，坚持在多边框架下解决气候问题。其次，充分利用 WTO 平台，维护我国合法权益。面对美国《清洁能源和安全法案》，碳关税措施可能给我国对外贸易造成巨大的影响，我国要积极参与 WTO 框架下的各项谈判，澄清单边气候立法与 WTO 多边贸易体制的内在冲突，继续推动 WTO 在气候变化问题上对多边框架的支持和对单边贸易措施的否定。一方面，根据 WTO 对发展中国家非互惠待遇原则，争取发达国家给予发展中国家更多技术和资金援助，以提高我国应对气候变化能力。另一方面，我国应充分利用 WTO 各种机制，如通过日常监督机制和贸易政策审议机制等，考察发达国家与碳关税有关的贸易政策的具体实施对我国贸易环境的影响；必要时，可以将违反 WTO 协定的碳关税措施诉诸 WTO 争端解决机制，通过争端解决程序，重建公平的贸易环境。

五　GATT 第 20 条是中国应当享有的环境保护权利

2012 年 1 月 30 日，WTO 上诉机构公布了对中国—原材料案的最终裁决报告，上诉机构就某些问题支持了中国的观点，但总体上认定中国政府对涉案原材料制定的出口管理措施大部分与 WTO 协定和中国政府的承诺不符。其中，关于中国是否有权在涉及中国加入 WTO 议定书（以下简称《加入议定书》）第 11.3 条出口税方面援引 GATT1994 第 20 条"一般例外"条款的裁决引发广泛关注。在这个关键问题上，上诉机构最终支持了本案专家组的观点，认为中国无权援引 GATT1994 第 20 条作为豁免《加入议定书》第 11.3 条所做承诺的抗辩依据。

GATT1994 第 20 条的核心是豁免成员方为保护人类生命健康以及可用竭资源等目的而采取违反 WTO 规则的贸易限制措施，是 WTO 成员方可援引用以环境保护的重要例外条款。但根据上诉机构的裁决，不只是本案涉及的几种原材料，在今后对任何产品采取出口税措施时，中国政府均不能引用 GATT1994 第 20 条"一般例外"条款作为豁免或抗辩依据。可见，此次裁决对中国出口管理政策所造成的后果十分严重，甚至超过了上诉机构报告对涉案具体措施所做裁决本身。我们必须认真分析和解读上诉机构报告，运用公认的国际法原理反驳上诉机构阐述的理由和依据，努力在法理上正本清源，争取上诉机构早日改变观点，维护中国在 WTO 应享有的合法权益。

GATT 第 20 条是一条旨在保护人类生命健康、可用竭资源等的多项权利组合条款，由于本案主要涉及的是该条款的 b 项和 g 项内容，故仅对这两项涉及的权利性质加以分析。对这两项权利的考察应拥有更为广阔的视野，从现代国际法的大视角进行，这样才能更准确地把握和提炼本质，得出的结论才更有说服力。从以上对 GATT1994 第 20 条 b 项和 g 项包含的权利性质的考察中可以得出这样的结论，在现代国际法中，尽管还存在国际法效力方面的差别，但保护人类、动植物的生命、健康，以及保护可用竭资源的可持续发展是主权国家应享有的固有权利，是国际法赋予国家的普遍性权利，同时，也是主权国家必须履行的国际法义务，绝不可因 WTO 成员方明示或默示、直接或间接、单方或协议的方式而被放弃。基于这一基本判断，WTO 上诉机构、专家组在本案中认定中国因《加入议定书》第 11.3 条未明确规定引入 GATT1994 或 GATT1994 第 20 条"一般例外"即丧失了援引该条款包含的权利作为豁免《加入议定书》第 11.3 条的合法抗辩依据的结论实属不当。

中国依法管理稀土资源的举措是中国政府的主权，符合 WTO 可持续发展的宗旨以及 WTO 规则，一些国家对中国政府这一正当举措的指责是毫无道理的。但与此同时，我们应当充分注意，在具体政策的实施过程中应当遵循国际法中的善意原则、WTO 透明度原则，并奉行国内外一视同仁的立场，只有这样才能更好地遵循包括 WTO 规则在内的国际法规则，防范法律风险。

六 环境议题引发的深度思考："加入议定书"与 WTO 新成员

随着 WTO 新成员的不断增加，"加入议定书"的数量持续增长，在 WTO 法律体系中的作用日渐凸显。但是，现有 WTO 规则对"加入议定书"法律定位过于笼统、原则，特别是对议定书与 WTO 涵盖协定之间的关系这一核心问题未予明确，争端解决机构对中国—原材料案等具体案件做出的相关裁决将新成员置于不利地位，这就引发了各方围绕议定书法律定位的广泛争议。议定书本身含有大量"超 WTO 义务"（WTO Plus）早就使新成员不堪重负，争端解决机构在涉及议定书条款问题上对新成员做出的不利裁决，对这些新成员来说则是雪上加霜，导致许多新成员以及国际法学者对 WTO 多边贸易体制的公平性、平等性，以及"非歧视"原则究竟能否惠及 WTO 全体成员方提出严重质疑。为了维护多边贸易体制的完整性、稳定性和可预见性，WTO 应当根据公认的国际法原则、WTO 的法律原则，本着有利于建立多边贸易体制的目标和宗旨，尽快、彻底地解决"加入议定书"在 WTO 体系中的法律定位问题。从目前各成员间的贸易摩擦和争端解决实践来看，解决议定书定位问题的核心或者关键在于，从法律上澄清"加入议定书"与 WTO 现有涵盖协定之间的关系。

面对议定书定位这一关乎各方重大贸易利益的重要、复杂的法律问题，WTO 部长会议和总理事会应当履行法定职责，充分尊重建立多边贸易体制的目标和宗旨，遵循 WTO 法律原则、规则以及国际法基本原则，将议定书置于 WTO 法律制度的整体框架内，妥善处理议定书与《WTO 协定》及其附件之间的法律关系，应以以下三项规则指导并解决"加入议定书"在 WTO 法系中的定位问题：①适用 WTO 普遍性规则应作为一项基本原则，议定书另有规定或新成员明确承诺不适用普遍性规则的情形作为例外；②"加入议定书"的国际法性质要求其必须服从、服务于《WTO 协定》及其附件，并同其一道解读和适用；③对于 WTO 普遍性规则未包含、议定书确有规定的特殊事项，应当首先从该事项性质上将其归类于 WTO 具体涵盖协定，并根据归类情况分别适用该涵盖协定中的普遍性规则。

七　环境议题引发的深度思考：多哈回合与 WTO 改革

由于西雅图部长会议失败、坎昆部长会议无果而终，人们意识到，WTO 体制已面临重大危机。WTO 多哈发展回合持续 10 年后至今仍未成功结束。在应对国际金融危机爆发后日益严重的贸易保护主义方面几无建树，WTO 改革问题更为迫切。

面对国际关系的历史性变化以及国际金融危机，WTO 理应改革自身体制以适应新的形势，为 21 世纪全球经济治理做出新贡献。作为世界上第二大经济体的中国，在此进程中应发挥重要作用，中国学者应广泛参与有关 WTO 改革的讨论，积极地建言献策。

在过去的半个多世纪里，GATT/WTO 体制推行的贸易自由化以及规则导向模式推动了国际贸易的大发展，其具有强制性的争端解决机制为国际法增添了亮丽的色彩，但这些并不能掩盖这一体制长期存在的、严重阻碍其发挥引领和管理国际贸易功能的诸多制度性缺陷，芝加哥、坎昆两次部长会议的惨败以及现如今多哈发展回合的举步维艰使得这些制度性缺陷更加凸显。

普遍认为，WTO 存在的制度性缺陷主要集中于两大方面：管理功能的严重缺失以及"协商一致"决策方式造成的决策困难。

国际关系和力量格局的变化、WTO 体制暴露出的愈发严重的制度性缺陷均说明确有必要对 WTO 现有体制进行改革，但作为多边贸易体制根基的贸易自由化宗旨不应改变，否则 WTO 体制就会成为"无源之水、无本之木"。WTO 管理职能弱化既是历史遗留问题，又是成员方对它的定位问题，面对全球经济一体化趋势，WTO 的现有管理职能已远不适应全球经济治理的新任务，应得以适当强化，特别是应加强 WTO 总干事和秘书处推动多边贸易谈判和决策的能力，在重大问题上赋予总干事更多权力。考虑到发展中成员占绝大多数的现实，WTO 应改变传统做法，选择发展中成员代表出任总干事，并扩大发展中成员人才在秘书处中的比例。为赢得国际社会更多支持并实现决策的科学性和民主性，WTO 应就与各国议会以及非政府组织之间关系建立机制、制定规则，进一步扩大贸易决策和争端解决的透明度。在改革决策机制方面，WTO 应在坚持"协商一致"原则的前提下增强权重决策的比例，逐步改变目前决策困难的局面，推动 WTO 体制高效运转，但应坚持将权重决策作为"协商一致"原则的例外，严格规定其适用条件和范围，不得滥用。

附录一

WTO 中的贸易与环境[*]

WTO 贸易和环境司
（中译文）

一　贸易与环境争论的简史

1. GATT 期间的贸易与环境

（1）贸易与环境争论的出现。

贸易与环境的争论不是一个新鲜话题。贸易与环境保护之间的关系，包括环境政策对贸易的影响和贸易对环境的影响等，早在 20 世纪 70 年代就被承认。20 世纪 70 年代初，涌现大量关于经济增长对社会发展以及环境影响的国际关注。这导致了 1972 年人类环境的斯德哥尔摩会议的召开（1972 Stockholm Conference on The Human Environment）。

在斯德哥尔摩会议的筹备阶段，GATT 秘书处被请求参与其中并做出贡献。依据秘书处自身的职责，秘书处准备了一项题为《工业污染控制与国际贸易》的研究报告（Industrial Pollution Control and International Trade）。该报告着重研究环境保护政策对国际贸易的影响，反映了贸易官员对于此类政策成为贸易障碍以及形成一种新型贸易保护主义的担心。

1971 年，时任 GATT 总干事向 GATT 全体缔约方提交了该研究报告，督促它们考察环境政策对国际贸易的潜在影响。一些缔约方建议 GATT 应建立一种机制以便它们更全面地考察工作。在这方面，经济合作与发展组织（OECD）已有先例，其建立了一个环境委员会，该委员会除了处理其他事项外，也处理广泛的贸易与环境问题。

---

*　http：//www.wto.org/english/tratop_ e/envir_ e/envir_ wto2004_ e.pdf.

（2）贸易与环境论坛的发展（1971～1991 年）。

在 1971 年 GATT 总理事会会议上，与会各方一致同意建立"环境措施与国际贸易小组"（即广为人知的 EMIT Group）。该小组将仅在缔约方请求之下召开会议，并对全体成员开放。直到 1991 年，没有推动该小组活动的请求。1971～1991 年，环境政策开始对贸易有不断增长的影响，并且伴随着贸易量的增长，贸易对环境的影响也越发凸显。

GATT 时期的进展

东京回合谈判期间（1973～1979 年），有关环境措施（以技术法规和标准的形式）可能构成贸易壁垒的程度问题被提出。关于技术贸易壁垒的东京回合协定，即《标准法典》（*Standard Code*）被磋商。在诸多事项中，它呼吁在技术法规的起草、采纳和适用中坚持非歧视原则以及透明度原则。

1982 年，一些发展中国家表达了它们对于被发达国家基于环境、健康以及安全的理由禁止的产品能否继续向它们出口的担忧。在 1982 年 GATT 缔约方部长会议上，做出了 GATT 应考察将被国内禁止产品（基于对人类、动植物的生命及健康有害的理由，或环境理由）的出口置于控制之下所必需的措施的决定。1989 年，"国内禁止产品和其他有害物质出口工作小组"建立。

在乌拉圭回合谈判期间（1986～1993 年），有贸易有关的环境事项再次被提出。《标准法典》被调整，而且某些环境因素被考虑在《服务贸易总协定》、《农业协定》、《实施卫生与植物卫生措施协定》、《补贴与反补贴措施协定》以及《与贸易有关的知识产权协定》之中。

1991 年，墨西哥与美国之间关于美国禁止从墨西哥进口用一种可导致海豚意外死亡的捕网捕捞的金枪鱼一事的争端使得环境保护政策与贸易之间的关系成为关注焦点。墨西哥声称该禁止行为与 GATT 规则不符。专家组做出了有利于墨西哥的裁决。尽管该专家组报告未被接受，但它的裁决受到了环境组织的强烈批评，它们认为贸易规则是环境保护的障碍。

环境领域的进展

在这一时期，环境领域取得重要进展。尽管经济增长与社会进步以及环境之间的关系是斯德哥尔摩会议的议题，但对这一议题的考察一直贯穿 20 世纪 70 年代和 80 年代。

在 1970 年 7 月，麻省理工学院的一个国际研究小组启动了一项对世界范围持续增长的影响和限度的研究。该研究提出即便在对技术进步最乐观的假设前提下，世界支撑经济和人口目前增长率也超不过几十年。然而，随着更多的有关技术进步对能源节约贡献的证据出现，以及价格在改变对相对短缺的能源的消费习惯及分配方面的积极作用不断显现，"增长的限度"这一立论被很快推翻了。

1987 年，环境与发展国际委员会发表了一份题为《我们共同的未来》的报告（即《布伦特兰报告》，the Brundtland Report），该报告首次使用了"可持续发展"一词）。该报告将贫困列为环境恶化的几个重要原因之一，并警告说增长了的国际贸易导致的较快经济增长将产生对必需资源的争夺，即变成所谓的"贫困的污染"。

EMIT 小组的启动

1991 年，欧洲自由贸易联盟（EFTA）成员（在那时，该联盟的成员有奥地利、芬兰、冰岛、列支敦士登、挪威、瑞典和瑞士）要求 GATT 总干事尽快召开 EMIT 小组会议。它们认为，必须启动这一行动，以便产生一个可以讨论与贸易有关的环境事务的论坛。它们还提到了即将召开的 1992 年联合国环境与发展会议（UNCED）以及 GATT 在这一问题上应有所作为。

由于 GATT 内部以及环境领域的发展，EMIT 小组的再次启动得到了积极响应。尽管起初发展中国家不愿意在 GATT 中讨论环境问题，但它们同意在该议题上有秩序地进行争论。依据考察环境保护政策对 GATT 运行的可能影响这个使命，EMIT 小组集中研究环境措施（例如，生物标签方案）对以下事务的影响。

A. 国际贸易。

B. 多边贸易体制规则与多边环境协定（MEAs）（例如，对有害废物的跨境流动以及处置进行控制的巴塞尔公约）中包含的贸易条款之间的关系。

C. 影响贸易的国内环境法规的透明度。

EMIT 小组的启动紧跟环境领域的进展。1992 年，联合国环境与发展会议（即广为人知的"地球峰会"）将注意力集中于国际贸易对减少贫困以及抗击环境恶化的作用上。会议接受的行动计划阐述了通过包括国际贸易在内的诸多途径促进可持续发展的重要性。"可持续发展"概念在环境保护与发展之间搭建了桥梁。

2. WTO 期间的贸易与环境

乌拉圭回合快要结束的时候（在 EMIT 小组成立后），人们把目光再次集中到与贸易有关的环境问题以及即将诞生的世界贸易组织在贸易与环境领域的作用问题上。建立 WTO 的马拉喀什协定前言中提到了可持续发展工作的重要性。WTO 成员认识到："在处理它们在贸易和经济领域的关系时，应以提高生活水平、保证充分就业、保证实际收入和有效需求的大幅增长，以及扩大货物和服务的生产和贸易为目的，同时应依照可持续发展的目标，考虑对世界资源的最佳利用，寻求既维护和保护环境，又以与它们各自在不同经济发展水平的需要和关注相一致的方式，加强为此采取的措施。"

1994 年 4 月，贸易与环境的部长会议决议被通过，该决议号召建立"贸易和环境委员会"（CTE）。CTE 的使命广泛，包括确定贸易措施与旨在促进可持续发展的环境措施之间的关系，以及在是否接受多边贸易体制条款修正建议的问题上提供适当建议。CTE 的工作计划包含于该决议中，该计划涵盖了比 EMIT 小组工作更广泛的议题。

CTE 包括 WTO 全体成员以及来自政府间组织的一些观察员。它向 WTO 总理事会报告工作。CTE 于 1995 年初召开第一次会议检讨其使命中的不同因素。在新加坡部长会议筹备期间，1996 年 12 月，CTE 总结了自它成立以来各种讨论的意见以及提交会议的结论性报告。自那时起，它大约一年召开 3 次会议。它还举办了一系列与 MEAs 秘书处之间的信息交流会以深化成员方对 MEAs 与 WTO 规则之间关系的理解，并为非政府组织举办了一系列公开座谈会。

2001 年 11 月，在多哈部长会议期间，决定启动与贸易和环境有关的某些议题的谈判。这一谈判在为此目的而成立的一个"贸易和环境委员会特别会议"（CTESS）的指导下进行。CTE 也被要求对它的工作计划中三个方面给予特别关注。此外，CTE 与贸易与发展委员会被要求作为一个论坛，以便多哈回合启动的谈判中有关环境与发展方面的议题可被讨论。

3. WTO 讨论的范围

正如前述，作为贸易与环境论坛国际层面的众多发展成就之一，环境事务被 GATT/WTO 所提及。尽管发达国家屈从于环境利益团体不断增长的压力和它们意识到的贸易与环境政策之间的"互不相容"，但发展中国家担心环境因素将成为国际贸易的障碍。它们尤其担心一个新的"绿色"条件被附着于市场准入的机会之上。在这方面，某些内容包含在 WTO 关于贸易与环境的讨论中，主要有以下几方面。

（1）WTO 不是一个环境保护机构。

在马拉喀什协定的序言中，WTO 成员确定了可持续发展工作的重要性。此外，"贸易与环境部长会议决议"阐明 CTE 的工作目标在于使"国际贸易与环境政策相互支持"。然而，WTO 成员意识到 WTO 不是一个环境保护机构，且它不希望成为这种机构。在贸易与环境领域它的职责仅限于处理贸易政策以及对贸易有显著影响的环境政策中与贸易相关的内容。

在处理贸易与环境关系时，WTO 成员不愿预设 WTO 自身对环境问题已有答案。然而，它们相信贸易与环境政策可以互补。环境保护提供了经济发展赖以生存的自然资源基础，而贸易自由化可带来环境充分保护所必需的经济增长。为实现这一目标，WTO 的作用是不断推进贸易自由化，同时确保环境政策不成为贸易壁垒，以及贸易规则不成为国内充分环境保护的障碍。

（2）GATT/WTO 规则为环境保护提供了广泛空间。

WTO 成员相信，GATT/WTO 规则已为成员方采纳国内环境保护政策提供了广泛空间。GATT 规则在这方面仅规定了一项非歧视要求。WTO 成员只要不在进口产品与国内相似产品之间形成歧视（国民待遇原则）或在从不同贸易伙伴进口的相似产品之间形成歧视（最惠国待遇原则），就有权采取国内的环保政策。非歧视原则是多边贸易体制赖以生存的主要原则之一。它确保可预见的市场准入，保护经济弱势一方并且保证消费者选择权。

（3）对发展中国家的市场准入。

发展中国家的特殊情况以及对其提供帮助促使其经济增长的理念在 WTO 中被广泛认可和接受。对发展中国家来说，贫困是第一位的政策考量，也是环保的最主要障碍，在它们看来，世界市场对它们出口产品的开放是基础性的。WTO 成员意识到，出口以及金融和技术转让的贸易自由化对于发展中国家创造保护环境和致力于可持续发展工作所需要的资源是必要的。由于许多发展中和最不发达国家严重依赖自然资源出口以换取外汇收入，贸易自由化被寄希望于改善资源的分配和更有效利用，同时为它们生产的产品增加出口机会。

（4）贸易与环境协调应进一步提升。

WTO 成员普遍认为，国家层面的贸易与环境官员之间的进一步协调有助于减少国际层面上贸易与环境之间的冲突。在过去，缺乏协调导致（不得不）就贸易与环境领域可能冲突的协定进行谈判。另外，普遍认为，通过 MEAs 谈判开展的国际合作可作为解决跨境（地区和全球）环境问题的最佳途径。MEAs 提供了一个避免单边行动处理环境问题的保障。单边解决方式往往是歧视性的，且经常包含环境标准的域外适用问题。UNCED 明确支持针对全球环境问题的协商一致的、合作的多边环境措施。此类措施可减少任意的歧视和伪装的保护主义，且可反映国际社会对全球资源的共同关注和责任。

二 关于贸易与环境问题的多哈使命

在多哈部长会议上，WTO 成员再次确认它们对健康以及环境保护的承诺，并同意开始新一轮贸易谈判，其中包括贸易与环境之间关系的谈判。除了启动新一轮谈判外，多哈部长会议宣言要求 CTE 在推动它的所有工作议题过程中集中关注三个主要议题，且与贸易与发展委员会合作作为讨论谈判中有关环境和发展方面议题的论坛。

多哈使命将 WTO 中的贸易与环境问题置于两条轨道。

A. CTE 特别会议（CTESS），已成立并开展谈判（此任务包含在多哈部长会议宣言第 31 段）。

B. CTE 日常工作，在处理包含在 1994 马拉喀什决议中的原有工作的同时（此任务包含在第 32、33 和 51 段），处理关于贸易与环境的多哈部长会议宣言中规定的非谈判事务。

此外，多哈部长会议宣言第 28 段要求成员方"澄清并改进 WTO 有关渔业补贴的纪律，并考虑这一因素对发展中国家的重要性"。这些谈判在"规则谈判小组"中开展。

（一）贸易与环境谈判

多哈部长会议宣言第 31 段启动了谈判，在以下事项中"提升贸易与环境的相互支持"以及"不对它们各自的成就抱有偏见"。

（1）第 31 段（1）项要求成员方就 WTO 规则与 MEAs 中规定的特殊贸易义务之间的关系开展谈判。谈判限定于有关现行 WTO 规则对同样作为 MEAs 成员的 WTO 成员方适用的范围问题。而且，谈判不得对并非 MEAs 成员的其他 WTO 成员的权利持有偏见。

（2）第 31 段（2）项要求就 MEAs 与相关 WTO 委员会之间信息交流的

程序以及授予 WTO 相关机构观察员地位的标准问题开展谈判。

（3）第 31 段（3）项要求就适当减少或消除对环境友好型产品和服务的关税与非关税壁垒问题开展谈判。

第 32 段结尾也与相关谈判有关，它指出：

"按照第 31 段（1）（2）项规定谈判……的成果应符合多边贸易体制的开放及非歧视性质，不应增加或减少现行 WTO 协定下成员方的权利和义务，特别是在《实施卫生与植物卫生措施协定》上，也不得改变这些权利和义务的平衡，且应考虑发展中国家和最不发达国家的需求。"

这一规定旨在提醒成员方不得通过谈判改变 WTO 成员方在现行协定中权利和义务的平衡。

（二）CTE 的日常工作

三个核心议题

除了启动上述谈判外，多哈部长会议要求 CTE 承担特殊任务。第 32 段指示 CTE 在完成当前所有日程任务的同时，特别关注三个议题。

A. 环境措施对市场准入的影响以及多赢情形。

B. TRIPS 相关条款。

C. 为环境目的实施的标签要求。

技术援助与环境评价

除了上述三项重点议题外，按照第 33 段要求，成员方也要讨论技术援助、能力建设以及环境评价问题。第 33 段指出："我们意识到，在贸易与环境领域技术援助与能力建设对发展中国家，特别是最不发达国家的重要性。我们也鼓励与希望在建立国家层面环境评价的成员方之间分享专业和经验。关于这些行动的报告应为第 5 次会议而准备。"

贸易与环境领域的技术援助主要采取为来自贸易与环境部门的政府代表举办地区培训的方式，并且与 UNEP、UNCTAD 以及 MEAs 秘书处共同组织。

在讨论技术援助问题上，成员方认为将贸易与环境官员召集在一起这种行为是改善国家层面合作以及政策一致性的基础。成员方也鼓励在实施技术援助时加强与 WTO、UNEP、UNCTAD 以及 MEAs 秘书处之间的进一步合作与协调。

报告

第 32 段同时要求 CTE 就讨论上述议题的进展情况向在坎昆召开的第五

次部长会议报告，并应就包括谈判需求在内的未来行动提出适当建议。

第 32 段的一部分指出："关于这些事项的工作应包括确认对相关 WTO 规则予以澄清的任何需要。委员会应向第五次部长会议报告，并应就包括谈判需求在内的未来行动提出适当建议。"

2003 年 7 月，CTE 会议通过了拟提交坎昆部长会议的报告。该报告涵盖了在 WTO 多哈部长会议与坎昆部长会议之间 CTE 日常会议所做的工作。它包括多哈部长会议宣言第 32 段、33 段要求的这些事项的事实综述。

可持续发展

最后，第 51 段明确要求 CTE 与贸易与发展委员会一道作为讨论谈判涉及的贸易与发展问题的论坛，以实现可持续发展目标。CTE 在处理贸易自由化进程中的环境影响方面具有重要作用。CTE 日常工作努力寻求分类方式以及采纳秘书处在以下谈判领域对相关进展的总结：农业、非农产品市场准入、规则、服务。

自多哈部长会议起，CTE 的日常工作主要关注以下几个方面。

A. **第 32 段：中心事项**。

第 32 段（1）项：环境措施对市场准入的影响，特别是与发展中国家的关系，尤其是其中的最不发达国家，以及贸易限制和扭曲的减少和消除将有利于贸易、环境和发展的情形（多赢情形，win–win–win situations）。

第 32 段（2）项：TRIPS 的相关条款。

第 32 段（3）项：以环境保护为目的的标签要求。

B. **第 32 段：其他事项**。

第 1 目和第 5 目：多边贸易体制条款与以环境为目的的贸易措施之间的关系，包括那些根据 MEAs 采取的措施，以及多边贸易体制和 MEAs 争端解决机制之间的关系。

第 2 目：对贸易有显著影响的、与贸易和环境措施有关的环境政策与多边贸易体制条款之间的关系。

第 3a 目：多边贸易体制与以环境为目的的税费之间的关系。

第 4 目：为环境目的采取的贸易措施，具有显著贸易影响的环境措施和要求透明度的多边贸易体制条款之间的关系。

第 7 目：有关国内禁止性产品出口的事项。

第 9 目：服务贸易与环境决议。

第 10 目：政府间组织与非政府组织关系的适当安排。

C. 第 33 段。

——技术援助和能力建设。

——环境评价。

D. **第 51 段：可持续发展论坛。**

三　市场准入和环境要求

环境措施对市场准入的影响

马拉喀什《关于贸易与环境的决议》（以下简称马拉喀什决议）第 6 目（第 1 部分）规定："环境措施对市场准入的影响，特别是涉及发展中国家，尤其是其中的最不发达国家。"

多哈宣言第 32（1）段（第一部分）规定："环境措施对市场准入的影响，特别是涉及发展中国家，尤其是其中的最不发达国家。"

这些规定对于 CTE 把握重要的贸易与环境决策之间存在的互补性的关系这项工作来说特别重要。不断改善的对发展中国家产品的市场准入是实现可持续发展目标的关键所在。按照 1992 年环境与发展的里约宣言中第 11 项原则，环境标准、管理目标和管理重点应反映它们适用的特殊环境与发展条件。这意味着适用于某些国家的环境标准可能并不合适另一些国家，甚至会带来不确定的经济和社会代价，特别是发展中国家。中小型企业在这方面特别脆弱。

成员方普遍认为，环境和健康保护是合法的政策目标。然而，也应当承认实现这些目标所设环境要求会对出口产生负面影响。消除减少市场准入担心的方案不是要弱化环境标准，而是要使得出口商适应它们。在这种情形下，有人认为，现行 WTO 协定存在着确保环境措施不会不适当地限制出口的足够空间。

为了在确保市场准入和保护环境之间建立一种适当平衡，成员方认为存在着考察环境措施如何以下列方式被设计的需求：①与 WTO 规则相符；②包容性；③考虑发展中国家能力；④满足进口国的合法目标。应承认，作为减少负面贸易影响的一种方式，吸收发展中国家参与设计和完善环境措施是必要的。同样，发展中国家在国际标准制定过程早期阶段的有效参与的便利性也是重要的。此外，环境措施适用过程中的灵活性也极为关键。

在讨论前述市场准入事务的过程中，一些成员方已感到对可持续发展来说贸易机会的分辨应被着重考虑。CTE 可以考察能帮助发展中国家辨别产品，并且在这些国家享有比较优势的领域对环境友好型产品发展出口市场的刺激因素和途径，这将加强 CTE1996 年新加坡报告中传达的信息：贸易自由化具有创造可适用于贯彻关键性环境政策的资源的潜能。而且，2001年在约翰内斯堡全球可持续发展峰会上通过的"行动计划"已重申，需要支持自愿的与 WTO 相适应的以市场为基础的对创造性的激励以及对环境友好型产品的国内和国际市场的扩展。

为环境目的实施的标签要求

马拉喀什决议第 3 目（b）项涉及多边贸易体制条款和为环境目的而实施的与产品有关的要求，如标准和技术法规、包装、标签和回收要求之间的关系。

多哈宣言第 32 段（3）项涉及为环境目的而实施的标签要求。

对马拉喀什决议第 3 目（b）项的讨论主要聚焦于生态标签（eco - labeling，亦译为环保标签）以及处理相关要求（如包装要求、回收、再利用要求等）的事项。为环境目的实施的标签要求事务自多哈部长会议起已成为 CTE 日常工作的特别核心事务。

生态标签不断增多的复杂性

政府、产业以及非政府组织使用生态标签的情况日益增多。而且，环境标签项目不断增长的复杂性和多样性给发展中国家，特别是出口市场的中小企业（SMEs）造成困难。尽管此类标签的国际标准通过推动标签要求的集中对贸易便利具有重要潜在影响，但是由于在这一进程中参与有限或效果有限，发展中国家处于不利地位。无论在国内层面还是国际层面，在制定环境标准和法规过程中，有必要提高发展中国家的参与程度。

而且，生态标签计划更趋向立足于生命周期分析，即考察一项产品从生产到最终处置过程中的环境影响。实践中，生命周期分析并非易事，而且生态标签经常建立在仅与产品本身或其生产过程的几个因素有关的标准基础上。生态标签计划的普及可能给消费者带来困惑（即限制他们认可或信任任何特殊标签的能力），且可能给出口商适应这些标签依据的众多不同标准造成困难（特别是当它们以同样的产品为目标时）。

生态标签是有效的贸易工具吗？

成员方普遍认为，自愿的、参与性的、以市场为基础并透明的环境标签计划对告知消费者环境友好型产品信息是一种潜在有效的经济方式。而且，这些计划似乎比其他方式更少限制贸易。然而，环境标签计划可能被保护国内市场的目的所滥用。因此，这些还计划应当是非歧视性的，且不可对国际贸易造成不必要的障碍或伪装的限制。

标签计划对保护环境具有积极效果这一假设被一些人质疑。生态标签所依据的标准经常是通过国内各利益团体之间的协商决定的。生态标签使用者一个共同的抱怨就是生态标签标准更趋向于聚焦地方关切，而且不考虑国外供应商的观点以及这些供应商所属国家特殊的环境情势。例如，一个存在严重空气污染的国家制定的生态标签可能将重点放在空气污染控制措施上，而他国的主要环境问题则是水污染而不是空气污染。

PPMs 事项

在关于生态标签的争论中，一个特别棘手的事项就是与生产过程与生产方式（PPMs）有关的标准运用问题。WTO 成员认为，各成员应在 WTO 规则规定的权利范围内为产品的生产方式制定标准，如果它们的生产方法在最终产品上留有标记的话（例如，在棉花生长过程中使用了杀虫剂，棉花本身存有杀虫剂残留物）。然而，在已知的"非正当 PPMs"（又称为非生产相关 PPMs）——在最终产品上未留有标记的 PPMs（例如，在棉花生长过程中使用了杀虫剂，但棉花本身并没有杀虫剂残留物）——基础上寻求 WTO 对各项措施的协调方面，它们存在不同意见。许多发展中国家认为，基于非正当的 PPMs 而在产品之间形成歧视的措施，如某些生态标签，应被认为与 WTO 不符。

非正当 PPMs 问题已造成 WTO 内部对 TBT 包含及允许的基于非正当 PPMs 的措施的范围产生一场法律争论。当前，对 TBT 有效性的一个主要挑战是不断增长的以生产过程为基础的，并非以产品为基础的法规和标准的运用（不仅在环境领域）。这就要求对 TBT 中与对等、相互承认有关的规则予以更多的关注，将其作为一种解决国家间不同环境标准引发的问题的途径。在对等方面，TBT 要求国家承认它们的贸易伙伴制定的标准的对等性，即使这些标准不同于其国内标准，只要它们已达到同一最终目的。对发展中国家来说，对它们自身制定的认证体制的对等性的承认是一个值得特别关注的领域。在相互性方面，TBT 要求各国承认它们的贸易伙伴用以评价是否符合标准的程序，如果这些程序被确信具有了一致性评估体制的可依赖性和能力。有人主张 TBT 中的对等性和相互承认原则可有效地适用于标签领域，在该领域，成员方将逐步承认它们贸易伙伴的标签方案，即便这些方案基于与它们自身标准并不相同的标准，只要这些标准成功地满足了既定目标。

TBT

大多数成员方认为，现有 WTO 规则足以处理包括已出现的特别贸易关注在内的环境标签事项。该事项在 SPS 和 TBT 执行中已取得令人满意的效果。在它们看来，在以环境为目的的标签制定方面，尚无一个有利于谈判的共同谅解或指导的强制性观点。关于这个事项的进一步工作是否需要涵盖对现有规则的澄清也不明朗。对于这些成员来说，TBT 和 SPS 已对强制性和自愿性的标签计划创造了一个适当的权利和义务之间的平衡。

关于自愿性生态标签项目，"TBT 对准备、接受和适用标准行动的良好指引"是重要的，且那些正完善标签要求的实体接受该指引的行为是被鼓励的。而且，2000 年 TBT 委员会就一套"国际标准的完善原则"达成一致，提供了有用的指导。这一决定涵盖了完善标准的原则，包括生态标签标准。这些生态标签标准是：透明度、开放、不偏不倚和国家同意，有效性和相关性、一致性，以及只要可能就应对发展中国家的需求和利益做出反应。

关于用以讨论生态标签事项的适当场所问题的观点五花八门。一些成员认为，考虑包含在多哈宣言第 32 段（3）项中的任务要求（该任务要求CTE 给予以环境为目的的标签要求以特别关注），CTE 需要澄清它在生态标签方面的工作。在 CTE 中的讨论因此成为 TBT 委员会讨论的来源。

然而，许多成员方持有不同观点。它们主张，TBT 委员会更适合完成考察 WTO 规则与标签事项关系任务，因为它正在讨论包括生态标签在内的普遍意义上的标签事项。它们坚持认为，CTE 争夺或模仿这项工作是不明智的，而且，对 CTE 来说，在对行动计划做出决定之前考虑 TBT 委员会已完成的工作成果更为有利。

TBT 委员会对标签制度的讨论

在第二次对 TBT 协定每三年一度的审议过程中（2000 年 11 月），TBT委员会"重申标签要求与协定规则相一致的重要性，且特别强调它们不应成为伪装的贸易限制"。2001 年，TBT 委员会同意启动关于标签问题的不同层次的讨论。TBT 的讨论涵盖了已遍及市场的所有标签方案的种类（一些是强制性的，一些是自愿的，还有一些是基于非同一 PPMs 的）。

该委员会在第三次三年一度的审议中恢复讨论标签事项。在审议报告中的"其他因素"中的内容反映，各成员方同意在执行和适用 TBT 过程中继续考虑标签事务。

在 TBT 委员会的资助下，2003 年 10 月开启了标签事务的培训项目。这一项目旨在为成员方提供在执行 TBT 过程中对准备、接受和适用标签要求以及对这些要求对于市场准入影响的更好的理解。它也为成员方提供一个从更广泛领域和具体实践中（包括消费者、产业界、进口商、出口商和法规制定者的实践）得到信息的机会。这一项目以实际案例研究为基础，并特别注重发展中国家的关切。它考虑了一系列涉及 WTO 成员利益的不同领域的具有不同目标的标签计划。

处理各种要求

一些国家已制定了用于自身市场的包装以及相关的回收、再利用或包装物处置的政策。这些政策可能增加出口商的成本，也可成为贸易的潜在障碍并导致歧视性待遇，即便对国内产品和进口产品实施了同样的要求。例如，在许多亚洲国家，木材可被用于包装，而在欧洲，木材却被认为是不可再利用的。

关于废品处置要求对贸易的潜在影响问题，许多成员方表达了以下关注。

A. 被授权给国内产业集团且被设计为有利于它们利益的规制废品处置项目的标准范围。

B. 外国供应商被允许参与设计这些项目的程度。

C. 海外供应商钟情的包装被这些项目接受的程度。

D. 参与这些项目的费用。

为环境目的的税收

马拉喀什决议第 3（1）项涉及多边贸易体制条款与基于环境目的而征收的税费之间的关系。

环境税和环境费被持有"内化"国内环境成本观点的 WTO 成员方政府更多地利用，以实现国内环境政策目标。WTO 规则规范了政府对贸易产品征收国内税费的方式，当这些税费被施加于进口产品或被返还给出口商时。当提出对能源和运输环节环境敏感型投入增税建议时，这对于贸易和环境政策制定者来说具有广泛利益和重要性。

依据现有 GATT 规则以及司法实践，"产品"税费可在边境调整，但"生产过程"税费总的来说是不能这样做的。例如，一项对燃料征税的国内税可相当合法地适用于进口燃料，但对生产一吨钢消耗的能源所征之税则不能适用于进口钢材。既然环境税费至少具有与产品导向相同的生产过程导向，那么 WTO 规则就会引发对于适用于国内生产商的生产过程环境税费竞争性影响的关注。CTE 已经注意到 WTO 规则在多大程度上应被考虑与环境税费相协调这一工作的重要性。

贸易自由化对环境的影响

马拉喀什决议第 6 项第二部分涉及消除贸易限制和扭曲的环境利益。

多哈宣言第 32（1）段第二部分提出消除或减少贸易限制和扭曲的情形将有利于贸易、环境和发展。

WTO 秘书处准备的一份背景资料认为，很大程度上贸易自由化并非环境恶化的主要原因，贸易工具也不是解决环境问题的最佳政策选择。消除贸易限制和扭曲的环境利益似乎是间接的且总体上不是容易鉴别的。当贸易政策并非唯一一个对经济行为具有影响的决策领域来说更是如此。

然而，秘书处起草的研究报告指出了消除贸易限制和扭曲与改善环境质量之间有着积极的关系：

A. 通过促进竞争实现的更有效的元素利用和消费模式；

B. 通过贸易扩张以及对可持续性开发自然资源的鼓励减少贫困；

C. 通过市场自由化实现的与环境相关的产品和服务的可适用性的增长；

D. 通过不断的多边磋商实现的国际合作的更好氛围。

对于发展中国家来说，贸易是提供保障环境所需资源的重要手段。1992 年 UNCED 所做的关于向发展中国家大规模转让资金和技术以帮助它们满足经济发展和环境保护需求的政治承诺尚未实现。总之，有益于发展中国家出口利益的产品的贸易自由化对于帮助它们实现可持续发展来说是基础，而发展中国家已在 CTE 中对此加以强调。

农业

在这个问题上，有两种不同的观点。一派成员认为，农产品贸易改革为环境、贸易与发展提供了"多赢"模式。扭曲贸易和生产的农业补贴不仅对适用这些政策的国家（刺激集约型农业生产）形成负面影响，而且还对其他国家的环境，特别是发展中国家的环境造成不利影响。这类补贴使农产品价格增加了不确定性，降低了发展中国家农业回报率，打击了生产和投资。较低的农业回报率与贫困密切相关——而贫困是导致环境恶化的一个重要原因。相反，农业回报率的增长将导致发展中国家生产者的高收入，从而提高它们保持和追求可持续农业生产的财政能力。

另一派成员则认为，某种程度的国内支持对于保持因农业生产引起的不同环境利益是必要的。这些利益包括文化领地的维护、土地保有、水资源利用以及保护生物多样性。

能源

一些成员认为，能源因素将为环境、贸易与发展提供一个潜在的"多赢"模式。它们主张，OECD 现有税收和补贴体制对于石油产品来说是不公正和歧视性的，对煤炭和燃气的税收微不足道，而且在许多 OECD 国家煤炭产品享有补贴。这些成员建议，应取消补贴，燃料税应被重建以反映碳排量内容——这将确保（具有高碳排量的）污染源被惩罚，而不是被鼓励。其他成员认为，CTE 不是讨论减少气候变化措施影响的合适场所，因为 UN-FCCC 和京都议定书（the Kyoto Protocol）足以处理此事。

渔业

多哈部长会议宣言第 28 段"考虑到渔业对发展中国家的重要性"要求成员方"澄清并改进渔业补贴方面的 WTO 纪律"。对这个问题的讨论集中于规则谈判小组的"补贴和反补贴协定"条款。然而，根据其工作安排第 6 项，渔业补贴问题已在 CTE 中被充分讨论。

在渔业领域达到可持续发展目标的重要性已被普遍认可。几个成员坚持认为，糟糕的渔业管理——发生在准入开放的渔业领域——伴随世界上不断增长的渔产品需求已成为过度开发以及非法的、未报告的、非常规的捕鱼导致的世界渔业生产滑坡的根源。在这些成员看来，补贴可能成为降低产能的有效工具，如通过回购渔船计划（实施补贴）。

其他成员则认为，超产能、经常性以及对渔业的过度开发均由补贴引起。甚至在明显有效的管理体制发挥作用时，补贴也可能降低渔业管理的稳定性并损害减少产能的目标。在这点上，贸易自由化以及可持续资源管理将刺激具有长期环境利益的更有效生产方式。

林业

WSSD 执行计划非常重视林业管理的可持续性原则。它指出，由于森林提供了减轻全球变暖以及保持生物多样性等多方面利益，该事项需要以包括讨论与贸易有关的相关事项等在内的跨行业方式来对待。尽管成员方一致认同实现可持续发展的重要性，但一些成员强调实现林业可持续发展目标可有不同途径。有必要考察排除国家可从其林业资源经济上获取利益的能力的森林保护措施。

一些成员十分关注国际上非法砍伐森林而生产的产品的贸易可能影响资源国保护森林的努力以及其他环境、经济和社会目标实现。适当国内规制的重要性以及执行、监督和贯彻这些规制的能力已被强调。此外，应更多关注这一事实：贫困是问题产生的根源，因为它加速了非法的林业资源开发。

一些成员方强调，尽管制止非法开发的国内措施是必要的，但考虑到其他国际场合的讨论，对贸易领域可能的国际途径进行考察也是重要的。其他一些成员则认为，该事项更适合于在其他地方解决，从而质疑 WTO 争论这个问题的有效性。

环境政策

马拉喀什决议第 2 项规定，贸易和环境委员会的职权涉及 "与贸易有关的环境政策与具有显著贸易影响的环境措施之间，以及与多边贸易体制条款之间的关系"。

第 2 项所考察的主要问题在于 WTO 如何对待环境补贴。其他事项包括贸易协定的环境评估。

与贸易有关的环境政策：补贴

补贴对于环境具有积极的或消极的潜在影响。当补贴具有积极的环境外部效应时，它将有利于环境。此外，它可能是消极的影响，如果它带来环境压力（例如，通过鼓励对某些自然资源的过度利用等）。在农业和能源领域，补贴被广泛地认为扭曲了贸易，而且，在某些情况下，成为环境恶化的成因。环保主义者建议，多边贸易规则应为那些鼓励具有良好环境影响的行为或技术的补贴提供更多的灵活性。

在乌拉圭回合谈判期间，补贴可能引起的对环境的积极影响和消极影响均被考虑，而且许多新的规则和豁免已被农业协定和 SCM 协定所包括（尽管 SCM 第 8.2c 条已经期满）。根据农业协定，当某些条件被满足时，环境补贴可从 "国内支持" 减少中豁免。

在 CTE，能源补贴也已被涉及。关注点集中于 SCM 协定中关于出口补贴规则的修改问题，即应将用于出口的能源税收在不将该税收退还作为出口补贴的情况下退还给生产者。该协定第 1 附件和第 2 附件强调，对 "出口产品生产过程中消耗的投入物" 的税收豁免或减免不构成出口补贴。

某些成员认为这一条款是对出口产品使用能源聚集性技术的鼓励。CTE

尚未就有关补贴的限定性结论达成一致，同意未来开展更多的对此类政策的考察和分析。补贴问题也被 CTE 在其他的工作项目下考虑（第 6 项）。然而，在那里，更多地考虑与它们的特别贸易扭曲以及在某些领域（诸如农业和渔业）的环境破坏影响有关的问题。

贸易协定的环境评估

最近几年，一些政府受到来自 NGO 的压力开始对贸易协定开展环境评估。例如，美国和加拿大已准备对北美自由贸易协定以及乌拉圭回合协定予以评估。根据马拉喀什决议第 2 项，美国已推荐使用政府在国内层面对贸易协定的环境评估。CTE 已在最近几年对此事投入更多关注，多哈部长会议宣言也已包括与此有关的段落（第 33 段），它鼓励成员方与其他成员方分享如何开展国内环境评估方面的经验和专长。在 WTO 贸易谈判中，环境评估的重要性业已被多哈宣言第 6 段所确认，而且在后来的 WSSD 执行计划中也得到确认。多哈宣言第 6 段规定："我们注意到成员方在自愿基础上对贸易政策进行国家环境评价的努力。"

在根据第 33 段开展的讨论中，成员方已经强调在环境评估方式上的信息交换的有效性以及在这方面对发展中国家限制问题。一些成员强调这一事实：除了自愿外，国内层面的环境评估应当与国家的优先利益一致，且发展中国家的任务不应因被施加统一的评估程序而变得更加艰巨。

国内禁止产品的出口

马拉喀什决议第 7 项涉及"国内禁止产品的出口事务"。

该事务涵盖那些基于它们对环境或人类、动物或植物生命健康形成的危险而被国内禁止或限制销售和使用但被出口的产品。特别涉及许多发展中国家和最不发达国家——经常缺乏处理这些产品的能力和资源。

GATT 早在 1982 年就已经考察了"国内禁止的产品出口"（DPGs）问题。GATT 缔约方中的许多发展中国家关心这一事实：一些在出口国基于健康和环境原因而被禁止或严格限制在其国内销售的产品正在向它们出口。这引发的道德关注——在这些国家看来——需要在多边贸易体制内解决。

1982 年 GATT 缔约方部长会议上，一致同意 GATT 应检查该问题，且全体缔约方应将它们生产和出口的基于健康或环境原因在其国内被国内行政当局限制的任何产品通知 GATT。在该决定通过后，一个通知程序被建立，但缔约方趋向于通知那些出口已经被禁止的 DPGs 产品，而不是那些它们继续出口的产品。通知程序是不成功的，因此 1990 年以后就没再收到任何通知（尽管 1982 年决定依然有效）。

1989 年，一个 DPGs 出口工作组在 GATT 成立。工作组在 1989 年至 1991 年共召开 15 次会议，当它的使命期满时也未能解决该问题。1994 年马拉喀什部长会议期间，同意将 DPGs 纳入 CTE 的工作事项。

尽管已有诸多解决 DPGs 的国际层面的努力（如危险废物跨境流动及其处置控制的巴塞尔公约），但这些方式主要处理的是化学品、药品和危险废物而不是消费产品问题，WTO 的许多研究揭示了这一差距。某些代表团提出，尽管存在其他方式，但这些方式许多都是自愿性的，因此 WTO 应在该问题上取得更大的进步。

CTE 已表示，尽管存在 WTO 在该事务上发挥作用的需求，但不能转移其他专门政府间论坛工作注意力也是重要的。它也承认，与 DPGs 有关的技术援助和技术专业在从根本上解决环境问题和帮助避免对所涉产品不必要的额外贸易限制方面能够发挥重要作用。它声明，应鼓励 WTO 成员通过双边或政府间组织向其他成员提供技术援助，特别是对发展中和最不发达国家。这将有助于这些国家加强它们监督和必要时控制 DPGs 进口的技术能力。

根据为 WTO 在 DPGs 出口问题上准备的资料的秘书处的记录，一些代表团要求 1982 年至 1990 年业已存在的 DPGs 通知体制应当被恢复，特别是因为建立该体制的决议至今仍然有效。该体制尚未恢复。最近几年，这个问题未被 CTE 提及。

服务与环境

马拉喀什决议规定贸易和环境委员会的工作职责涉及《关于服务贸易与环境的决定》所设想的工作计划。

服务贸易与环境决议

《关于服务贸易与环境的决定》中的工作计划写道："由于保护环境所必需的措施具有保护人类、动物或植物生命健康的典型目的，是否需要规定比第 14 条 B 项更多的内容是不清楚的。"为了决定是否要求 GATS 第 14 条的任何修订都考虑这类措施，决定要求 CTE 对服务贸易与环境之间的关系进行考察并在可能时做出建议。决定同时要求 CTE 考察政府间协定对环境的影响以及它们与 GATS 的相关性。

GATS 谈判期间，一些代表团建议例外条款可作为解决"环境"、"可持续发展"、"基础设施或交通体系整合"和"可用竭自然资源的保护"等问题而实施的服务贸易限制。在这方面一个主要的关注是奥地利和瑞士希望保持对卡车运输的限制，因为它们认为这种运输有害于环境。在涉及这些关注的事项方面，直到乌拉圭回合结束也未能达成协议，贸易与环境决议反映了一些代表团坚持再次处理该问题的愿望。

CTE 中的讨论

在 CTE 中，一个成员已建议增加比 GATS 现有规定更广泛的例外条款，尽管其他成员觉得，由于 GATS 一直在更新，评估第 14 条 B 项在处理环境关注方面的适当性将是草率的。该事项与货物贸易领域处理环境关注的 1994GATT 第 20 条的适当性问题相关。

CTE 对该事项的讨论至今未能导致对基于环境目的可适用于服务贸易且未被 GATS 条款特别是第 14 条 B 项涵盖的任何措施的确定。

贸易自由化对环境的影响

2002 年，WTO 秘书处准备了一份有关服务贸易自由化对环境的影响的研究报告。这个报告考察了三个选择的领域（旅游、城际间陆地货物运输和环境服务），并且简要地考虑了如何评估服务贸易自由化环境影响的初步事项。

当前情况

成员方同意，正在进行中的谈判方向之一是不断进步的自由化。这些谈判在现有 GATS 框架内以及开始制定的现有日程中进行。成员方忆及 GATS 现有框架允许国家对承诺表以及对外国服务提供者施加的条件方面的灵活性。服务贸易自由化尊重国家的政策目标、发展水平以及每个成员的经济规模。

有规制的调整

尽管自由化包括对服务提供障碍的不断取消，但这并不是要取消政府的作用。相反，自由化甚至可以使得为达到某些政策目标的适当规制需求变得更为突出。例如，环境政策可努力减轻服务贸易自由化对环境的消极影响或提升其积极影响，或二者兼有。在这个意义上讲，每个领域贸易自由化的环境影响可能完全取决于自由化进程是否符合现有规制条件或在有规制的调整之下进行。如果适当的规制发挥作用且价格反映了生产的全部成本（包括环境成本），自由化将有益于环境，因为它导致更为有效的资源利用。

资源的可适用性是由发展水平决定的。更自由的贸易、可导致减少贫困的经济增长，以及包括更好的环境在内的更高生活水准之间存在积极联系。

可归因的潜在环境影响

在那些可能归因于服务贸易的环境影响与那些可能由其他因素引起的环境影响之间做出区分是很困难的，有一种方式是检验服务贸易自由化对GATS 之下的自由化的贡献程度。自由化的进程可能不是关键因素，由服务贸易自由化引发的环境影响，不论其来源，更有意义。

与货物的联系

尽管服务往往是无形的，但它的直接环境影响是可通过它对相关货物消费的影响来进行衡量的。当考虑服务贸易自由化的环境影响时，应当铭记源于相关货物供应和消费的影响。

什么是环境服务

在乌拉圭回合期间依据联合国产品总分类（CPC）而制定的"服务项目分类表"中，环境服务项目包括：污水处理服务、垃圾处理服务、卫生及相关服务、其他环境服务。尽管"其他"一项中未提及任何项目，但可以想见，它包括了 CPC 环境服务表的剩余部分，即废气清洁、降低噪声服务、自然与景观保护服务以及其他环境保护服务。这个名单已被许多成员方用于它们的特别承诺表中。

截至 2003 年 4 月，47 名成员在至少一个环境服务项目的子项目上已经做出特别承诺。它们中的许多成员已在几个领域做出特别承诺，而一些成员则在全部子项目上做出特别承诺。子项目中的承诺数量大体相当。相对于旅游、金融服务或电信服务来说，GATS 在环境服务项下的自由化程度似乎相当有限。然而，人们应当牢记成员方政策在实践中比它们承诺表中的承诺更为自由。

环境服务是一项大多通过商业存在（第 3 类）并伴随自然人存在（第 4类）而实现的贸易部门，与跨境贸易（第 1 类）和境外消费（第 2 类）则关系不大。环境服务可为一些支持性服务提供途径，但似乎从技术上来说，许多相关行为是不可行的。这些模式在成员方已做出的特殊承诺中得到反映。

一个对成员方承诺表的统计显示，跨境贸易（第 1 类）经常是无拘束力的，部分原因是某些成员认为它技术上是不可行的。境外消费（第 2 类）

之下的承诺相当自由，反映了一个跨服务领域的普遍趋势。对环境服务的大多数承诺集于商业存在（第 3 类），而自然人存在（第 4 类）中的承诺就像在其他服务领域中一样仅限于某些特殊类别。

环境友好型产品与服务

WTO 第四届部长会议通过的多哈宣言第 31（3）段提出对以下问题进行谈判："对环境友好型产品与服务的关税以及非关税壁垒的减少或适当消除。"

成员方同意在非农产品市场准入的谈判中以及特殊议程服务贸易理事会中开展有关环境友好型产品和服务的谈判。

此外，一些成员呼吁 CTESS 澄清环境友好型产品概念。然而，并不是全体成员都支持为谈判目的而进行的定义环境友好型产品工作。负责三项内容谈判的三个谈判实体的主席已同意就他们所在不同委员会日常工作的进展方面开展合作。

关于环境友好型产品定义以及分类的不同标准被争论着且关注以下事项。

A. 具有多种最终用途的产品如何被分类。

B. PPMs 和最终用途标准对于定义环境友好型产品是否必需。

C. 协调体制如何涵盖这些产品。

D. 环境友好型产品概念的相对性问题如何解决。

在讨论环境友好型产品名单时，一些参考意见被提交给 OECD 和 APEC 关于此类产品的名单。一些成员方提出，将 APEC 或 OECD 名单作为讨论环境友好型产品鉴别问题的基础。然而，APEC 或 OECD 名单偏向于某些 WTO 成员的利益，而发展中国家利益应当被考虑。在这方面，有人提议，WTO 环境名单应当制定成包括有利于发展中国家的出口利益的产品在内的名单。

多边环境公约（MEAs）与 WTO 的关系

马拉喀什决议第 1 项规定，贸易和环境委员会的职权涉及"多边贸易体制条款与根据多边环境协定（采取的）、为环境目的的贸易措施之间的关系"。

马拉喀什决议第 5 项规定，贸易和环境委员会的职权涉及"多边贸易体制中的争端解决机制与 MEAs 争端解决机制之间关系"。

WTO 第四届部长会议通过的多哈宣言第 31（1）段提出应对以下事项进行谈判："现有 WTO 规则与 MEAs 规定的特殊贸易义务之间的关系。"谈判应限于这一范围：此类现有 WTO 规则在所涉 MEAs 成员之间的适用性问题。谈判不应歧视并非所涉 MEA 成员方的任何成员的 WTO 权利。

一般性辩论

对于跨境环境问题，无论是地区性还是全球性的，多边解决方案均优于单边解决方案，这一点被环境领域和贸易政策制定者广泛认可。求助于单边主义有损害多边贸易体制的任意性歧视和伪装的保护主义的风险。UNCED 强烈希望通过 MEAs 谈判处理全球性环境问题。里约会议通过的二十一世纪议程声称，应采取措施以"避免采取单边行动处理出口国管辖之外的环境挑战。处理跨境或全球性环境问题的环境措施应尽可能地取得国际共识基础"。

当 MEAs 被鼓励时，CTE 已在努力处理如何对待 MEAs 中的某些协定包含的贸易条款的问题。这些（贸易条款）包括 MEAs 成员方之间同意采取的贸易措施以及 MEAs 成员方采纳的针对非成员方的措施。

MEAs 所包含的贸易措施与 WTO 规则之间一个可能的冲突根源是 MEAs 违反了 WTO 不歧视原则。这样的违反可发生在一个 MEA 授权它的成员之间可以对一种特殊产品开展贸易，而却禁止与非成员之间开展完全相同的产品贸易，因此，违反了 WTO 的 MFN 条款（它要求国家给予"相似"进口产品以平等待遇）。

一些 WTO 成员已表达了对与 MEAs 相关的争端可能被提交给 WTO 争端解决机制的忧虑。既然同为 MEA 与 WTO 成员的两个成员之间的争端最有可能在该 MEA 框架内解决，那么一个 MEA 成员与一个非成员之间的争端（二者均为 WTO 成员）将最有可能进入 WTO，因为非成员不能借助于该 MEA 争端解决条款。它们提出，WTO 不能等着被要求解决一个与 MEAs 相关的争端并且专家组被要求对 WTO 与 MEAs 之间的关系发表意见。WTO 成员自身应通过谈判解决这一问题。

在讨论 MEAs 包含的贸易条款与 WTO 规则之间的对比性问题时，CTE 已注意到现行有效的大约 200 个 MEAs 中仅有 20 个包含了贸易条款。因此，有人提出，该问题的扩散应不会恶化。

另外，至今为止，还没有涉及 MEAs 条款的争端被提交 WTO。一些 WTO 成员已在 CTE 内提出，国际公法的现有原则足以规制 WTO 规则与 MEAs 的关系。1969 年维也纳条约法公约以及习惯法规则本身就可规范 WTO 规则如何与 MEAs 相融合。"特别法"法律原则（特殊的协定优于一般性的协定）以及"后法"原则（后来签署的协定优于以前的协定）均源于国际公法，且一些成员提出，这些原则有助于规制 WTO 规范与 MEAs 之间的关系。另一些成员提出，仍有必要做出更多法律上的澄清。

尽管在 WTO 与 MEAs 之间从未发生正式冲突，但在专家组组成之前已被延迟的"智利—剑鱼案"已出现冲突性裁决的迹象。该案中，双方的司法机构似乎均要考察智利的措施是否符合联合国海洋法公约（UNCLOS）。WTO 争端解决机制和国际海洋法庭（ITLOS）可能就事实问题或该公约的条款解释问题得出不同的结论。

智利—剑鱼案

事实。

剑鱼游弋于太平洋水域。沿着它们开阔的游动范围，剑鱼穿越诸多管辖边界。20 世纪 90 年代，欧盟和智利就南太平洋水域中的剑鱼捕捞问题一直争吵，并借助于不同的国际法机制支持各自的立场。然而，欧盟于 2001 年 4 月决定将案件提交 WTO，而智利则于 2000 年 12 月提交给 ITLOS。

WTO 中的程序。

2000 年 4 月 19 日，欧盟请求就禁止在以智利捕鱼法为基础建立的智利港口卸载剑鱼问题与智利磋商。

欧盟声称，按照智利法规，它在东南太平洋运作的捕鱼船未被允许在智利港口卸载剑鱼。欧盟认为，智利的这一规定使得通过它的港口运输剑鱼成为不可能。欧盟宣称，上述措施与 GATT1994 不符，特别是与第 5 条和第 11 条不符。

2000 年 12 月 12 日，DSB 在欧盟请求后开始成立专家组。2001 年 3 月，欧盟和智利同意推迟专家组成立的进程（该协定于 2003 年 11 月得以重申）。

ITLOS 中的程序。

"关于东南太平洋剑鱼资源保护及可持续开发案"的程序在 ITLOS 中由智利和欧盟启动于 2000 年 12 月 19 日。

其中，智利请求 ITLOS 界定欧盟是否履行了它在 UNCLOS 第 64 条（呼吁在寻求高度洄游鱼种的保护方面开展合作）、第 116～119 条（公海生物资源保护）、第 279 条（争端解决）以及第 300 条（呼吁善意以及不能滥用权利）项下义务。而欧盟则请求法庭决定智利是否违反了以上提到的 UN-CLOS 第 64 条、第 116～119 条和第 300 条，以及第 87 条（在保护义务之下的关于包括捕鱼自由在内的公海自由）、第 89 条（禁止任何国家将公海的任何部分置于其主权之下）。

2001 年 3 月 9 日，当事方通知 ITLOS 它们已达成一个关于此次争端的"临时协定"，且请求推迟 ITLOS 中的程序。这一推迟于 2004 年 1 月被确定延长两年。因此，该案仍保留在法庭的待决案件簿中。

MEAs 与新加坡部长会议

作为 1996 年新加坡部长会议达成的结果，CTE 声称它完全支持针对全球和跨境污染问题的多边解决方案，并要求成员方避免在这方面采取单边行动。它声称，尽管贸易限制不是唯一或必需的完成 MEAs 目标的政策工具，但在某些情况下，它们会发挥重要作用。CTE 同意，WTO 规则已为依据 MEAs、与 WTO 相符的方式采取的贸易措施提供了广泛、有价值的空间。它提出，在这方面不需要改变 WTO 条款以提供更多的便利条件。

关于争端解决，CTE 认为，贸易与环境政策制定者在国家层面的更好合作有助于避免因运用 MEAs 包含的贸易措施引起的 WTO 争端。它认为，MEAs 成员方之间同意并使用的贸易措施不太可能在 WTO 中产生问题。它要求，在未来谈判 MEAs 时，应特别注意贸易措施如何适用于非成员方问题。一旦就一个 MEA 中的贸易措施在 WTO 中发生冲突（特别是针对非 MEA 成员的 WTO 成员），CTE 认为 WTO 争端解决条款可解决此类问题，包括在需借助环境专业知识的情况下。

关于 MEAs 的多哈谈判议程

在多哈部长会议上，成员方就启动 WTO/MEAs 关系某些问题的谈判达成一致。成员方同意，在涉及包含"特殊贸易义务"（STOS）的 MEAs 时澄清 WTO 与 MEAs 之间的关系。然而，这一谈判被限定于均为一个 MEA 成员的 WTO 成员之间冲突的 WTO 规则适用问题。换句话说，成员方不同意对 MEAs 成员与非成员之间的冲突解决问题开展谈判。

多哈部长会议宣言第 32 段小心地限定根据第 31 条（1）（2）项开展的谈判：

"依据第 31 条（1）（2）项开展的谈判的结果应当符合多边贸易体制的开放性、非歧视特点，不应增加或减少成员方在现有 WTO 协定中的权利和义务，特别是在 SPS 中的权利义务，也不应改变这些权利和义务的平衡，且应考虑发展中国家及最不发达国家的需求。"

自谈判开始后，各代表团积极参与制定一个"关于使命的共同谅解"。

该谅解已在两个补充方式基础上（MEAs 中的 STOS 认定，对 WTO/MEAs 关系的更概念化讨论）革新。代表团已考察了这个使命中的不同部分，如"现有 WTO 规则""STOS""MEAs 规定的""MEAs""所涉 MEA 成员方之间"等名词。个别成员也开始展望该使命带来的可能性成果。

对于该使命的不同内容，一揽子讨论围绕"MEAs""STOS""MEAs 规定的"等名词。关于"MEAs"，一些人认为有必要澄清这一概念以不超越该使命的界限，而另一些人则认为这是不必要的。讨论的重点集中在可能包含 STOS 的 6 个 MEAs 上。然而，成员方尚未同意将讨论限定于 MEAs 的特别数量问题。

关于"STOS"，一些成员方认为，它们必须是 MEAs 明确规定并具有强制性的措施。然而，关于 MEAs 中其他种类的贸易措施以及它们是否被认定为 STOS 的讨论仍在持续。而且，一些成员方提议，在界定"MEAs 规定的"STOS 时应注意到 MEAs 的整体操作框架，建议成员方会议决议必须被考虑。成员方会议决议可采取的不同形式的贸易措施以及它们的法律地位问题正被讨论。

一些人对"潜在谈判成果"提出建议，例如，制定规制 WTO/MEAs 关系的某些"原则和公式"的需要，以及就 MEAs 中某类贸易措施与 WTO 规则建立一致性的需要。然而，CTESS 似乎存在一个普遍共识，那就是讨论潜在成果尚不成熟。

环境和 TRIPS 协定

马拉喀什决议第 8 项、多哈宣言第 32 段（2）项均涉及与贸易有关的知识产权协定相关条款。

TRIPS 的目标在于促进对知识产权的有效和充分保护。知识产权体现不同功能，如鼓励创新以及对环境有意义的技术的发明信息披露。在贸易与环境语境下，TRIPS 意义越来越大。

多哈部长会议宣言已要求 CTE 把工作重点放在 TRIPS 相关条款上。TRIPS 理事会也已被指示安排含有根据对第 27.3（b）条的审议考察 TRIPS 与生物多样性公约以及保护传统文化和民间传说公约之间关系的工作计划。

TRIPS 与环境之间的联系是复杂的，且其中的许多事项是具有争议的。CTE 对这一事项的讨论主要围绕两个方面：环境友好型技术的转让，以及 TRIPS 与生物多样性公约某些条款的一致性问题。

CBD 与 TRIPS 的关系

关于 TRIPS 与生物多样性公约（CBD）某些条款的一致性问题有三个观点。对一部分成员来说，有必要修订 TRIPS 以涵盖 CBD 的某些基础元素。此类修正案应要求申请与生物材料有关的或与传统文化有关的专利的申请人：①披露发明中使用的生物资源以及（或）传统文化的来源和所属国；②出示通过当局批准而取得事先同意的证据；③出示公平和平等的利益分配证据。

另一些成员则认为，CBD 与 TRIPS 之间不存在冲突，且二者相互支持。对这样的成员来说，二者具有不同的目标和目的且处理不同的事务。此外，并未出现特殊的冲突实例。

还有一部分成员认为，尽管 CBD 和 TRIPS 相互支持，但它们在执行中可能产生冲突。因此，二者的法律体制需要以相互支持的方式来执行，以避免损害它们各自的目标。

对于大多数成员来说，关于二者关系争论的主要内容正被 TRIPS 理事会适当地处理，因此 CTE 应避免重复这项工作。

技术转让

在技术转让方面，某些成员认为，专利可增加根据某些 MEAs（如蒙特利尔议定书）、为了满足不论是普遍性的还是某些出口市场的环境要求而需要获得的新技术的困难和成本。同时，持续增长的关注在于对生物多样性的保护和可持续利用问题。生物技术领域快速的进步意味着获得生物资源问题的重要性增加。发展中国家（许多是此类生物资源的主要供应者）强调在这方面的"公平交易"原则（a quid pro quo），包括作为对提供生物资源以及贯彻可持续利用生物多样性政策的回报的更易获得的技术转让。

事实证明，这是 CTE 工作计划中的一个特别敏感事项，某些成员提议应制定基于环境原因，为了满足 MEAs 要求的技术转让的 TRIPS 豁免，而另一些成员则主张知识产权是技术转让的必要前提。

透明度及与其他组织的关系

马拉喀什决议第 4 项："涉及被用于环境目的的贸易措施透明度的多边贸易体制条款。"

马拉喀什决议第 10 项："在与政府间组织和非政府组织关系上的适当安排方面进入相关实体。"

多哈宣言第 31（2）段："MEAs 秘书处与相关 WTO 委员会之间的信息

交流的程序，以及授予观察员地位的标准。"

贸易措施的透明度

透明度是 WTO 关于贸易与环境工作的一个重要内容。WTO 内大量的通知机制增加了与贸易有关的环境措施（TREMs）的透明度。关于贸易法规的公布和实施的 GATT 第 10 条，1979 年关于通知、磋商、争端解决以及监督的谅解，TBT 和 SPS 中的透明度条款均为 TREMs 在多边层面保证透明度提供了广泛的基础。

与 NGO 的关系以及 WTO 文件的公众获得

作为通过"与 NGO 关系安排的原则"的 1996 年 7 月 18 日总理事会决议的一部分，WTO 成员同意改进公众获得 WTO 文件的情况以及与 NGO 之间的交流工作。根据这一决议，CTE 做出以下内容广泛的决定。

A. 允许 NGO 作为观察员参加 CTE 程序是不适当的。对许多代表团来说，主要考虑是通知公众以及与 NGO 建立关系的主要职责在于国内层面。该决定与 WTO 特殊性质有关，它既是一个包括成员方权利义务在内的具有法律拘束力的机制，又是一个谈判场所。

B. 然而，代表团感到，WTO 在贸易与环境方面工作的透明度应当改善，而且有必要对这个领域的公共利益做出回应，以避免对 WTO 作用的误解。

C. 最后，WTO 秘书处已被要求在 NGO 和 WTO 成员方之间扮演中间人角色，且为彼此之间的信息和观点交流提供渠道。

除了日常与 NGO 代表联系以外，秘书处组织了许多 NGO 座谈会，已为市民社会与政府代表在 WTO 就与贸易和环境之间有关事务的有效信息交换提供了机会。

2002 年 5 月 14 日总理事会已制定了关于 WTO 文件发行与解禁的程序。新程序的基本原则是大多数 WTO 文件应被解禁。

信息交换

多哈部长会议宣言第 31（2）段内容规定了就 MEAs 秘书处与相关 WTO 委员会之间日常信息交换程序的谈判。

成员方同意，WTO 与 MEAs 以及 UNEP 之间合作与信息交换的现有形式被证明是有价值的，应予以进一步改进。UNEP 已在组织与 CTESS 成员之间相互交流方面做出努力。此类会议已为信息交换提供了一个有价值的场所，且 WTO 允许很多资深环境官员参加 CTE 和 CTESS 会议。

在 CTESS，一些成员方提出某些关于 WTO 与 MEAs 秘书处合作以及信息交换方面的建议。

A. CTE 中的 MEAs 信息会议正规化，且以日常工作为基础组织这些会议。

B. 通过汇集具有共同利益的 MEAs 的方法举行有关特别议题的 MEAs 信息会议。

C. 单独或与 CTE 共同在其他 WTO 机构中组织与 MEAs 的会议。

D. 组织联合性的 WTO、UNEP 以及 MEAs 技术援助和能力建设项目。

E. 在尊重信息保密的同时促进文件交换。

F. 为来自贸易和环境领域的政府代表之间的信息交换开辟渠道。

G. 为贸易与环境建立一个电子数据库。

然而，许多代表团强调，在信息交换方面保持灵活性是重要的，同时应注意到 WTO 与 MEAs 以及小的代表团资金和人力资源的有限性。另一些成员则提出，必须区分出可受益于 UNEP 和 MEAs 之间联系的 WTO 委员会。

根据第 31（2）段，CTESS 于 2002 年 11 月 12 日举办了一次与 6 个 MEAs 秘书处和 UNEP 之间的 MEAs 信息交流会，成功地交换了看法。

观察员地位

A. CTE 日常工作以及 CTESS 的观察员。

根据 1996 年关于"WTO 政府间组织观察员地位的指导意见"的总理事会决议，CTE 同意以永久性为基础授予那些以前作为特别观察员参加 CTE 会议的政府间组织和具有此类要求的政府间组织观察员地位。在该总理事会决议基础上考虑来自其他相关政府间组织的请求的可能性是存在的。

已有 25 个政府间组织在 CTE 的日常工作中被授予观察员地位。然而，由于观察员地位问题总理事会出现政治僵局，CTE 未再考虑任何新请求。基于此，一些国际组织的观察员地位请求依然悬而未决。

总理事会中的观察员地位问题也已在贸易谈判委员会以及不同的谈判小组，包括 CTESS 中引起反响。然而，由于第 31（1）（2）段的谈判使命与 MEAs 相关，CTESS 成员已试图为能从 MEAs 的专业性中获益寻找解决办法。这个办法就是邀请一些 MEAs 秘书处参加它的会议，以一事一会为基础。对有关总理事会层面或贸易谈判委员会层面的解决观察员地位的方法所做决定是不带偏见的。

B. 授予观察员地位的标准。

强调 CTESS 依据多哈宣言第 31（2）段规定具有对 WTO 相关委员会授予 MEAs 秘书处观察员地位标准问题进行谈判的特殊使命是重要的。第 31（2）段的使命旨在保障 MEAs 秘书处参与 WTO 的工作，并加强二者工作之间的互补性。

有人提出，该使命应当具有外溢性，有助于降低 WTO 和 MEAs 规则执行过程中的冲突。

目前，3 个 MEAs 秘书处和大西洋金枪鱼类保护委员会已在 CTE 中具有观察员地位，但在 CTE 和各类 WTO 委员会中，此类请求仍悬而未决。

GATT/WTO 相关条款

GATT1994 以及某些 WTO 协定中与环境问题具有直接关联的条款如下。

A. GATT1994 – 关于非歧视的第 1 条和第 3 条。

非歧视原则有两部分内容：包含在 GATT 第 1 条中的最惠国待遇原则，以及包含在第 3 条中的国民待遇原则。根据第 1 条规定，WTO 成员方给予其他成员方的产品待遇不得低于其给予其他任何国家的产品待遇。故一国不能给予他国特别的贸易优惠或歧视他国。因而，所有成员都处于平等地位，且均分享向更少贸易壁垒前进所带来的利益。MFN 原则确保发展中国家以及其他缺乏经济平衡的国家无论何时和处于何处谈判都能自由地从最佳贸易环境中获益。非歧视的第二项内容是国民待遇，第 3 条规定一旦货物进入一个市场，它们所得到的待遇不得低于国内生产的相同产品的待遇。

非歧视原则是多边贸易体制规则赖以建立的主要原则。对于与贸易相关的环境事务，该原则确保国内的环境保护政策不得以一种在外国产品和本国生产的相似产品之间或在不同的贸易伙伴进口的相似产品之间造成任意地歧视形式被采用。它防止环境政策的滥用，以及被利用为伪装的国际贸易限制。

B. GATT1994 – 关于普遍减少数量限制的第 6 条。

GATT1994 第 6 条规定了减少国家制定或维持的对进出口产品的数量限制。它禁止数量限制并鼓励国家将数量限制转化为关税（一种更为透明且较少贸易扭曲的手段）。该条款已在许多环境争端中被违反（国家对某种产品进口实施限制），因此它与贸易和环境议题相关。

C. GATT1994 – 关于一般例外的第 20 条。

早在 1947 年谈判时，关于一般例外的第 20 条就列举的许多 WTO 成员可豁免 GATT 规则的特殊情况。有两种例外（b 项和 g 项）与环保相关。

第 20 条 b 项和 g 项允许 WTO 成员将与 GATT 不符的政策措施合法化，如果这些政策措施对保护人类、动物或植物的生命、健康是"必需的"，或如果这些措施与保护可用竭自然资源相关。然而，第 20 条序言旨在确保这类与 GATT 不符的措施不导致任意的或不公正的歧视，且不构成对国际贸易的变相限制。

正像在美国—汽油案中提出的那样，被申诉方必须证明该措施至少属于第 20 条列举的 b 项和 g 项例外中的一个，然后它要满足序言的要求，也就是它不能以一种构成"在同样条件的国家间任意的或不公正的歧视方式"被适用，且它不是一种对国际贸易的变相歧视。

第 20 条项下例外的适用

根据专家组和上诉机构的做法，适用第 20 条例外的第一步就是要鉴别通过该措施所希望达到的政策是否属于旨在保护人类、动物或生物的生命、健康的政策（b 项），或是否属于保护可用竭自然资源的政策（g 项）。第二步包括决定第 20 条 b 项和 g 项的特殊要求是否已被满足，例如，必要性的审查。

第 20 条 g 项涉及被专家组认可的保护可用竭自然资源的措施（金枪鱼资源保护、鲑鱼和鲱鱼的保护、海豚资源保护、汽油的保护、清洁空气的保护、海龟的保护）。

第 20 条 b 项涉及被专家组认可的保护人类、动物或植物生命健康的措施（减少香烟消费、保护海豚生命和健康、减少汽油消耗导致的空气污染、减少石棉纤维引发的风险）。

第 20 条 b 项要求实施一个被广泛引用的"必需性审查"：措施对于"保护人类、动物或植物生命健康"一定是必需的。

在泰国—香烟案中，专家组适用了"最低贸易限制"要求并将其定义为：泰国实施的进口限制应被认定为第 20 条 b 项意义上的"必需"的，只要不存在与总协定相符的或较少与之不符的替代措施，泰国应被合理期望实施该措施以实现其健康政策目标。

然而，在后续案件中，对于第 20 条 b 项的解释有一些创新。已从"最小贸易限制"的（审查）方法发展为以"比例实验"为补充的"最小贸易限制"方法（衡量和平衡一系列因素的程序）。上诉机构认为，决定一项措施是否"必需"，在每一个案件中都包含一个对由该措施引起的对涉诉法规的执行明显具有影响的一系列因素、该规定所保护的利益或价值的重要性以及该措施对进出口所带来的影响的"衡量和平衡"程序。

在欧盟—温石棉案中，一项"环境措施"在历史上第一次通过了第 20 条 b 项要求的"必要性"审查。上诉机构阐明，（措施）所追求的"共同利益或价值越关键或重要"，它就越容易被接受为旨在实现这些目的的必需的措施。

第 20 条 g 项的要求

在"美国—汽油案"中，上诉机构声明如果一项措施表明它与保护可用竭自然资源具有"实质性关系"，而并非仅仅"偶尔或无意地为了保护可用竭自然资源"，那么该措施即"与保护自然资源有关"，以此澄清了第 20 条 g 项的含义。

作为一项额外的要求，第 20 条 g 项要求具有利害关系的该项措施"对于国内生产或消费限制相关联过程应是有效的"。这就要求：被关注的措施不仅对进口产品施加限制，而且对国内产品实施限制。

第 20 条序言的适用

一旦一项措施满足了第 20 条各项提出的条件，专家组或上诉机构就转向对第 20 条序言适用性的考察。该序言要求为了确认该措施符合第 20 条各项规定，措施必须不被一种"在具有同样条件的国家之间构成任意的或不公正的歧视方式或以一种变相的国际贸易限制的方式"适用。

"任意的或不公正的歧视"方式

在"美国—汽油案"中，上诉机构提出，通过明确的词语表达，该序言并非更多地质疑该措施或其特别内容，而是该措施适用的方式。按照第 20 条序言，一项措施可以造成歧视，但不是以一种"任意的或不公正的方式"。

为了判断一项措施是否被以一种"不公正"的方式适用，"美国—海虾案"的专家组和上诉机构确认了两项要求：首先，采用该措施的成员方是否做出了开展谈判的积极努力，其次，该措施是否灵活。

关于判断该措施是否被以一种"任意的"方式实施，上诉机构在美国—海虾案中认为，一项措施实施过程中的"僵硬和死板"构成了该序言意义上的任意的歧视。

一个变相的对国家贸易的限制

为了判断一项措施是否构成对国际贸易的变相限制，专家组和上诉机构已陆续提出三项标准：①公开性审查（该措施被公开宣布）；②考虑一项措施的适用是否构成任意的或不公正的歧视；③考察涉诉措施的"设计、结构和展示的框架"。

服务贸易总协定

乌拉圭回合谈判达成的 GATS 在第 14 条包含了一个一般例外条款，在处理环境关切过程中，GATS 第 14 条 b 项允许 WTO 成员维持与 GATS 不符的政策措施，如果它对于保护人类、动物或植物生命健康是必需的（与 GATT 第 20 条 b 项一致）。然而，这必须不会导致任意的或不公正的歧视且不得构成对国际贸易的变相歧视。该条款序言与 GATT 第 20 条序言一致。

贸易的技术壁垒协定

TBT 旨在确保产品规格，无论是强制性还是自愿性（一般称之为技术法规和标准），以及参照这些规格设置的合格评定程序（一般称之为合格评定程序）不会对贸易产生不必要的障碍。在前言中，协定承认国家拥有在其认为适当的程度内采取此类措施的权利，并在第 2.2 条承认保护人类、动物和植物生命或健康以及保护环境是国家追求的合法目标。

协定要求在起草、实施和适用产品规格以及合格评定程序中遵循非歧视原则。它还鼓励成员方将这类规格和程序统一于国际标准。通过通知WTO 秘书处并建立国内咨询点确保规格和评定程序的透明是该协定的核心特点。

上诉机构依据 TBT 做出的第一个（也是唯一一个）裁决是关于在欧盟领域内"加工性沙丁鱼"的市场销售问题：欧盟—沙丁鱼的贸易案。

2002 年欧盟—沙丁鱼案

当欧盟禁止在含有在秘鲁海岸捕获的类似沙丁鱼鱼类的罐头上使用"秘鲁沙丁鱼"字样时，本争端发生了。秘鲁争辩说，欧盟该规定与 TBT 第 2 条、12 条不符。焦点在于两种小的鱼类的贸易说明——沙丁鱼与乐拟沙丁鱼。前者被发现主要是在北大西洋东部、地中海以及黑海周围，而后者被发现主要是在秘鲁和智利沿岸的东太平洋。二者均视为可加工并灌装的鱼类制品的原材料。

欧盟相关法规规定，只有使用沙丁鱼（欧洲沙丁鱼）的产品可被作为可加工沙丁鱼进入市场。

2002 年 9 月上诉机构肯定了专家组做出的有利于秘鲁的判决。它认为，食品法典委员会为沙丁鱼产品制定的标准构成 TBT 意义上的"相关国际标准"。标准法典为以 21 种物种名单（包括沙丁鱼和乐拟沙丁鱼）中的鱼类作为原料的灌装沙丁鱼制定了特殊标签条款。结果发现，该标准并未成为欧盟相关法规的依据，且该标准对于实现欧盟法规追求的"合法目的"并非"无效或不适当的"。因此，欧盟法规与 TBT 第 2.4 条不符。

2003 年 7 月，秘鲁和欧盟通知 DSB 说，它们已就此争端达成相互同意的解决办法。依据修订后的欧盟法规，秘鲁沙丁鱼现在可在包含"沙丁鱼"字样和该物种的科学名称——"沙丁鱼-乐拟沙丁鱼"的产品说明的前提下在欧盟市场销售。

实施卫生和植物卫生措施协定

SPS 与 TBT 极为相似，但它涵盖的措施范围较窄。它涵盖了那些国家为确保食品、饮料以及含有添加剂、有毒物质或污染物的饲料的安全或为了防止病虫害传播而采取的措施。它承认成员方拥有采取 SPS 措施的权利，但规定这些措施必须依据一个风险评估机制，应只在保护人类、动物或生物生命或健康的必要范围内适用，而且不应在情形相似的国家间形成任意的或不公正的歧视。SPS 第 5.7 条允许成员方在科学证据并不充分的情况下采取 SPS 措施，只要这些措施仅是临时性的，且依据了更为客观的风险评估机制。总之，TBT 和 SPS 旨在相互补充。

与贸易有关的知识产权协定

为了提升对知识产权的保护，TRIPS 在第五章"专利"部分详尽阐述了与环境有关事务。第五章第 27（2）（3）条规定，成员方可拒绝对某些发明授予专利权，如在其领土内阻止这些发明的商业利用是维护公共秩序或道德，包括保护人类、动物或植物的生命或避免对环境造成严重损害所必需的。成员方必须规定通过专利或一种有效的特殊制度或通过这两者的组合来保护植物品种。

这些条款旨在处理与知识产权保护有关的环境关切。该协定允许成员方拒绝对可能威胁环境的发明授予专利（规定作为保护环境的必要条件，这些发明的商业开发被禁止）。根据协定，成员方必须为了生物多样化之目标，通过专利或协定规定的其他有效方法保护不同的生物物种。

补贴与反补贴协定

适用于非农产品的关于补贴的协定旨在规范补贴的运用。根据该协定，某些"不可诉的"补贴一般是被允许的。该协定第 8 条关于"不可诉"补贴的规定，直接涉及环境问题。该条款规定的不可诉补贴中的一些补贴旨在促进现有设备适应新的环境要求（第 8.2c 条）。

然而，该条款已于 1999 年底期满。这是旨在允许成员方在积极的环境外部效应出现时能获得这一效应。

农业协定

乌拉圭回合通过的农业协定旨在改革农产品贸易并规定了市场导向的政策基础原则。在前言中，该协定重申成员方以保护环境的方式改革农业的承诺。根据该协定，对贸易影响最小的国内支持措施（众所周知的"绿箱"政策）不在消减的承诺之列（包括在协定附件 2）。这些政策包括满足某些条件的环境项目下的开发。这一豁免使得成员方能获得积极的环境效应。

相关决议

1994 年通过了两项处理环境事务的决议。如前所述，马拉喀什关于贸易与环境的部长会议决议创立了旨在使得国际贸易和环境政策相互支持的 CTE。该决议包含 GTE 的工作计划。

关于服务贸易与环境的决议也是 1994 年的部长会议通过的。该决议要求 CTE 考察并报告服务贸易与环境之间的关系，包括可持续发展事务，以便于对是否接受对第 14 条的修订做出决定。CTE 将此事作为其工作计划的一部分。

与环境有关的争端：概况

在 GATT 时期，含有依据第 20 条考察环境措施或与人类健康有关的措施内容的 6 个专家组程序是完整的。在 6 个报告中，有 3 个未被 GATT 缔约方接受。根据 WTO 争端解决谅解，有 3 个此类程序已经完成，以下是对这些争端的概括。

GATT 时期案例

美国—加拿大金枪鱼案

由于未经加拿大政府授权、在加拿大认为的其管辖水域内捕捞海产金枪鱼，加拿大截获了 16 条渔船并逮捕了美国渔民，此后美国通过了一项禁止进口规定。美国并不承认这一管辖权并根据鱼类保护和经营法案通过一项进口禁令报复加拿大。专家组认为，该进口禁令违反了 GATT 第 11.1 条，且与第 11.2 条和第 20 条 g 项不符。

加拿大—鲑鱼和鲱鱼案

根据 1970 年加拿大渔业法案，加拿大实施了禁止出口或为出口销售某些未加工的鲱鱼和鲑鱼的法规。美国申诉说，这些措施与 GATT 第 11 条不符。加拿大主张，这些出口限制是其旨在保护鱼类的渔业资源管理体制的一部分，因此符合第 20 条 g 项。专家组认为，加拿大采取的此措施违反了 GATT 第 11.1 条，且与第 11.2 条和第 20 条 g 项不符。

泰国—香烟案

根据 1966 年烟草法案，泰国禁止香烟以及其他烟草原料进口，但同时却允许国内香烟销售。而且，香烟还被征收消费税、营业税以及地方税。美国申诉说，该进口限制与第 11.1 条不符，且也不能被第 11.2c 条和第 20 条 b 项所允许。它还声称，该国内税与第 3.2 条不符。泰国申辩说，进口限制已被第 20 条 b 项证明为合法，因为只有香烟进口被禁止，政府采取的措施才有效，而且美国香烟中含有的化学品及其他添加剂可能使美国香烟比泰国香烟更有害。专家组裁决，该进口限制与第 11.1 条不符，且也不为第 11.2c 条所允许。它进一步认为，该进口限制并非第 20 条 b 项意义上的"必需"，而国内税则被认为是符合第 3.2 条的。

美国—金枪鱼案（墨西哥）

美国的海洋哺乳动物保护法案要求对"捕获"和向美国出口海洋哺乳动物进行普遍限制，除非被明确授权。它特别规制在东热带太平洋海域（据称在该地区海豚游弋于金枪鱼群之上）捕捞黄鳍金枪鱼同时附带捕获海洋哺乳动物的行为。根据该法案，在美国的标准之外，使用可导致附带捕杀或伤害海洋哺乳动物商业捕鱼技术而捕捞的商业渔产品及相关鱼制品进口是被禁止的。

特别的，在东热带太平洋海域使用围网捕捞的黄鳍金枪鱼进口被禁止（直接的国家禁运），除非美国相关职能机构确认：①捕鱼国政府拥有一套可与美国相比的规范捕捞海洋哺乳动物行为的规划；②捕鱼国渔船附带捕获的海洋哺乳动物的平均概率与美国渔船的这一概率相当，该国捕捞金枪鱼的船只附带捕获的平均概率（即在围网捕鱼过程中每次杀死海豚的概率）不得超过同一时期美国渔船捕获概率的 1.25 倍。从主要禁运对象国购买而又出口到美国的金枪鱼也属被禁止之列（间接的国家禁运）。

墨西哥声称，对黄鳍金枪鱼及金枪鱼制品的该进口限制与第 11 条、

第 13 条和第 3 条不符。美国要求专家组认定，该直接禁运与第 3 条相符，或者作为替代，（该禁运）属于第 20 条 b 项和 g 项范围之内。同时，美国声称，间接禁运与第 3 条相符，或者作为替代，（该禁运）被第 20 条 b 项和 g 项所允许。

专家组裁决，直接或间接禁运之下的该进口禁止措施并非第 3 条意义上的国内法规，与第 11.1 条不符，且不被第 20 条例外中的 b 和 g 项所允许。而且，间接禁运不被第 20 条 d 项允许。

美国—金枪鱼案（欧共体）

欧共体和荷兰申诉说，根据海洋哺乳动物保护法案实施的主要的和间接的国家禁运均不在 GATT 第 3 条范围内，与第 11.1 条不符，且不属于第 20 条例外任何一项涵盖的范围。美国认为，间接国家禁运符合 GATT 规定，因为它属于第 20 条 g 项、b 项和 d 项范畴，且国家的主要禁运未抵消或损害欧共体或荷兰任何预期利益，因为它并未适用于这些国家。专家组裁决，主要的或间接国家禁运均不在第 3 条范围内，二者均违反了第 11.1 条且不属于第 20 条 b 项、g 项或 d 项例外的范围。

美国—汽车案

该案中，美国对汽车采取的三项措施被审查：汽车的奢侈品税（奢侈品税）、汽车的大油耗税（油老虎税）以及"公司平均油耗"法规（CA-FE）。欧盟申诉，这些措施与 GATT 第 3 条不符，且不被第 20 条 g 项或 b 项所允许。美国认为这些措施符合 GATT 的规定。

专家组裁决，奢侈品税——适用于价格超过 3 万美元的汽车销售，以及油老虎税——适用于油耗不少于每加仑 22.5 英里（mpg）的汽车销售均符合 GATT 第 3.2 条规定。

CAFE 要求在美国生产的或任何进口商销售的客用汽车的平均油耗不得低于 27.5mpg。既是进口商又是生产商的公司必须对进口客用汽车和国内自产汽车的平均油耗分别计算。专家组裁决，该法规与第 3.4 条不符，因为独立的外国汽车会计系统对外国汽车形成歧视，而且汽车平均值以与生产商或进口商的控制权或所有权相联系的因素为基础，而不是直接基于与产品有关的因素来区分进口汽车和国产汽车。类似的，专家组认为，独立的外国汽车会计方法并非第 20 条 g 项所允许；它未对汽车平均值方法是否符合第 20 条 g 项做出裁决。专家组裁决，CAFE 不为第 20 条 g 项所允许。

WTO 案例

美国—汽油案

根据清洁空气法案 1990 年修正案，美国环保署公布了关于汽油成分和排放效果的"汽油规则"，以减少美国的空气污染。"汽油规则"仅允许一种特殊清洁的汽油（精炼汽油）在该国的大多数受污染地区销售给消费者。在其他地区，只有那种污染程度小于 1990 基础年销售的汽油（标准汽油）的汽油可以销售。"汽油规则"适用于美国全体炼油企业、汽油的合成企业和进口商。它要求任何于 1990 年经营最少 6 个月的国内提炼企业制定可代表 1990 年该企业提炼的汽油质量的、单独的提炼标准。环保署也建立了一个强制标准，旨在反映美国 1990 年的汽油平均质量。该法定标准适用于 1990 年经营实践最少 6 个月的炼油企业以及汽油进口商和合成企业。是否符合该标准将以年度平均值衡量。

委内瑞拉和巴西申诉称，"汽油规则"与 GATT 第 3 条不符，且不属于第 20 条范畴。美国声称，该规则符合第 3 条，且在任何情况下都被第 20 条 b 项、g 项和 d 项包括的例外所允许。

专家组裁决，"汽油规则"与第 3 条不符，且未被第 20 条 b 项、g 项或 d 项所允许。在对专家组针对第 20 条 g 项做出的裁决的上诉中，上诉机构裁决，"汽油规则"中的标准规则属于第 20 条 g 项范畴，但未能满足第 20 条序言的要求。

美国—海虾案：初始阶段

至今，有 7 种海龟品种被确定为是世界范围的。它们生活在觅食和产卵的游弋海域之间。人类活动对海龟造成直接的（食用，贝壳以及龟卵利用）或间接的（捕鱼中附带捕获海龟，破坏它们的聚居区以及污染海洋）负面影响。早在 1997 年，印度、马来西亚、巴基斯坦和泰国联合起诉美国实施的对某些虾以及虾制品的进口限制。

美国 1973 年濒危物种法案列举了美国水域中的 5 种海龟为濒危或受威胁（物种）并禁止在美国本土以及领海和公海捕获。根据该法案，美国要求美国的拖网捕虾者在明显可遭遇海龟之地域捕虾时使用"海龟排除装置"（TED）。美国于 1989 年制定的公法 101～102 第 609 节规定，使用可对某些海龟造成不利影响的技术捕获的海虾不得出口至美国，除非捕捞国被确认拥有可与美国相比的一个规范计划以及偶然捕捞率，或捕捞国的特殊捕捞环境对海龟不构成威胁。实践中，其管辖区内存有 5 种海龟中任何一种，并且使用机械装置捕虾的国家不得不向其渔民提出可与美国捕虾者可比的要求——基本上全天候使用 TED，如果它们想得到认证并将虾制品出口到美国的话。

专家组认为，美国实施的该限制与第 11 条不符，且不属于第 20 条范围。上诉机构裁决，涉诉措施属于第 20 条 g 项中的合法措施，但未能满足第 20 条前言的要求，因此也不能被第 20 条证明为合法。

美国—海虾案：执行阶段（第 21.5 条）

1997 年，马来西亚根据 DSU 第 21.5 条采取法律行动，声称美国未能适当地执行上诉机构对海虾/海龟案做出的裁决。该执行争端主要集中于马来西亚与美国对上诉机构该裁决的不同解释。在马方看来，对裁决恰当地执行应当是完全取消美国对虾进口的限制。而美方则不同意，声称它并未被要求这样做，修正该限制的适用方式即可。

为了执行上诉机构的建议和裁决，美国制定了关于执行与在拖网捕虾过程中保护海龟有关的公法 101～102 第 609 节的修订指引。这些指引代替了作为争议中涉及的原始措施一部分的、1996 年 4 月制定的指引。该修订指引对虾的出口商提出了新的认证标准。

马来西亚声称，第 609 节在适用中继续违反了第 11.1 条，且美国无权在缺乏允许它这样做的国际协定时实施任何限制。美国并不争论该执行措施是否与第 11.1 条一致，但它认为，该措施属于第 20 条的合法范围。它认为，"修订指引"已弥补了上诉机构根据第 20 条序言提出的所有不一致之处。

执行争端专家组被要求审查该执行措施与第 20 条 g 项的一致性。它认为，对游动物种的保护，最好的方式是国际合作。然而，它认为，既然上诉机构已经要求美国与争端各方就海龟保护问题的国际协定开展磋商，那么该案中的义务即是谈判义务，而不是达成一项国际协定的义务。然后，它发现美国的确已尽"善意的"努力就这样的协定开展谈判。因此执行争端专家组做出了有利于美国的裁决。

马来西亚随后就该专家组裁决提出上诉。它声称，该专家组在该措施不再构成第 20 条项下的"任意的或不公正的歧视"方面犯下错误。马来西亚坚称，美国应当在实施进口限制前就海龟的保护和留存问题开展谈判并达成一项国际协定。上诉机构支持了专家组的裁决并拒绝了马来西亚提出的避免第 20 条下的"任意的或不公正的歧视"即是要求"达成"一项国际协定的主张。马来西亚同时认为，该涉诉措施导致了"任意的或不公正的歧视"，因为它缺乏灵活性。但上诉机构支持了专家组的裁决并拒绝了该项主张。

欧盟—温石棉案

温石棉被普遍认为是一种剧毒材料，其暴露后对人类健康构成巨大威胁（导致石棉沉滞症、肺癌和间皮瘤）。然而，由于其具有某些品质，温石棉可被广泛用于不同的工业领域。为了控制温石棉附带的健康隐患，法国政府（它是温石棉的大进口商）对该物质以及含有该物质的产品实施限制。

欧盟肯定了基于健康保护之理由而实施的该限制，声称温石棉不仅对经常与其接触的建筑工人是有害的，而且对那些偶尔与其接触的人们也是危险的。作为世界范围内第二大石棉生产商，加拿大在 WTO 对此限制提出抗议。它并未挑战温石棉所附带的危害性问题，而是提出应当在温石棉纤维和水泥包裹的温石棉之间划出界线。它认为，后者可避免纤维释放从而避免对人类健康造成威胁。它还声称，法国使用的温石棉替代物尚未得到充分研究且其自身就可能对人类健康有害。

加拿大声称，该法令违反了 GATT 第 3.4 条和第 11 条，以及 TBT 的第 2.1 条、2.2 条、2.4 条和 2.8 条规定，同时也抵消或损害了 GATT 第 23.1b 条项下的利益。欧盟则认为，该法令不属于 TBT 范畴。关于 GATT1994，它则要求专家组确认该法令既与第 3.4 条一致，又对第 20 条 b 项意义上的保护人类健康是必需的。

专家组做出了有利于欧盟的裁决。根据第 3 条（它要求国家对相似产品给予同样待遇），专家组认为，欧盟的限制构成了一种违反，因为温石棉和温石棉替代物可被认定为该条意义上的"相似产品"。专家组提出，温石棉附带的健康危害在考察产品相似性时并非一个相关因素。然而，专家组裁决，法国的限制属于第 20 条 b 项范围。换句话说，该措施可被认为是"对保护人类、动物、植物生命或健康所必需的"。它也满足了第 20 条序言的条件，因此专家组做出了有利于欧盟的裁决。

在上诉中，WTO 上诉机构支持了专家组做出的有利于欧盟的裁决，尽管它调整了一系列推理。例如，它推翻了专家组认为在考察 GATT 第 3.4 条项下相似产品时考虑温石棉附带的健康威胁是不适当的这一观点。同时，上诉机构提出，该案件应根据 TBT 而不是 GATT 规则进行考察，但它自身并不进行 TBT 项下的分析，因为上诉机构仅具有审查争端解决中的"法律"事项的使命（且它自身不能开展新的分析）。

附录二

贸易和环境委员会特别会议（CTESS）报告

曼纽尔·A. J. 提汗吉（Manuel A. J. Teehankee）主席提交
WTO 贸易谈判委员会的报告
（中译文节选）

本文中缩写字母代表：

A. CTESS：贸易和环境委员会特别会议（Committee on Trade and Environment in Special Session）。

B. STOs：特别贸易义务（special trade obligations）。

C. MEAs：多边环境协定（multilateral environmental agreements）。

D. CTE：贸易和环境委员会（Committee on Trade and Environment）。

1. 本报告是自 2010 年 3 月我对贸易谈判委员会做出书面报告后，关于贸易和环境委员会特别会议所取得最新进展的报告。本报告旨在确定，依据多哈部长会议宣言第 31 段规定的三部分内容，需要各成员进一步关注以期圆满结束谈判的领域。贸易谈判委员会主席在 2010 年 10 月对贸易谈判委员会做出了关于 2011 年初工作方案的指示，在他的指导下，大量工作得以开展，以期在 2011 年第一季度完成各项草案。这些工作也在本报告中得以体现。

2. 第 31（Ⅰ）段的内容涉及关于现存 WTO 规则和多边环境协定中设定的特殊贸易义务之间的关系。第 31（Ⅱ）段的内容涉及关于多边环境协定秘书处和相关 WTO 委员会之间定期交流信息的程序，以及给予观察员地位的标准。

3. 我很高兴做此报告，并附上关于 31（Ⅰ）段和 31（Ⅱ）段的部长会议决定草案，见附件 Ⅰ。同时，我也提请注意，这并非（谈判各方）商定的文本，也不是完全的或最终的文本格式。必须深刻地意识到，这所有一切都是附有条件的，需要在开放式会议上，根据自上而下的为成员方所主导的进程，以及我们惯以为常的具有包容性和透明度的谈判原则，进一步开展接触和商议。

4. 该报告基于成员方对第 31（Ⅰ）段和 31（Ⅱ）段所达成共识。目前，贸易和环境委员会特别会议中的重要工作业已开展，部长会议决定草案试图记录谈判中所取得的进展。部长会议决定草案中的内容源自近期各方密集的磋商过程中各成员方提交的文本建议和想法。

5. 该部长会议决定草案在一些地方有一些方括号，以突出显示各选项以及各方分歧，或需要重点讨论的问题。部分辩论中的解释会在脚注中提供。还有部分提议用方格标出，或反映在附件 IA 或 IB 中，这些提议要么尚未在 CTESS 中得到充分的讨论，要么仍需要大量工作和讨论，以期达成一个共同的文本格式。

6. 多哈部长会议宣言第 31（Ⅲ）段涉及减少或消除环境产品和服务贸易中的关税和非关税壁垒。根据第 31（Ⅲ）段所形成的成果模式仍然是开放的，尽管各种选择和内容构成都变得更加清晰。部长会议决定草案关于第 31（Ⅰ）段和第 31（Ⅱ）段的模式的分析可以作为第 31（Ⅲ）段最终成果模式的一个参照。

7. 2010 年，在我提交贸易谈判委员会的报告中，完成了关于环保产品的汇编。之后，我们又做了大量关于鉴定环保产品的工作。本报告附件 Ⅱ，包含了与各成员方利益相关的广阔的环保产品目录。它是基于成员方所提交的 HS－6（海关编码 6）、2010 年三月报告中的附录 Ⅲ、2011 年 1 月 5 日的环境和贸易委员会对相关工作的审议①和后续相关提议而形成的。这份对成员方提议的汇编并不影响谈判的最终结果，也不涉及委员会是否应当界定环保产品的定义。

8. 附件 Ⅱ 以及工作文件 JOB/TE/3/Rev. 1（2011 年 1 月 15 日），可以对大家在各个阶段（across all approaches）的工作提供帮助。所提交的产品共被分为六大类：空气污染控制类，可再生能源类，废物管理和污水处理类，环保技术类，碳捕获和储存类，其他。所有这些类别都包含在附件二 A 的右列。

9. 为了更好地加以阐释，一些成员从参考产品（reference universe）中

---

① JOB/TE/3/Rev. 1（5 January 2011）.

划分出一些关税细目。对这些货物品种的初步讨论表明，本报告中的一些货物可以被认为是环保货物，只要它们在海关代码中被特殊地分类。

10. 这几年关于环保货物的分类谈判表明，仍然还有一大批技术性问题需要各代表团和在这方面以及在海关代码分类方面的专家进一步努力，从而解决这些问题。但解决这些技术性问题的工作不应当阻碍谈判进程和最终结果。

11. 通过对文件 TN/TE/INF4 Rev. 15（2011 年 3 月 28 号）中意见表和后续相关的意见中的所有提议以及各成员方在协商中对最终结果结构的意见进行审查后，我们认为，还有以下四个方面需要成员方进一步集中精力来达成共识。

A. 序言。

B. 覆盖范围。

C. 关税和非关税壁垒处理，包括特殊和差别化处理。

D. 跨领域发展要素（Cross – Cutting and Development Elements）。

12. 近几年，各成员方对以上领域的问题进行了广泛的讨论。在不影响最终结果的情况下，以下段落系各方谈判过程中形成的各种选择与内容。这些段落均基于谈判中提出的方法和建议而形成。

13. 在序言方面，各成员方认为，在第 31（Ⅲ）段之下，一个成功的谈判结果应当是一个贸易、环境和发展三方面三赢的结果。谈判可以通过提高成员方以低价格获取高质量环境产品的能力，或者提升环境产品的产能、出口和贸易而有益于环境。同时，还可以通过提供更清洁的环境和更安全的水、卫生以及新能源来直接提高所有成员方的人民生活水平。

14. 环境产品和服务贸易的自由化有助于各国获取解决主要环境问题所需的工具，对其社会发展大有裨益。最终，贸易将取得成功，因为这些产品价格低廉，而且此等高效技术能够开拓新的市场。此外，实现环境货物的自由化将有助于推广环保技术，这反过来又能促进创新和技术的推广。

15. 当前，迫切需要各代表团解决的问题是如何在涵盖范围上达成共识。最近，最主要的两个提议——一种混合的方式及一种联合的方式——试图将各种意见联系到一起，以期开始对涵盖范围的结构性讨论。

16. 附件Ⅱ是对涵盖范围问题讨论最终结果可能性结构的总结。各代表团需要对涵盖范围的具体元素进行磋商会谈。

17. 在产品待遇问题（treatment）上，尽管提议中的产品待遇取决于最终谈判形成的结果，但所有供成员方选择的建议都包含对某些产品的关税减至零，或者在某一特定期间适用关税公式后将关税减少50%。在商讨中，我们也谈及减免环境产品和服务的非关税壁垒。有些成员已提及某些部门中存在非关税壁垒，并且提出了如何减少此等非关税壁垒的方法，比如，通过提高透明度来减少非关税壁垒。

18. 关于对发展中国家的特殊及差别待遇，我们讨论了降低关税、延期履行以及其他形式的灵活性。对产品免检和发展中国家更少关税目录商品的自由化也有所提及。对最不发达国家以及经济规模既小又脆弱的国家，我们还讨论了其他的灵活性。

19. 在这一使命中还存在大量涉及环保服务和包括环保技术发展的重要交叉要素。

20. 关于环保服务，当前贸易和环境委员会特别会议的主要任务是制定关于促进环保服务的草案。另一种可能性是加强对服务贸易的承诺，使之与货物贸易相协调。

21. 在环保技术方面，各成员方的讨论突出强调这一元素作为最终结果内在一部分的重要性。

附件 I 贸易和环境部长会议决定草案
概括性评论

同反映在部长会议决定草案中的具体文本一样，成员方为序言的内容提供特别的文本建议包含以下几个方面：授权、可持续发展的目标、贸易和环境的共同支持、对不同领域国际法的认可，以及技术援助和能力建设的重要性等。许多代表团为草案最终序言提出了其他文本，内容主要集中在多边协议和WTO协定在国际法语境中的一致性、协调性。

部长会议决定草案反映出贸易和环境委员会特别会议成员方如下观点：多边环境公约中包含的特殊义务是指，（公约中含有的）多边环境公约缔约方采取或者禁止采取一项特定的贸易行为。贸易和环境委员会特别会议认为，"特殊贸易义务"的规定没有固定模式，而且，一些成员方质疑是否有必要对"特殊贸易义务"下定义。

实际上，所有的成员方一致认为，草案的主要内容应该突出以下两方面的重要性：在国家层面上协调和履行多边环境公约中特殊贸易义务，以及分享成员方国内协调解决环境和贸易关系问题的经验。部长会议决定草案包括一个条款，即贸易和环境委员会应当继续提供一个论坛以分享各成员方的经验。在小组磋商期间，有一项建议提及国际层面的协调问题。

包含在最终结果中的有关信息交换的基本元素——举行与多边环境公约秘书处信息交换的会议、文档的可访问性、WTO 和多边环境公约秘书处之间的协作，这些都已经满足，而且包含在 2010 年 3 月我向贸易谈判委员会提交的报告附件二中。这些元素都以特定文本条款的方式反映在部长会议决定草案中。最近成员方的讨论集中在最终版本的细节，以及信息交流是否不仅应当在贸易和环境委员会成员中举行，而且也要在 WTO 相关成员方之间开展。

关于观察员的身份问题，协商确定了两个主要问题：（1）达成一个适当的能够方便多边环境公约秘书处成为环境和贸易委员会观察员的文本；（2）在最终版本中能否就已经提出的担任该委员会观察员的申请做出决定。对于第一个问题，部长会议决定草案中包含了一个文本格式（textual formulation）。关于授予一些成员方观察员身份问题，贸易和环境委员会特别会议已经讨论过各种模式，一些版本在部长会议决定草案中有所反映，但是最终结果还有待于各代表团进一步磋商。

十分明确的是，各个成员方都支持，也希望能在技术援助和能力建设的最终结果上达成妥协。部长会议决定草案反映了成员方为贸易和环境委员会在提供和发展技术支持方面的建议。此外，有些提议建议成立一个有关贸易和环境的专家组，以便在一些特殊问题上为发展中国家提供建议。部长会议决定草案包含一份临时的文本格式，其他的文本建议被反映在附件 IA 中。在这个议题上，持赞成意见的小组和各代表团需要进一步协商，以扩大持赞成意见的成员规模。

关于争端解决，鉴于现有的 WTO 规则和多边环境公约中的特殊贸易义务之间的关系，部长会议决定草案包含了基于瑞士建议的非强制性方法而形成的妥协性语言。其他来自成员方的观点和磋商文本建议，包含在附件 IB 中，其中，关于如何发挥专家作用的分歧仍然存在。

贸易和环境部长会议决议草案

（中译文）

【该草案是在各成员方对第 31 （Ⅰ） 段和第 31 （Ⅱ） 段建议和想法的基础上提出的。】

部长们：

忆及多哈部长会议宣言第 31 （Ⅰ） 段要求各方对现有的 WTO 规则和多边环境协定 （MEAs） 中特定贸易义务 （STOs） 之间的关系进行谈判，并且指出，谈判的范围应当限制于现有的 WTO 规则对 MEAs 成员的适用程度问题上，并且谈判不得对非 MEAs 成员方的 WTO 权利形成歧视；多哈部长会议宣言的第 31 （Ⅱ） 段要求对 MEAs 秘书处和 WTO 相关委员会之间的定期的信息交换程序，以及授予观察员身份的标准进行谈判；同时，根据多哈部长会议宣言第 32 段，依据第 31 段第 （Ⅰ） 和 （Ⅱ） 款而达成的最终谈判结果应当包括多边贸易体系的开放性和非歧视性本质，不得增加或减少成员方基于现有 WTO 协定的义务和权利，特别是《实施卫生与植物卫生措施的协定》下的义务和权利，谈判结果也不得改变这些权利和义务之间的平衡，谈判还需考虑发展中国家和不发达国家的需求。

确认我们致力于可持续发展的目标，正如《马拉喀什建立世界贸易组织协定》序言和多哈部长会议宣言第 6 段中所阐述的信念，我们致力于支持和维护一个开放和非歧视性的多边贸易体系，保护环境和促进可持续发展能够也必须得到相互支持。

亦忆及 1994 马拉喀什贸易和环境部长会议决定，认为，在支持维护一个开放的、非歧视性的、公平的多边贸易体制与保护环境和促进可持续发展之间，不应当也不必要存在任何政策方面的矛盾。

【注意到，维也纳公约关于条约的解释规定，对于每一个生效的条约，缔约方必须善意履行其所定的条款。】【认识到，MEAs 和 WTO 协定都是平等的国际法文件 （instrument），所有的国际法条款应该被统一地、善意地执行。】

【致力于以相互支持的方式确保国际贸易法和环境保护法律之间的一致

性，继续完善国际法律体系的结构，以便在一个更加相互关联的世界更好地应对未来的挑战。】

【重申 MEAs 是国际社会对环境问题的回应，并且在法律上充实所有成员的单独和集体行动。】

认识到，在环境和贸易领域的技术援助和能力建设对发展中国家，尤其是欠发达国家的重要性。

注意到贸易和环境委员会特别会议（CTESS）依据多哈部长会议宣言的第 31 段第（Ⅰ）款和第（Ⅱ）款所采取的工作的重要性。

考虑到 CTESS 成员方的观点：

– MEAs 下的特殊贸易义务是指 MEAs 缔约方需要采取的，或者克制采取特殊的贸易行为［与贸易相关的行为］。

– 多边环境公约中的特殊贸易义务和 WTO 规则的关系运行良好，WTO 中尚无正式争端挑战 MEAs 中特殊义务的履行。

– 直到现在，MEAs 成员方的特殊贸易义务并没有在 WTO 中引起质疑。如果出现 WTO 成员将此类诉讼诉至 WTO 的情况，那么，可以适用 WTO 规则；鉴于特殊贸易义务也是通过多边谈判达成的，因此，在本质上，也不大可能在 WTO 中受到挑战。

– 当谈判和履行特殊贸易义务［以及 WTO 规则］时，各成员方在协调国内所有相关政府机构和利益相关者的观点时所做出的努力，［以及各政府和国际组织之间在协调处理跟 MEAs 相关的 WTO 事务所做的国际努力，］都有助于加强贸易和环境关系的发展。

– 各成员方在环境和贸易委员会会议上分享国内在谈判和履行特殊贸易义务［以及 WTO 规则］的经验，为各成员方相互促进和支持贸易与环境的政策提供了有用的方法。

– 设计多边环境协议特殊贸易义务时的一些特点促成了此类义务和现存 WTO 规则之间的积极关系，如为了满足特定的环境目标对特殊贸易义务的精心设计；清晰的特殊贸易义务适用范围；MEAs 中依据客观标准和科学决策制定的特定程序；MEAs 中为了进行包容的、透明的和适当灵活的范围改变而设定的程序。

部长们：

考虑到应提高贸易和环境之间的相互支持能力，做出如下决定。

1. 在协商和执行 WTO 规则方面，在协商和执行多边环境协议（MEAs）设定的特殊贸易义务方面，以及在贸易和环境委员会（CTE）中分享这方面的国内经验时，鼓励成员方开展相关政府机构（包括国际组织）之间的国家层面协作。[以确保 WTO 协定与 MEAs 中的特殊贸易义务之间的一致性和兼容性。]

2. 世贸组织秘书处代表 CTE，应当：

（a）与 MEAs 秘书处开展合作和协作，包括增加信息交换，适当的文档共享和准备，增强贸易和环境相关技术援助和能力建设活动，特别是有关实施 MEAs 中的特殊贸易义务。

（b）在互惠的基础上，促进 MEAs 秘书处对已取消限制的 WTO 文件的适当访问，同时，使得从 MEAs 秘书处获取的信息可为 WTO 成员所用，包括通过使用索引和互联网工具来获取。依据总理事会 2002 年 5 月 14 日关于世贸组织文件的公布及取消限制程序的决定，应积极促进 MEAs 秘书处访问 WTO 已取消限制的文件。

3. 在确认国家间组织申请观察员地位应符合部长会议和总理事会（WT/L/161）议事规则附录 3 中的标准和程序的同时，CTE 在审查 MEAs 秘书处提出的申请观察员地位的请求时，应当特别考虑以下方面。

（a）MEAs 工作内容与该委员会的相关性（relevance），以及该委员会的工作内容与 MEAs 的相关性。

（b）MEAs 秘书处参与 CTE 工作的情况以及对 WTO 相关工作（包括研讨会，能力建设活动以及文件的准备）的贡献；以及 \ 或，MEAs 秘书处参与 CTE 会议时所产生的该委员会与 MEAs 可拥有的相互利益。

4. CTE 应授予已提出申请并符合上述第 3 段规定的 MEAs 秘书处该委员会的观察员地位。

CTE 应授予以下 MEAs 秘书处该委员会观察员地位，基于它们均已提出申请并符合部长会议和总理事会（WT/L/161）议事规则附录 3 中规定的标准和程序：控制危险废物越境转移及其处置的巴塞尔公约；国际热带木材组织协定；关于消耗臭氧层物质的蒙特利尔议定书；关于在国际贸易中对某些化学品和农药采用事先知情同意程序的鹿特丹公约。

5. CTE 应当：

（a）提供一个论坛，继续分享每个成员方依据本决定第 1 段在提高贸易与环境之间相互支持能力方面的经验。

（b）定期与 MEAs 秘书处举行信息交流会。会议将提供 MEAs 与 WTO 秘书处以及其他相关成员就共同利益开展双向信息交流的机会。

（c）基于 WTO 秘书处对 WTO 协定条款的知识以及 MEAs 秘书处对相关特殊贸易义务的知识，通过 WTO 秘书处对 MEAs 中规定的特殊贸易义务执行的关注，监督这些条款和必要的技术援助活动进展情况。该委员会应当确保此类活动依据本决定分享贸易和环境委员会的经验及专业知识，同时，还应考虑以下目标。

（Ⅰ）保持不同秘书处之间的相互独立。

（Ⅱ）避免资源浪费和重复工作。

（Ⅲ）作为技术援助接受者的发展中国家，特别是最不发达国家的需求。

［（d）成立或规定成立一个由贸易和环境委员会根据该委员会确定的标准选举的【或每三年选举一次】贸易和环境方面的专家小组【或两名专家】，作为对 WTO 现有技术援助机制的补充，应优先考虑最不发达国家和发展中国家。］

［（e）提供一个灵活且高效的、调解性和非裁决性质的程序，通过各方协商确定的主席办公室或主席朋友办公室（a Friend of the Chair），帮助成员方处理 WTO 现行规则和多边环境公约中特殊贸易义务之间的【潜在的】冲突。］

附件 IA　与专家组相关的建议

进一步重申我们保护环境的决心，且意识到建立一个特别的持久的技术援助和能力建设机制将有助于发展中国家强化贸易机制和环境机制之间的关系。

1. 贸易和环境委员会

－应当建立【或足额资助】"贸易和环境方面的专家组"（GETE），从技术援助机制以及 WTO 和其他组织的专家组中汲取经验。

－应当建立一个长期的、由环境和贸易委员会选举可胜任成员组成的贸易与环境方面具有独立性的专家组。

2. 专家组

－【应当协助成员方执行多边环境公约项下的特殊贸易义务。】

－【应当方便成员方就多边环境公约中规定的特殊贸易义务与 WTO 之间的联系开展磋商，作为 WTO 现有技术援助机制的补充，应优先考虑最不发达国家和发展中国家。】

－应当在包含贸易条款的相关多边环境公约、包含特殊贸易义务的与气候变化相关的多边环境公约的相关谈判，以及影响发展中国家开展国际贸易的环境补贴方面的技术支持和能力建设上提供帮助，应当优先考虑最不发达国家、小岛国以及弱小经济体。

附件 IB　关于争端解决的相关建议

贸易和环境委员会应当：

－【鼓励各成员方，在依据《关于争端解决规则与程序的谅解》第 4 条进入正式磋商程序解决 WTO 现行规则与多边环境公约关系的争端时，运用此领域专家的专业知识。】

－【鼓励、要求】涉及 WTO 现行规则与多边环境公约中特殊贸易义务之间关系的争端当事方成员寻求 MEAs 领域的专家意见；贸易和环境委员会也应当鼓励争端当事方同意或请求专家组依据《关于争端解决规则与程序的谅解》第 13 条在举行争端听证时寻求与 MEAs 相关的建议和信息。

附件 II　第 31（III）段所涉及环境产品覆盖范围的成果框架

引言

1. 覆盖（产品范围的）方法（coverage approaches）应着重考虑如何能使成员们同意设定一个具有环境可信度的产品范围，且特定的待遇模式能适用于该产品范围。

2. 一项建议关注以环境项目为基础来识别环境产品，拟运用的环境项目标准是由 CTE 根据附录中六大领域的标准确定的一个广泛的标准。在相关项目之下的所有产品将在项目持续期间享受特殊的减让优惠。

3. 其他建议则关注通过一个请求和同意的程序来允许每个成员方提出

它认为是环境产品并将为之承担自由化义务的产品名目。（各成员方应）遵循严格的时间表来提出一系列的"报价回合"。这种程序是一次性的还是连续性渐进式的自由化进程，还有待成员方考虑确定。

4. 在近期密集谈判中有一个提议，建议将产品名单分成两类，一类供发达国家成员使用，一类供发展中国家成员适用，两份名单均由这两类国家从参考分类中自选，并且发达国家依据 Alpha 最小关税细目选择，发展中国家依据 Beta 最小关税细目选择，在数量上，Alpha 细目大于 Beta 细目。

5. 过去曾有两份提议提出将（环境产品）分成两类清单。其中，有一份提议建议列出一份令人振奋并可获得巨大成果的环境产品核心清单。此外，还应有一份未能取得一致意见的补充清单，根据该补充清单，成员们将自行（为该清单中的产品）设定一定百分比的关税基准。

6. 根据另一项提议，应为所有成员方设置一份共同的产品清单，该清单包括构成环境产品的具体产品细目。第二份清单可谓"发展清单"，该清单包含由发展中国家从"共同产品清单"中自行选取的给予较低关税待遇的产品。

7. 综合上述所有提议中的各种要素后，得出的综合性方法包括以下内容：（1）一份所有成员均做出承诺的，包括已确定的一系列环境产品的核心清单；（2）一份补充性的自选产品清单，发达国家可以自己选择一些环境产品进行关税减让，鼓励发展中国家也采取同样行为；（3）作为共同核心清单和补充清单的补充，可通过一个请求/出价程序来认定环境产品，根据最惠国原则实现多边化；（4）环境项目应当被用作选择并入共同核心名单、自选补充清单或者请求/出价清单，或者用作环保项目的单边自由化要求清单的判断标准。

总体结构

1. 序言。

2. 范围。

3. 关税和非关税壁垒的待遇，包括特殊待遇和差别待遇。

4. 总体性和发展类要素。

范围：最终覆盖范围的可能结构

1. 混合法。

（1）一份从附件 II 中选取的所有成员均同意并做出承诺的关于环境产品的核心清单。

（2）自选补充清单。

发达国家可以自己选择一些环境产品进行关税减让；鼓励发展中国家也参与。

（3）请求/出价程序，是共同核心清单和补充清单的补充，其结果应根据最惠国原则实现多边化。

（4）环境项目应当被用作选择并入共同核心名单、自选补充清单或者请求/出价清单，或者用于环保项目的单边自由化的标准。

2. Alpha – Beta 组合法。

（1）Alpha – 发达国家从附件Ⅱ参考分类中自选的 Alapha 产品。

（2）Beta – 发展中国家从附件Ⅱ参考分类中自选的 Beta 产品。

（3）Alpha 的数量大于 Beta – 根据一致同意的、发达国家依据 Alpha 确定产品最小关税细目，发展中国家依据 Beta 确定产品最小关税细目，其中，Alpha 数量大于 Beta。

（4）在自愿的基础上，未包含在个别成员自选清单里的产品，可通过要求/出价程序做出承诺。

3. 核心/共同清单和补充/发展清单。

一份多边同意的核心或者共同清单所包含的产品将在一定的审查机制下被定期检查。

除了核心清单包含的产品，发达国家将自选一些产品组成一份补充清单。

对于具有广泛的环境可信度却受争议的环境产品，在可不必一致同意的情形下，单列一份补充清单，成员们必须为该清单内的产品自行设定一定百分比的关税基准。

一份供发展中国家挑选的发展产品清单。小型脆弱经济体和最不发达国家可得到豁免或者承担较少义务。

4. 请求/出价确定程序。

一个双边的请求和出价可用于识别环境产品，在一定时间内可有几轮"出价"（offer rounds），最终（将这些产品）实现多边化。

举例而言：

步骤 1. "出具一份清单，内容包含：注明相关要求是否适用于全部 6 位数字的 6 位数字的海关产品编码（HS）；产品描述；该产品可能属于的环保产品目录；注明该产品是环境产品的理由。"

步骤 2. 请求国提供清单上要求的数据，包括：国家关税编码识别；关税基准水平（应与被要求产品的描述一致，并且标明"ex"或"ex out"标志）；海关编码的详细描述；依据关税基准水平计算出的进口数据，普通是 200X/200X 平均水平，以及对全体供应商的歧视性措施；绑定率；适用公式后的最终税率。

步骤 3. 请求国出具改正后的要求清单（根据被要求国的关税编码）。

步骤 4. 被要求国提供给要求国的清单应包括：国家关税编码；国家关税编码的完整描述；国家关税细目的进口数据，平均 200X/200X，来自要求国；约束税率；最终率；提议最终率。如果没有额外的自由提议，两个最终率将相同。

步骤 5. 在日内瓦进行一个为期一周的双边谈判，隔周再进行一次为期一周的谈判。

步骤 6. 每个被要求的国家出具它多边谈判结果清单，包括：国家关税编码，国家关税编码的完整描述，约束税率；最终率；议价最终率（< to the final rate）。

步骤 7. 举行集体评估会。

步骤 8. 给出最终项目表（含优惠项目，不包含特定的环保产品）。

5. 通过整合项目法识别。

整合。此方法将协调和规范环境项目以及环境活动或分类，由指定的国家实体实施，相关产品将享有减让优惠。

附件 ⅡA　环境产品的参考范围：正式的 HS 描述

1. 以下海关细目包括成员们提交的包含于附件Ⅲ【主席向贸易谈判委员会（TNC）的报告（JOB/TE/19，2010 年 3 月），后被更新（JOB/TE/3/Rev.1，2011 年 1 月 5 日）】和后续提议的相关环保产品。成员们提交的环境分类和二级分类反映在右边栏。此汇编不是终稿，可能会有更新。

2. 这个表是基于 HS2002 分类，有 6 位数字。相关描述的根据是世界海关组织"布鲁塞尔统一商品描述和编码系统（2002 年）"。

3. 所有基于之前版本 HS 分类（比如 HS1992 编码）的产品编号都已转化成 HS2002 编码。

4. 应该注意到有些 HS2002 编码和成员们提交的编码并不一致。一些成员已经标明全部 HS6 细目，但是另一些成员则尝试过更加细化（包括标明二级分类和/或者另行说明）的编码。

5. 对本文件所包含的产品描述和海关编码的准确性和技术验证有待环境和海关专家进一步努力。个别代表团的草案可能包括技术描述和/或者二级分类或者另行说明，以便其他代表团进行检查和确认。

6. 主席向贸易谈判委员会（TNC）的报告 JOB/TE/3/Rev. 1（2011 年 1月 5 日）包括环境分类和二级分类，如下所示。

– 空气污染控制

– 再生能源

– 废物管理和水治理

• 土壤或者水净化或整治

• 固体或有害废物的管理和回收系统

• 废物处理、回收利用和整治

• 废水处理和饮用水治理

– 环境技术

• 燃气减排

• 能源有效利用技术

• 环保节能技术和产品

• 节能

• 环境监测、分析和评估设备

• 热能和能源管理

• 自然风险管理

• 噪声震动防治

– 碳捕获和储存

– 其他

• 具有终端或可处理特性的环保产品

• 自然环境保护

• 可回收产品和能源

• 资源和污染管理

• 其他

附英文原文

COMMITTEE ON TRADE AND ENVIRONMENT IN SPECIAL SESSION

Report by the Chairman, Ambassador Manuel A. J. Teehankee, to the Trade Negotiations Committee

1. This report to the Trade Negotiations Committee (TNC) provides an update of progress made in the Committee on Trade and Environment in Special Session (CTESS) since my last written report to the TNC in March 2010. [①] It also aims at identifying areas that will require further attention from Members to bring negotiations to a successful conclusion on all three parts of the mandate in Paragraph 31 of the Doha Ministerial Declaration. The report reflects the work undertaken pursuant to the announcement by the Chairman of the TNC in November 2010 of an intensive work programme through the beginning of 2011, and complies with his guidance for draft texts to be developed so they may appear towards the end of the first quarter of 2011.

I. PARAGRAPHS 31 (I) AND (II)

2. Paragraph 31 (i) considers the relationship between existing WTO rules and specific trade obligations (STOs) set out in multilateral environmental agree-

---

[①] As with TN/TE/19 (Report by the Chairman to the TNC, 22 March 2010), this report is circulated under the Chair's own responsibility and is without prejudice to the position of WTO Members in the negotiations.

ments （MEAs）. Paragraph 31 （ii） considers procedures for regular information exchange between MEA secretariats and the relevant WTO committees, and the criteria for the granting of observer status.

3. I am pleased to report and attach a draft Ministerial Decision on Paragraphs 31 （i） and 31 （ii） in Annex I, while at the same time express caution that this is not an agreed text nor is it in complete or final form. Everything is conditional in the deepest sense and requires further engagement and deliberations in open – ended session, consistent with the bottom – up, Member – driven process, and our customary negotiating principles of inclusiveness and transparency.

4. The format is based on Members having converged on the idea of a combined outcome under Paragraphs 31 （i） and 31 （ii） in the format of a Ministerial Decision. There has been important work carried out in the CTESS and the draft Ministerial Decision is an attempt to capture the progress made. The language in the draft Ministerial Decision is derived from Members' textual proposals and inputs of Members during the recent intensive process of consultations in varying configurations. In some instances, the textual language represents the Chairman's best perception of discussions and consultations held in the CTESS, particularly in the period of February and March 2011.

5. The draft Ministerial Decision includes square brackets in some places to highlight options, areas of divergence or aspects requiring focused discussion. Where possible, explanations of the debate are provided in footnotes. There are also some proposals which are contained in boxes in the draft Ministerial Decision or which are reflected in Annexes I. A or I. B which either have not yet been fully discussed in the CTESS or may still require considerable further work and discussion to arrive at a common textual formulation.

II. PARAGRAPH 31 （III）

6. Paragraph 31 （iii） of the Doha Ministerial Declaration considers the reduction or elimination of tariff and non – tariff barriers to trade in environmental

goods and services. The format of an outcome under Paragraph 31 （iii） is still open although stated options and components have become clearer. The draft Ministerial Decision format of Paragraphs 31 （i） and 31 （ii） provides a point of reference.

7. On the identification of environmental goods, much work has been done since the circulation of the compilation of environmental goods of interest in my March 2010 Report to the TNC （TN/TE/19）. Annex II. A to this report, which contains the reference universe of environmental goods of interest to Members, is based on HS − 6 lines submitted by Members as they were reflected in Annex III of the March 2010 Report to the TNC, also JOB/TE/3/Rev. 1 （5 January 2011） and any subsequent submissions. This compilation of Members' submissions is without prejudice to the outcome or the debate on whether the Committee should define what an environmental good is.

8. Annex II. A as well as document JOB/TE/3/Rev. 1 （5 January 2011）, are intended to be useful to Members across all approaches. ① There are six broad categories under which goods have been submitted②: air pollution control, renewable energy, waste management and water treatment, environmental technologies, carbon capture and storage and others, and these categories are all indicated in the right column of Annex II. A.

9. A group of Members identified, on an illustrative basis, a number of tariff lines from the reference universe, and these are reflected in Annex II. B. Preliminary discussions on these goods showed that some of the goods included in this set could be considered by the membership as clear environmental goods, as long as they can be specifically identified in the HS classification by an ex − out or otherwise.

---

① For instance, in the project approach, which identifies environmental activities, the reference universe contains various environmental categories or activities that may be relevant to the identified HS lines. In the request and offer, it can serve as a tool to indicate products of interest for requests and/ or offers. In the combined approach, the required alpha or beta lines would be drawn from the reference universe submitted to the CTESS. In the hybrid approach, it could provide a basis for a self − selection by Members.

② As reflected in Annex III of the March 2010 Report to the TNC and in document JOB/TE/3/Rev. 1 （5 January 2011）.

10. Over the years, the work on environmental goods identification has shown that a number of technical difficulties remain. Further work needs to be undertaken by delegations and their experts in this respect, including on the verification of HS description and the determination of ex – outs or sub – classifications. Such technical work should be done without prejudice to the approach and the final outcome.

11. Based on a review of all proposals on the table as reflected in the document TN/TE/INF/4/Rev. 15 (28 March 2011) and subsequent submissions as well as the views of Members expressed in consultations on the structure of the outcome, there are still essentially four areas that will require Members' focused efforts to arrive at a draft outcome and modalities. ① These are:

A) Preambular Language;

B) Coverage;

C) Treatment of Tariffs and Non – Tariff Barriers, including Special and Differential Treatment; and

D) Cross – Cutting and Development Elements.

12. Much discussion has occurred through the years on the above four areas and the following paragraphs review, without prejudging the final outcome, the options and elements discussed in the negotiating process. These are drawn from all the approaches and proposals, which all remain on the table.

13. On preambular language, Members agree that a successful outcome of the negotiations under Paragraph 31 (iii) should deliver a triple – win in terms of trade, environment and development for WTO Members. First, the negotiations can benefit the environment by improving countries' ability to obtain high quality environmental goods at low cost or by enhancing the ability to increase produc-

---

① These proposals are reflected in document TN/TE/INF/4/Rev. 15 (28 March 2011) and subsequent submissions. Members may also refer to document JOB/TE/20 which compiles the textual elements relevant to these four areas contained in Members' submissions under Paragraph 31 (iii), from 2002 to date, and to a Secretariat Note compiling the various issues raised in Members' submissions under Paragraph 31 (iii) in document JOB (07) /137 (17 September 2007).

tion, exports and trade in environmentally beneficial products. ① This can directly improve the quality of life for citizens in all countries by providing a cleaner environment and better access to safe water, sanitation or clean energy.

14. The liberalization of trade in environmental goods and services can be beneficial for development by assisting countries in obtaining the tools needed to address key environmental priorities as part of their on – going development strategies. ② Finally, trade wins because these products become less costly and efficient producers of such technologies can find new markets. In addition, liberalizing trade in environmental goods will encourage the use of environmental technologies, which can in turn stimulate innovation and technology transfer. ③

15. The primary area requiring delegations' urgent attention relates to agreeing on an approach to coverage. ④ The two most recent proposals – a hybrid approach and combined approach – were put forward in an effort to bridge the various proposals on the table and could therefore provide a starting point for structured discussions on coverage.

---

① TN/TE/W/34 (United States, 19 June 2003), para. 3; TN/TE/W/47 (European Communities, 17 February 2005), para. 5; TN/TE/W/50/Rev. 1 (Canada, 4 July 2006), para. 13; TN/MA/W/70, TN/TE/W/65 (Canada, European Communities, New Zealand, Norway, Singapore, Switzerland, and United States, 9 May 2006), para. 2.3; TN/TE/W/57 (Switzerland, 6 July 2005), para. 4; TN/TE/W/54 (India, 4 July 2005), para. 2.

② TN/TE/W/55 (Cuba, 5 July 2005), para. 15; TN/TE/W/42 (China, 6 July 2004), para. 2; TN/TE/W/34 (United States, 19 June 2003), para. 3; TN/MA/W/70, TN/TE/W/65 (Canada, European Communities, New Zealand, Norway, Singapore, Switzerland, and the United States, 9 May 2006), para. 2.2; TN/TE/W/49/Suppl. 1 (New Zealand, 16 June 2005), para. 17; JOB (06) /140 (Canada; European Communities; New Zealand; Japan; Norway; the Separate Customs Territory of Taiwan, Penghu, Kinmen and Matsu; Switzerland; and United States, 8 May 2006), para. 2; JOB (07) /146 (Brazil, 1 October 2007), para. 3; JOB/TE/ 17 (Bolivia, Venezuela, 24 March 2011), para. 3; JOB/TE/18 (SVEs, 1 April 2011), paras. 4 – 5; TN/TE/W/79 (China and India, 15 April 2011), para. 4.

③ TN/TE/W/34 (United States, 19 June 2003), para. 3; TN/MA/W/70, TN/TE/W/65 (Canada, European Communities, New Zealand, Norway, Singapore, Switzerland, and United States, 9 May 2006), para. 2.2 – 2.3; TN/TE/W/47 (European Communities, 17 February 2005), para. 5; TN/TE/W/74 (Argentina, 23 November 2009), para. 2; JOB/TE/5 (Singapore, 23 June 2010), para. 2.

④ Delegations are referred to Annex II as well as the compilation of textual elements drawn from all proposals (JOB/TE/20) and also the Secretariat Note compiling the various issues raised under Paragraph 31 (iii) in JOB (07) /137.

16. Attached at Annex II is a summary of the potential structures of an outcome on coverage, based on all approaches on the table. Delegations need to engage and work on the concrete elements of coverage to which the treatment modalities would apply.

17. On treatment, although the treatment modalities proposed depend on the final structure considered, all proposals for options include a reduction of tariffs to zero for some products or a reduction including 0 for X and a 50 per cent cut after formula application and elimination of tariffs by certain set periods of time. During consultations, we have also touched on reducing and eliminating non – tariff barriers (NTBs) to trade in environmental goods and services. Members have noted the existence of NTBs in certain sectors and provided general ideas on how NTBs can be reduced, for instance by increasing transparency. Some general ideas for an outcome on NTBs were proposed, including in relation to transparency. [1]

18. As regards special and differential treatment for developing countries, lesser reductions, implementation delays and other forms of flexibilities were discussed. Product exemptions as well as the liberalization by developing country Members of a lesser number of tariff lines have also been envisaged. [2] For least – developed country Members and small and vulnerable economies, additional flexibilities could be envisaged. [3]

19. There are a number of important cross – cutting elements of the mandate and this relates to environmental services and to development aspects such as environmental technologies.

20. With respect to environmental services, the main work is occurring in the Committee on Trade and Environment in Special Session and one option is to draft textual elements cross – referring to the work there relating to enhanced commitments on environmental services. Another possibility would be that enhanced commitments on environmental services are associated with the environmental goods in

---

① 　TN/TE/W/76 （Argentina and Brazil, 30 June 2010）, Annex, para. 10.
② 　JOB/TE/16 and Corr. 1 （Mexico, Chile, 11 March 2011）, para. 12; TN/TE/W/42 （China, 6 July 2004）, para. 6; TN/TE/W/76 （Argentina and Brazil, 30 June 2010）, Annex, para. 7
③ 　JOB/TE/18 （Small, Vulnerable Economies （SVEs）, 1 April 2011）, para. 5.

the reference universe or categories or to an agreed set of environmental goods. ①

21. Concerning environmental technologies, discussions have clearly high-lighted the importance of these elements as being an integral part of an outcome. ②

---

① JOB (07) 193/Rev. 1 (European Communities, United States, 6 December 2007), para. 3.
② See TN/TE/W/79 (China and India, 15 April 2011), which provides further ideas on these as-pects. JOB/TE/17 (Bolivia, Venezuela, 24 March 2011), para. 13. See also Part D of JOB/TE/20.

ANNEX I DRAFT MINISTERIAL DECISION ON TRADE AND ENVIRONMENT

INTRODUCTORY COMMENT

The mains points covered in the draft Ministerial Decision below and Annexes I. A and I. B are summarised as follows:

- Members provided specific textual proposals for preambular language as reflected in the draft Ministerial Decision, covering such aspects as the mandate, the objective of sustainable development, mutual supportiveness of trade and environment, recognition of the different bodies of international law, and the importance of technical assistance and capacity building. A number of delegations have proposed other preambular texts for inclusion in the draft outcome, focusing on coherence and mutual supportiveness of MEAs and the WTO Agreement in the context of international law.

- The draft Ministerial Decision reflects the observation of Members in the CTESS that an STO set out in an MEA is understood to be one that requires an MEA party to take, or refrain from taking, a particular trade action. The sense of the Members of the CTESS has been to ensure there is no prescriptiveness in the description of an STO, and a few Members have questioned the need at all for a definition of STOs.

- Substantially, all Members agree that an outcome should highlight the importance of coordination at the national level in the negotiation and implementation of STOs in MEAs and the value of sharing of domestic experiences in this regard in the Committee on Trade and Environment（CTE）. The draft Ministerial Decision includes a provision that the CTE shall provide a forum for continued sharing of individual Member's experiences. One suggestion, raised during small group consultations, relates to coordination at the international level.

• The basic elements on information exchange for inclusion in a final outcome – holding of information exchange sessions with MEA secretariats; access to documents; and collaboration between WTO and MEA secretariats – are long established, as contained in Annex II of my March 2010 Report to the TNC. [1] These elements are reflected in specific textual provisions in the draft Ministerial Decision. Recent discussions among Members focused on the required level of detail in a final outcome and also whether information exchange sessions might be held not only in the CTE but also other relevant WTO committees.

• On observer status, consultations confirmed that two main issues remain in this area: （ i) to arrive at a textual formulation that can facilitate appropriate MEA observer status in the CTE; and （ii) whether a decision may be included in a final outcome relating to pending MEA applications for observership in the Committee. On the first issue, the draft Ministerial Decision includes a textual formulation. On the issue of granting of observership to some MEA secretariats with longstanding participation in the work of the CTE, different formulations have been discussed in the CTESS and possible compromise language is reflected in the draft Ministerial Decision that will require further work among delegations.

• There is clear support and convergence that Members wish to deliver an outcome on technical assistance and capacity building. The draft Ministerial Decision reflects Members' proposals to give guidance to the CTE on the provision and development of technical assistance by the WTO Secretariat focused on the implementation of STOs set out in MEAs. In addition, there are proposals for the establishment of a group of experts on trade and environment to give advice on certain issues to developing country Members. [2] A provisional textual formulation is con-

---

[1] TN/TE/19 (Report by the Chairman to the TNC, 22 March 2010) .

[2] JOB (08) /38 (African Group, 8 May 2008); JOB/TE/14 (ACP Group, 7 March 2011)

tained in the draft Ministerial Decision and further textual proposals are reflected in Annex I. A. This is a topic area where the proponent groups and delegations need to network further amongst themselves and with the wider membership.

- On dispute settlement, regarding the relationship between existing WTO rules and STOs in MEAs, the draft Ministerial Decision contains suggested compromise language largely based on the Swiss non – mandatory approach. [①] Further textual proposals derived from Members ideas and consultations are contained in Annex I. B, relating to the use of experts, on which divergences continue to remain.

DRAFT MINISTERIAL DECISION ON TRADE AND ENVIRONMENT [DISCUSSION DRAFT BASED ON THE TEXTUAL PROPOSALS AND IDEAS OF MEMBERS WITH RESPECT TO PARAGRAPHS 31 (I) AND 31 (II)]

Ministers,

Recalling that:

– Paragraph 31 (i) of the Doha Ministerial Declaration called for negotiations on the relationship between existing WTO rules and specific trade obligations (STOs) set out in multilateral environmental agreements (MEAs) and stated that the negotiations were to be limited in scope to the applicability of such existing WTO rules as among parties to the MEA in question, and were not to prejudice the WTO rights of any Member that is not a party to the MEA in question;

– Paragraph 31 (ii) of the Doha Ministerial Declaration called for negotiations on procedures for regular information exchange between MEA secretariats and the relevant WTO committees, and the criteria for the granting of observer status; and

– Pursuant to Paragraph 32 of the Doha Ministerial Declaration, the outcome of negotiations carried out under Paragraphs 31 (i) and 31 (ii) was to be compatible with the open and non – discriminatory nature of the multilateral trading system, not to add to or diminish the rights and obligations of Members under existing WTO Agreements, in particular the Agreement on the Application of Sani-

---

① 3 TN/TE/W/77 (Switzerland, 4 November 2011).

tary and Phytosanitary Measures, nor alter the balance of these rights and obligations, and was to take into account the needs of developing and least – developed countries;

Affirming our commitment to the objective of sustainable development, as stated in the Preamble to the Marrakesh Agreement Establishing the World Trade Organization (WTO Agreement), and our conviction as stated in Paragraph 6 of the Doha Ministerial Declaration that the aims of upholding and safeguarding an open and non – discriminatory multilateral trading system, and acting for the protection of the environment and the promotion of sustainable development can and must be mutually supportive;①

Recalling also the 1994 Marrakesh Ministerial Decision on Trade and Environment which considered that there should not be, nor need be, any policy contradiction between upholding and safeguarding an open, non – discriminatory and equitable multilateral trading system on the one hand, and acting for the protection of the environment, and the promotion of sustainable development on the other;②

[Noting that the Vienna Convention on the Law of Treaties states that every treaty in force is binding upon the parties to it and must be performed by them in good faith;]③ [Recognizing that both MEAs and the WTO Agreement are instruments of international law of equal standing between parties to the agreements, and that all provisions under international law should be implemented harmoniously and in good faith;]④

---

① TN/TE/W/78 (United States, 14 February 2011), preamble; JOB/TE/19 (Australia, Mexico, United States, 1 April 2011), preamble; and JOB (08) /33 (Norway, 29 April 2008), para. 7, all refer to language in Paragraph 6 of the Doha Ministerial Declaration.

② TN/TE/W/68 (European Union, 30 June 2006), preamble, includes language: "Reaffirming that MEAs and WTO rules contribute jointly to the international community's pursuit of shared objectives; and expressing our desire that trade and environment policies blend effectively to deliver sustainable development", that is reflective of the language in Marrakesh Ministerial Decision.

③ Mexico as Friend of the Chair provided this formulation, which is yet to be fully discussed with the wider membership. The Chair notes Mexico has emphasized that this bridging formulation would be in lieu of other textual proposals concerning the relative standing of MEAs and WTO rules in international law.

④ JOB (08) /33 (Norway, 29 April 2008), para. 6; supported by the European Union.

Committed to ensure coherence between international trade and environmental law in a mutually supportive way in order to continue to improve the architecture of international law to better cope with future challenges in an ever more interlinked world;①

Reaffirming that MEAs constitute the response of the international community to environmental problems and play an instrumental role in reinforcing the individual and collective actions of all Members;②

Recognizing the importance of technical assistance and capacity building in the field of trade and environment to developing countries, in particular the least – developed among them;

Noting the important work undertaken in the Committee on Trade and Environment in Special Session (CTESS) on Paragraphs 31 (i) and 31 (ii) of the Doha Ministerial Declaration;

Considering observations of Members in the CTESS that:

– A specific trade obligation (STO) set out in a multilateral environmental agreement (MEA) is understood to be one that requires an MEA Party to take, or refrain from taking, a particular trade action③ [a trade – related action④];

– The relationship between WTO rules and STOs set out in MEAs is working well, and no formal disputes in the WTO have arisen challenging the imple-

---

① Textual proposal made by Switzerland at the March 2011 consultations. This proposal requires discussion in the wider membership.

② See TN/TE/W/68 (European Union, 30 June 2006), preamble; also highlighted by the European Union during the March 2011 consultations. The European Union further proposed to give recognition that "multilateral approaches to global environmental problems are to be strongly preferred."

③ The current formulation, pursuant to Members' preference, is descriptive of observations of Members in the CTESS and not a prescriptive definition.

④ Textual proposal made by Japan at the March 2011 consultations and in a Non – paper circulated by Japan at consultations on 21 March 2011 – indicating its preference for "a trade – related action" and its view "that both (1) the trade measures explicitly provided for as mandatory under an MEA, and (2)" obligation de résultat "provided for in an MEA in which the trade measures are not identified should be included in the scope of STOs, and the definition of STOs should leave room for" obligation de résultat "in the scope of STOs." Chinese Taipei also supported reference to "trade – related action".

mentation of an STO set out in an MEA;①

– Until now STOs among parties to MEAs have not been contested in the WTO and should a situation arise of a WTO Member bringing such cases before the WTO, WTO rules would be applicable: observing also that STOs that are multilaterally negotiated, between parties and specific in nature are unlikely to be challenged in the WTO;②

– Efforts undertaken by Members at the domestic level to coordinate the views of all relevant government agencies and stakeholders when negotiating and implementing STOs [as well as WTO rules]③ [, and also at the international level in terms of coordination between various governmental bodies and international organizations when addressing WTO matters related to MEAs,]④ have been helpful to enhancing the mutual supportiveness of trade and the environment;⑤

– Sharing of domestic experiences in the CTESS in negotiating and implementing STOs [as well as WTO rules]⑥ has provided useful insight into ways in which Members can work to promote mutually supportive trade and environment policies;

– Several features in the design of STOs set out in MEAs have contributed to the positive relationship between such obligations and existing WTO rules such as, careful tailoring of STOs to meet a particular environmental objective, clarity of

---

① JOB (08) /33 (Norway, 29 April 2008), para. 9; JOB/TE/19 (Australia, Mexico, United States, 1 April 2011), preamble.

② JOB (08) /33 (Norway, 29 April 2008), and Corr. 1 (5 November 2010), paras. 9, 10, 11 (combined).

③ The European Union and Switzerland have emphasized the need for two – way balance and have objected to language emphasizing only the negotiation and implementation of STOs in MEAs while not addressing WTO rules.

④ The bracketed language requires further discussion with the broader membership and is derived from the January to March 2011 consultations where the European Union had provided a textual proposal: "Coordination between various governmental bodies and international organizations when addressing WTO matters related to MEAs is useful in enhancing mutual supportiveness between trade and the environment".

⑤ In TN/TE/W/78 (United States, 14 February 2011) and JOB/TE/19 (Australia, Mexico, United States, 1 April 2011), a further phrase was proposed, reading (in JOB/TE/19): "... and have fostered compatibility between Members'international trade obligations and domestic implementation of STOs set out in MEAs." This aspect was considered by certain Members such as India and Norway as unnecessary or overly prescriptive.

⑥ See footnote 14 above.

scope and application of STOs, certain procedures laid out in the MEA that rely on objective criteria and scientific input to make decisions, and other built in procedures in the MEA for changes to its scope that are inclusive, transparent and appropriately flexible;①

Ministers,

With a view to enhancing the mutual supportiveness of trade and environment, hereby decide as follows:

1. Members are encouraged to coordinate at the domestic level among relevant government agencies [and with international organizations]② when negotiating and implementing WTO rules and when negotiating and implementing STOs set out in MEAs, and to share domestic experiences in this regard in the Committee on Trade and Environment (CTE) [, with a view to ensuring coherence/compatibility with rights and obligations arising from WTO Agreements and from STOs in MEAs].③

2. The WTO Secretariat, on behalf of the CTE, shall:

(a) cooperate and collaborate with MEA secretariats, including through: increased information exchange; as appropriate, document sharing and preparation; and enhanced trade and environment – related technical assistance and capacity building activities, particularly those related to implementation of STOs set out in MEAs;

(b) facilitate appropriate access by MEA secretariats to derestricted WTO documents on a reciprocal basis and make information from MEA secretariats available to WTO Members, including through the use of indexing and internet – based tools. Access to derestricted WTO documents by MEA secretariats shall be facilitated in accordance with the General Council Decision of 14 May 2002 on Procedures for

---

① TN/TE/W/78 (United States, 14 February 2011), JOB/TE/19 (Australia, Mexico, United States, 1 April 2011); some delegations (European Union, Switzerland, Norway, India, Chinese Taipei viewed the proposed tiret as either unbalanced, as it does not refer to features in WTO rules, or unnecessary or overly prescriptive.

② See footnote 15 above.

③ TN/TE/W/2 (Argentina, 23 May 2002), and highlighted by Argentina in the March 2011 consultations. Some delegations (European Union, Norway) countered with the need for balance and two – way coherence in this paragraph.

the Circulation and Derestriction of WTO Documents（WT/L/452）.①

3. While affirming that requests for observer status of international intergovernmental organizations are subject to the criteria and procedures set out in Annex 3 of the Rules of Procedure for Sessions of the Ministerial Conference and Meetings of the General Council（WT/L/161）the CTE shall, when examining requests for observer status from MEA secretariats, have particular regard to the following:②

（a）the relevance of the MEA's scope of work to the Committee as well as the relevance of the Committee's scope of work to the MEA; and

（b）the MEA secretariat's participation in the CTE and its prior contribution to WTO work, including workshops, capacity building activities and preparation of documents; and/or the mutual benefit that may accrue to the Committee and the MEA from the MEA secretariat's participation in meetings of the CTE.

4. The CTE shall grant observer status to MEA secretariats that have applied for such status in the Committee and have met the criteria set out in paragraph 3 above;③

The CTE shall grant observer status to the secretariats of the following MEAs,

---

① As supported in Paragraph 31（ii）Drafting Group consultations in January and February 2011 by India, this proposed paragraph（2（b））is drawn from Annex II of TN/TE/19（Chairman's Report to the TNC, 22 March 2010）.

② TN/TE/W/78（United States, 14 February 2011）and also Annex II of TN/TE/19（Chairman's Report to the TNC, 22 March 2010）highlighted two other criteria derived from Annex 3 of the Rules of Procedure for Sessions of the Ministerial Conference and Meetings of the General Council（WT/L/161）, namely（i）the MEA's membership, e. g. , whether it broadly reflects the membership of WTO; and（ii）the reciprocity provided by the MEA to the WTO with respect to access to proceedings, documents, and other aspects of observers status. In consultations, various Members noted that the reference to "whether it broadly reflects the membership of WTO" went beyond Annex 3 of WT/L/161: concerning the reciprocity aspects, it was considered by various Members that these were already covered by Annex 3 of WT/L/161 and did not need to be highlighted.

③ TN/TE/W/78（United States, 14 February 2011）, para 4, and JOB/TE/19（Australia, Mexico, United States, 1 April 2011）, para.4, contained a textual proposal, drawn from language in Annex II of TN/TE/19（Chairman's Report to the TNC, 22 March 2010）: "Members shall also consider, in the event that they cannot reach a consensus with respect to a request from a particular MEA for permanent observer status to a WTO Committee, inviting the relevant MEA Secretariat to observe on a meeting – by – meeting basis, until a consensus on the request for permanent observer status can be reached. " In consultations, some delegations expressed reservations on this proposal as it only reflects current practise which does not require a Ministerial Decision.

recognizing that all have applied for such status and have met the criteria and procedures set out in Annex 3 of the Rules of Procedure for Sessions of the Ministerial Conference and Meetings of the General Council: (i) Basel Convention on the Control of Transboundary Movements of Hazardous Wastes and their Disposal; (ii) International Tropical Timber Organization; (iii) Montreal Protocol on Substances that Deplete the Ozone Layer; and (iv) Rotterdam Convention on the Prior Informed Consent Procedure for Certain Hazardous Chemicals and Pesticides in International Trade. ①

5. The CTE shall:

(a) provide a forum to continue to share experiences of individual Members pursuant to paragraph 1 of this Decision with a view to enhancing the mutual supportiveness of trade and the environment; a Explanatory Note: Examples of relevance would be whether the MEA contains provisions that have potential implications for international trade or whether the WTO Committee's work covers aspects and rules that have potential implications for the environmental issues covered by the MEA.

(b) hold information exchange sessions with MEA secretariats on a regular basis. ② The sessions will provide opportunity for two – way information exchanges between MEA and WTO secretariats and their respective memberships on topics of common interest;③

(c) oversee the provision and, as necessary, the development of technical

---

① Canada as Friend of the Chair provided this formulation, which is yet to be fully discussed with the wider membership. In consultation with the CTE Secretariat, the Chair understands these are the four MEAs with pending observership requests and current ad hoc participation. In TN/TE/W/66 (European Union, 15 May 2006), and Drafting Group consultations, the European Union proposed the grant of observer status (automatic or by strong presumption) to MEAs with longstanding participation in the CTE.

② In consultations, and as reflected in Annex II of TN/TE/19 (Chairman's Report to the TNC, 22 March 2010), India suggested specifying the information exchange sessions be held on an annual (or biennial) basis. Some delegations commented that the reference to "regular" would provide more flexibility to the Committee in the holding of the sessions.

③ In consultations held in the Drafting Group on Paragraph 31 (ii) concerning information exchange sessions, a further suggestion was made by the European Union that upon request by other relevant WTO committees or MEA secretariats, these committees, in consultation with MEA secretariats, shall also hold information exchange sessions.

assistance activities by the WTO Secretariat focused on the implementation of STOs set out in MEAs, drawing on the WTO Secretariat's knowledge of provisions of the WTO Agreement, as well as the relevant MEA secretariat's knowledge of particular STOs. The Committee shall ensure that such activities draw on experiences and expertise shared in the Committee on Trade and Environment pursuant to this Decision, and take into account, inter alia, the following important objectives:

(ⅰ) maintenance of the independence of the respective secretariats;

(ⅱ) avoidance of duplication of resources and efforts; and

(ⅲ) consideration of developing countries, and in particular the least – developed among them, as recipients of technical assistance.

[(d) [Establish] [Provide for the establishment of] a group of [2] experts on trade and environment to be elected [every three years] by the CTE based on criteria to be determined by the Committee, who shall be available on a priority basis to least – developed countries and developing countries as a complement to existing technical assistance mechanisms of the WTO.]①

[(e) Provide for a flexible and expeditious procedure of a conciliatory and non – adjudicatory nature to assist Members with [potential] differences regarding the relationship between existing WTO rules and specific trade obligations of multilateral environmental agreements, through the offices of its Chair or a Friend of the Chair agreed upon by the parties.]②

---

① Proposed formulation drawn from various proposals and consultations. JOB (08) /38 (African Group, 8 May 2008), and JOB/TE/14 (ACP Group, 7 March 2011); see also Annex I. A on "Proposed Elements Relating to a Group of Experts."

② TN/TE/W/77 (Switzerland, 4 November 2010), para 4. See also Annex I. B on "Proposed Elements on Dispute Settlement."

ANNEX I. A
PROPOSED ELEMENTS RELATING
TO A GROUP OF EXPERTS①

Recommitting ourselves to protecting and preserving the environment and recognizing that the establishment of a specific, permanent technical assistance and capacity building instrument will assist developing country Members in strengthening the relationship between trade and environment regimes;②

1. The Committee on Trade and Environment (CTE) shall:

• [Establish [and adequately fund]③ a "Group of Experts on Trade and Environment" (GETE)④, drawing on experience from technical assistance mechanisms and other expert groups in the WTO and other organizations.]⑤

• [Establish a permanent group of independent experts on trade and environment composed of

[highly qualified persons who shall be elected by the CTE.]⑥

2. The Group of Experts (GETE) shall:

• [Assist Members in terms of the implementation of specific trade obligations (STOs) under multilateral environmental agreements (MEAs) .]⑦

---

① The full proposals containing additional aspects can be consulted in JOB（08）/38（African Group, 8 May 2008）, and JOB/TE/14（ACP Group, 7 March 2011）.

② JOB/TE/14（ACP Group, 7 March 2011）, para（a）, and JOB（08）/38（African Group, 8 May 2008）, para.6.

③ JOB/TE/14（ACP Group, 7 March 2011）, para. （e）.

④ JOB（08）/38（African Group, 8 May 2008）, para.7; JOB/TE/14（ACP Group, 7 March 2011）, para. （e）.

⑤ JOB（08）/38（African Group, 8 May 2008）also comments in para 8: "This expertise could also be drawn from international organizations such as the World Customs Organization（WCO）, UNCTAD, UNEP and other organizations which provide technical assistance to Members. "

⑥ Textual proposal by Pakistan from January 2011 small group consultations; circulated for information in a Chair's non – paper on Technical Assistance and Capacity Building at 21 March 2011 Chair's Consultations. The textual proposal makes reference in particular to the idea that the experts will be elected by the CTE and one shall be replaced each year.

⑦ JOB（08）/38（African Group, 8 May 2008）, para.8.

- ［Be available for consultations by any Member on the linkages between specific trade obligations （STOs） as laid out in multilateral environmental agreements （MEAs） and the WTO as a complement to existing technical assistance mechanisms of the WTO, with priority for LDCs and developing countries.］①

- ［Assist in the provision of technical assistance and capacity building relating to multilateral environmental agreements （MEAs） with trade provisions, the negotiation of climate change – related MEAs with specific trade obligations （STOs）, and environmental subsidies that affect international trade with developing countries, with priority for LDCs, SIDS and SVEs.］②

ANNEX I. B
PROPOSED ELEMENTS ON
DISPUTE SETTLEMENT

The Committee on Trade and Environment （CTE） shall:

- ［Encourage Members, involved in formal consultations pursuant to Article 4 of the Understanding on Rules and Procedures Governing the Settlement of Disputes relating to a dispute regarding the relationship between existing WTO rules and multilateral environmental agreements （MEAs）, to draw on the expertise of experts in the area at issue.］③

- ［ ［Encourage Members,］ ［Require Members,］④ who are parties to a dispute regarding the relationship between existing WTO rules and a specific trade obligation contained in a multilateral environmental agreement, to seek the advice of experts on the MEA in question; the Committee shall encourage as well disputing Members ［to agree］ ［to request］ that the dispute panel hearing their dispute

---

① Proposed textual suggestion by Pakistan from January 2011 small group consultations.
② Drawn from JOB/TE/14 （ACP Group, 7 March 2011）, para （e）.
③ Drawn from TN/TE/W/77 （Switzerland, 4 November 2010）, para. 4.
④ In TN/TE/W/68 （European Union, 30 June 2006）, para. 3. European Union proposed mandatory language with respect to WTO panels seeking expertise of MEAs: Para 3 （c） reads: "Where a WTO panel examines issues with an environmental content, relating to a particular MEA, the panel shall call for and defer to, in the relevant points, the expertise of the MEA in question."

utilize the procedures under Article 13 of the Understanding on Rules and Proce-dures Governing the Settlement of Disputes to seek advice and information in rela-tion to the MEA in question.]①

ANNEX II

STRUCTURE OF THE OUTCOMEENVIRONMENTAL GOODS COVERAGE UNDER PARAGRAPH 31 （III）

INTRODUCTORY COMMENT

1. The coverage approaches necessarily focus on how Members can agree on an environmentally credible universe of products to which the treatment modalities could apply. ②

2. One proposal focuses on identifying environmental goods on the basis of environmental projects, ③ with the broad criteria for designating such projects de-cided by the CTE using the six broad categories included in the attached reference universe. ④ Goods under such projects would qualify for specified concessions for the duration of the project.

3. Another proposal focuses on a request and offer process that would allow each Member to propose those items it considers are environmental goods and for which it is prepared to assume liberalization commitments. ⑤ A certain number of "offer rounds" would be established following a strict timeline. It remains open

---

① Proposal drawn from suggestions in TN/TE/W/77 （Switzerland, 4 November 2011）, and TN/TE/W/68 （European Union, 30 June 2006）.

② Part B of JOB/TE/20 provides a comprehensive overview of textual elements on coverage modalities, as derived from Members submissions. Members may also refer to a secretariat note compiling the va-rious issues raised in Mambers' submissions to the CTESS under Paragraph 31 （iii） from 2002 – 2007 circulated in JOB （07） /137 on 17 September 2007.

③ JOB （07） /77 （Argentina and India, 6 June 2007）.

④ See Annex II. A.

⑤ JOB （07） /146 （Brazil, 1 October 2007）; JOB （09） /184 （Brazil, 15 December 2009）; TN/TE/W/76 （Argentina, Brazil, 30 June 2010）.

whether Members contemplate this process to be a one – time process or a continuing process of progressive liberalization.

4. According to a submission presented during the recent intensification of negotiations, there would be two lists, one for developed and one for developing country Members with both being self – selected from the reference universe and subject to an agreed alpha minimum number of tariff lines for developed country Members and a beta minimum number of tariff lines for developing country Members, with alpha being greater in number than beta. ①

5. The idea of developing two lists had been put forward by two proposals in the past. In one of these proposals, there would be a core list of environment products② that could deliver an ambitious and significant outcome. ③ In addition, there will be a complementary list on which consensus could not be reached from which Members would have to self – select a certain x per cent of tariff lines. ④

6. According to another proposal, there would be a common list for all Members, which comprises specific product lines that constitute environmental goods. ⑤ The second list would be a development list which could comprise products selected from the common list by developing countries for exemption or a lower level of tariff treatment.

7. In an effort to combine the various elements of all proposals on the table, the hybrid approach includes the following components: (i) an agreed core list⑥ which would comprise a targeted set of environmental goods on which all Members would take commitments; (ii) a complementary self – selected list: developed

---

① JOB/TE/16 and Corr. 1 (Mexico, Chile, 11 March 2011).

② TN/TE/W/38 (United States, 7 July 2003), para. 3.

③ See for instance the "Convergence Set" composed of 153 entries submitted by a group of Members in document JOB (09) /132 (Canada, the European Communities, Japan, Korea, New Zealand, Norway, the Separate Customs Territory of Taiwan, Penghu, Kinmen and Matsu, Switzerland and the United States, 9 October 2009).

④ TN/TE/W/38 (United States, 7 July 2003), paras. 3, 5.

⑤ TN/TE/W/42 (China, 6 July 2004), paras. 5 – 6.

⑥ A group of Members identified, on an illustrative and starting – point basis, 26 tariff lines drawn from the reference universe. Preliminary discussions showed that some of the goods included in this set could be considered by the membership as clear environmental goods, as long as they can be specifically identified in the HS classification by an ex – out or otherwise. See Annex II. B.

countries would individually select a number of environmental products for tariff elimination and developing countries are encouraged to participate; （iii） as a complement to the common core list and complementary lists, products would be identified through a request/offer process, the outcome of which would be multilateralized in accordance with the MFN principle; and （iv） environmental projects could be used to identify lines for inclusion in the common core list, the complementary self – selected list or the request – offer list① or by unilateral liberalization if used in environmental projects.

OVERALL STRUCTURE②

I. PREAMBULAR LANGUAGE

II. COVERAGE

III. TREATMENT OF TARIFFS AND NON – TARIFF BARRIERS, INCLUDING SPECIAL AND DIFFERENTIAL TREATMENT

IV. CROSS – CUTTING AND DEVELOPMENT ELEMENTS

II. COVERAGE: POTENTIAL STRUCTURES OF OUTCOME ON COVERAGE

A. HYBRID APPROACH③

（i）

an agreed core list of environmental goods drawn from the reference universe in Annex II. A. on which all Members would take commitments;

（ii） a complementary self – selected list:

– developed countries would individually select a number of environmental

---

① JOB/TE/15 （Australia; Colombia; Hong Kong, China; Norway; and Singapore, 8 March 2011）.

② Proposed textual elements derived from Members'submissions relating to these four areas are contained in JOB/TE/20.

③ JOB/TE/15 （Australia; Colombia; Hong Kong, China; Norway; and Singapore, 8 March 2011）.

products for tariff elimination

– developing countries are encouraged to participate;

(iii) request/offer process as a complement to the common core list and complementary lists, the outcome of which would be multilateralized in accordance with the MFN principle; and

(iv) environmental projects used to identify lines for inclusion in the common core list, the complementary self – selected list or the request – offer list or by unilateral liberalization if used in environmental projects.

B. ALPHA BETA COMBINED APPROACH①

(i) Alpha – developed Members self – select Alpha goods from the reference universe in Annex II. A.;

(ii) Beta – developing Members self – select Beta goods from the reference universe in Annex II. A.;

(iii) Alpha greater than Beta – subject to an agreed Alpha minimum number of tariff lines for developed country Members and a Beta minimum number of tariff lines for developing country Members, with Alpha being greater in number than Beta;

(iv) products not covered by the individual Members' self – selected list could be committed under a request and offer process on a voluntary basis.

C. CORE/COMMON LIST WITH COMPLEMENTARY LIST/DEVELOPMENT LIST

A Core or Common List of goods for all Members multilaterally agreed. ②

The agreed set of goods would be subject to periodic review under some form of review mechanism. ③

In addition to goods included in the core list, developed Members would self – select a number of products comprising a complementary list. ④

Goods on which there is strong acknowledgement of environmental creden-

---

① JOB/TE/16 and Cor. 1 (Mexico, Chile, 11 March 2011) . SVEs (JOB/TE/18, 1 April 2011) .

② TN/TE/W/38 (United States, 7 July 2003); TN/TE/W/42 (China, 6 July 2004); JOB/TE/15 (Australia; Colombia; Hong Kong, China; Norway and Singapore, 8 March 2011) .

③ JOB (09) /132 (Canada; the European Communities; Japan; Korea; New Zealand; Norway; the Separate Customs Territory of Taiwan, Penghu, Kinmen and Matsu; Switzerland; and the United States, 27 April 2007) .

④ JOB/TE/15 (Australia; Colombia; Hong Kong, China; Norway and Singapore, 8 March 2011) .

tial, but no consensus, could constitute a complementary list, of which Members must self – select a certain x per cent of tariff lines. ①

A development list of products, selected by developing countries. SVEs and LDCs, that could be exempted from, or subject to lesser commitments. ②

D. IDENTIFICATION THROUGH REQUEST & OFFER

A bilateral Request and Offer process would be used to identify goods of environmental interest to Members, followed by a certain number of "offer rounds" held over a specified period of time, subsequently multilateralized. ③

Sample request and offer modality: ④

Step 1. "A list is presented containing: six digit HS code of product with an indication of whether the request applies to the full six digit or part of it; [the] description of product; [an] indication of environmental goods category the good is believed to fall in; [an] indication of reason why the good is believed to be 'environmental'. "

Step 2. "[The] requested country provides … data on requested list, containing: [an] identification of national tariff code, at tariff line level, that corresponds to the description of requested good, with an "ex" indication in case it is an "ex out"; [a] full description of national tariff code; import data by national tariff line, average 200X/200X, with discrimination of all suppliers; bound rate; final rate after application of modalities. "

Step 3. "[The] requesting country presents revised request list in national tariff codes of requested country. "

Step 4. "[The] requested country presents offer lists to requesting countries containing: national tariff code; full description of national tariff code; import data by national tariff line, average 200X/200X, from requesting country; bound rate; final rate after application of modalities; offer expressed as final rate. Rate would be the same as final rate if no additional liberalization offer is made for the

---

① TN/TE/W/38（United States, 7 July 2003）；TN/TE/W/34（United States, 19 June 2003）.

② TN/TE/W/42（China, 6 July 2004）.

③ JOB（07）/146（Brazil, 1 October 2007）；JOB（09）/184（Brazil, 15 December 2009）；JOB/TE/15（Australia; Colombia; Hong Kong, China; Norway and Singapore, 8 March 2011）.

④ JOB（09）/184（Brazil, 15 December 2009）.

product. "

Step 5. " [One week of] bilateral negotiations would take place in Geneva, [to be followed by another week of bilateral negotiations (with one week interval in between the two negotiating weeks) .]"

Step 6. "Each requested country presents [then] its list with the result of negotiations to be multilateralized, containing: national tariff code; full description of national tariff code; bound rate; final rate after application of modalities; negotiated offer expressed as final rate (< to the final rate) . "

Step 7. " [A] collective Evaluation Meeting [will take place.]"

Step 8. " [The final Schedules are presented] with the incorporation of the concessions, [without]" environmental good "marking or specification. "

E. IDENTIFICATION THROUGH INTEGRATED – PROJECT APPROACH

The Integrated – Project approach would agree and define environmental projects, as well as environmental activities or categories, to be carried out by designated national entities, for which goods utilized in the activities could qualify for concessions. ①

---

① TN/TE/W/62 (Argentina, 14 October 2005); Job (07) /77 (Argentina and India, 6 June 2007); TN/TE/W/51 (India, 3 June 2005); TN/TE/W/67 (India, 13 June 2006); TN/TE/W/60 (India, 19 September 2005); TN/TE/W/54 (India, 4 July 2005) .

ANNEX II. A
REFERENCE UNIVERSE OF ENVIRONMENTAL GOODS: OFFICIAL HS DESCRIPTIONS

1. The following HS lines include Members' submissions of environmental goods of interest as contained in Annex III of the Report by the Chairman to the TNC Report (TN/TE/19, March 2010) updated in JOB/TE/3/Rev. 1 (5 January 2011) and any subsequent submissions. The environmental categories and sub – categories as submitted by Members are reflected in the right column. This compilation should be considered as work in progress and may be updated in light of future submissions tabled by Members.

2. This table is based on the HS2002 classification at the 6 – digit level. Descriptions are reproduced from World Customs Organization, Harmonized commodity description and coding system, Brussels, 2002.

3. All product codes submitted under previous versions of the HS classification (e. g. HS1992 codes) have been converted to HS2002 codes. ①

4. It should be noted that HS2002 official code descriptions do not always

---

① The following HS1992 codes have been replaced with their equivalent HS2002 codes: 250310 and 250390 replaced with 250300; 291430 replaced with 291431; 291441 and 291449 replaced with 291440; 730420 replaced with 730421; 840611 replaced with 840610; 840619 replaced with 840681; 902520 replaced with 902580. Product submissions at the 4 – digit HS level, for the purposes of this table, have been replaced with their 6 – digit subheadings: 4707 has been replaced with 470710, 470720, 470730, and 470790; 8506 has been replaced with 850610, 850630, 850640, 850650, 850660, 850680, and 850690 (note that the 6 – digit HS code 850680 was also submitted individually by another Member); 9030 has been replaced with 903010, 903020, 903031, 903039, 903040, 903082, 903083, 903089, and 903090 (note that the 6 – digit HS codes 903010, 903020, 903031, 903039, 903083, 903089, and 903090 were also submitted individually by another Member). The HS codes 841518, 841861, and 841869 were initially submitted as one, these product codes have been reflected separately for the purposes of this table. The HS codes 761190 and 841160 could not be found and were therefore not reflected in this table. Two other products descriptions were submitted, with HS codes to be determined. These were: LED lamp (LED light bulb etc.) and lighting and Energy efficient liquid crystal displays which conform to the energy efficiency standard and are so certified by the authority in destination country.

match descriptions provided by Members in their submissions. Some Members have identified the entire HS6 line while other Members have tried to be more specific (including by using sub – classification and/or ex – outs) to facilitate the identification of environmental goods of interest.

5. Accuracy and technical verification of the descriptions and HS codes contained in this document as well as the technical description, if any, of ex – outs, will need to be undertaken by environment and customs experts and it is expected that individual delegations will prepare draft technical descriptions and/or sub – classifications or ex – outs in their draft schedules for review and verification with other delegations.

6. The environmental categories and sub – categories as reflected in Annex III of the Report by the Chairman to the TNC Report (TN/TE/19, 22 March 2010) updated in JOB/TE/3/Rev. 1 (5 January 2011) are indicated in the right column. They are as follows:

– Air Pollution Control

– Renewable Energy

– Waste Management and Water Treatment

• Clean Up Or Remediation of Soil and Water

• Management of Solid and Hazardous Waste and Recycling Systems

• Waste Management, Recycling and Remediation

• Waste Water Management and Potable Water Treatment

– Environmental Technologies

• Gas Flaring Emission Reduction

• Efficient Consumption of Energy Technologies

• Cleaner or More Resource Efficient Technologies and Products

• Energy Efficiency

• Environmental Monitoring, Analysis and Assessment Equipment

• Heat and Energy Management

• Natural Risk Management

• Noise and Vibration Abatement

– Carbon Capture and Storage

– Others

- Environmentally Preferable Products based on End – Use or Disposal Characteristics
- Natural Resources Protection
- Renewable Products and Energy Source
- Resources and Pollution Management
- Others

附录三

WTO 贸易和环境委员会 2012 年报告

2012 年 12 月 5 日（WT/CTE/19）

（中译文）

1. 2012 年 2 月 10 日，贸易和环境委员会在常规会议期间，由赫斯瓦尼·哈兰主席（马来西亚驻 WTO 大使）主持召开一次非正式会议，在克里斯塔·皮昂蓬桑主席（泰国驻 WTO 大使）主持下分别于 2012 年 4 月 2 日、5 月 11 日、11 月 13 日召开三次正式会议。[①]

2. 贸易和环境委员会根据《多哈部长会议宣言》（以下简称《宣言》）第 32 段、33 段和 51 段的规定所形成的指令来开展工作：讨论环境要求和市场准入事项〔第 32 （Ⅰ）段第一部分〕；在渔业实践方面建立多赢基础〔第 32 （Ⅰ）段第二部分〕；TRIPS 相关条款〔第 32 （Ⅱ）段〕；技术援助、能力建设以及环境评估（第 33 段）。2012 年，贸易和环境委员会的其他工作包括第 4 项目规定的内容。[②] 第 32 （Ⅲ）段规定的内容（基于环境目的而实施的标签要求）和第 51 段规定的内容（谈判中的发展与环境内容）未包括在 2012 年的讨论之中。

此外，2012 年 11 月 12 日，在贸易和环境委员会 11 月会议期间举行了"环境技术普及研讨会"。

一　关于《宣言》第 32 段工作

1. 第 32 （Ⅰ）段（环境要求与市场准入）

该规定涉及环境措施对市场准入的影响，特别是对于发展中国家和最

[①] 此次会议的记录发布在 2012 年 11 月 13 日会议报告中，秘书处整理，WT/CTE/54。

[②] 第 4 项目涉及"多边贸易体制关于旨在保护环境的贸易措施、对贸易具有显著影响的环境措施和要求的透明度规则"。

不发达国家的影响，以及减少贸易限制和扭曲将有益于贸易、环境与发展的情势。

（1）第 32（Ⅰ）段——"环境措施对市场准入的影响"。

2012 年，贸易和环境委员会针对第 32（Ⅰ）段规定的内容重点研究了两个国家旨在减少温室气体排放相关的环境措施实践。其中，韩国政府提供了其建立国家级排放交易项目的立法情况和信息，挪威政府向贸易和环境委员会提交了它对在挪威大陆架开展的岸上作业所征收的二氧化碳税的相关信息。一些成员方对于这些项目表示支持，并赞赏这种信息交流的做法。但同时，另一些成员对以下事项提出问题：上述措施对可持续发展做出何种贡献；此类措施对发展中国家贸易造成什么样的风险；WTO 成为讨论气候变化的论坛是否恰当；为了避免对贸易形成不公正的限制，是否应在实施碳税项目之前开展影响评估；以及处理环境问题时，相对于单边行动而言多边行动的重要性问题。

此外，某些成员亦提及国际标准组织在国际标准 ISO14067 起草以及碳足迹计算方面的进展问题，提出：2012 年 6 月 6 日对标准草案的否定性投票反映了这一问题的复杂性；这些标准可能成为市场壁垒，特别对来自发展中国家的产品而言；国际标准组织设定标准应当透明、具有包容性，且应顾及发展中国家的需要和困难；为避免单边行动的采用和扩大，通过强有力的国际组织达成一致具有重要性。在这方面，成员方一致同意，贸易和环境委员会应要求国际标准组织提供上述相关信息。

关于此项工作，一个成员方提出了它对于关键性环境技术传播障碍的顾虑，指出对此类技术的市场准入障碍将不利于此类技术的供应，而且，将使此类技术价格高昂或给使用者获得此类技术带来困难。

（2）第 32（Ⅰ）段——"多赢"情势。

根据第 32（Ⅰ）段之规定，欧盟提交了一份报告：《与非法的、未报告的和未受规制的捕鱼行动做斗争：欧盟为避免、阻止和消除此类行动而建立的体制》。[①] 一些成员方欢迎这一行动并对欧盟将其经验拿出来与其他成员方进行交流表示赞赏。同时，另一些成员方对以下事项表达了关注：避免对发展中国家产品形成贸易壁垒的重要性问题；多边解决问题的必要性；定义非法捕鱼行为的难点；在实施相关措施时为发展中国家提供技术援助

---

① 　该报告在 2012 年 10 月 29 日发表的 JOB/TE/27 号文件中公布。

的重要性。欧盟强调了上述政策的透明度及非歧视性质，并说明这些政策均基于现行国际法对国家做出的捕鱼方面的义务规定。在渔业方面，经合组织代表提供了有关经合组织于 2012 年 10 月举行的渔业委员会近期会议的一份简报。

与此同时，联合国环境规划署（UNEP）向成员方通报了其与 WTO 贸易和环境委员会之间开展的活动以及为响应里约联合国可持续发展大会关于绿色经济政策发展的呼吁而采取的行动。联合国贸易和发展会议发表了一份关于发展中国家及转型性经济体在加强绿色经济因素的能力和竞争力方面、促进绿色商品和服务在全球市场的出口方面拥有的潜力的声明。

2. 宣言第 32（Ⅱ）段（TRIPS 的相关条款）

一个成员方强调了知识产权的重要性，同时，它通知贸易和环境委员会一些成员方不久之后会提交一份有关这一事项的建议。

3. 有关第 32 段的其他事项

（1）第 4 项目。

2012 年 11 月，WTO 秘书处公布了 "2009 年环境数据" 报告①，秘书处告知贸易和环境委员会，为了使用信息的便利，该数据分两部分公布：一份包含对与环境相关的公报简短描述和全面分析的文本，以及贸易政策审议报告；一份表格，仅以电子版公布，该表格提供了用于进行分析的各种数据。

（2）宣言第 33 段（技术援助、能力建设和环境评估）。

在 2012 年 11 月 13 日举行的贸易和环境委员会会议上，WTO 秘书处向贸易和环境委员会通报了它在 2012 年开展的技术援助情况。

二 其他事项

2012 年 11 月 12 日，贸易和环境委员会以 "传播环境技术" 为主题举办了一次研讨会，根据 2012 年 1 月沙特阿拉伯王国提出的建议②，在 2012 年第三次非正式会议上讨论了此次研讨会的组织工作（包括讨论内容、原则、题目、相关技术以及欲邀请的发言人等）。此外，还致函成员方，请各

---

① WT/CTE/EDB/9 and Add. 1.

② JOB/TE/25.

代表团提出发言人名单建议，WTO 秘书处向这些被提名的发言人发出邀请。在 2012 年 11 月贸易和环境委员会会议上，一些成员方提出以下关注：此次研讨会未能体现沙特阿拉伯王国所提建议，也未能体现发展中国家提出的关于结构和内容的建议；对发展中国家而言，发言人的组成存在不平衡情形。

此次研讨会探究了环境技术的发展状况和趋势，强调了可能推动或阻碍环境技术传播的经济、技术以及政策因素。召开一次有关环境技术传播总体评价的会议之后，研讨会的重心确定为更特殊的环境技术领域：碳捕捉和存储技术、低排放技术、废弃处理，以及水处理技术等。

与会专家的发言揭示了旨在改善和实现可持续发展的环境技术的核心作用，以及国际贸易和投资是技术传播的重要手段，为成员方、国际机构和私人实体提供了广阔前景。成员方也与专家组分享了以下观点：发展中国家消化技术的能力的重要性；对于技术的研发、传播和转让而言知识产权的作用；在全球技术市场中为发展中国家提供出口机会的方式；一项持续性政府政策框架对于确保技术传播的重要性；以及设计良好的规制措施对于推动创新和市场发展的重要性。

在 2012 年 11 月会议上，俄罗斯联邦与澳大利亚共同提供了摘自亚太经合组织领导人共同宣言的、名为"附件 C - 亚太经合组织（APEC）环境产品名单"的相关信息。① APEC 领导人签署了一份承诺降低关税的 54 种环境产品名单；这使得 APEC 经济体向环境产品贸易自由化方向迈出了坚实一步。一些成员方对 APEC 所取得的这一进步表示欢迎，认为 APEC 提出的环境产品名单对 WTO 未来可能开展的工作而言是一份重要的参考文件，但另一些成员提出，APEC 与 WTO 完全不同，认为要想让 APEC 提出的环境产品名单成为 WTO 相关工作的先例是极为困难的。

此外，经合组织（OECD）代表报告了近期贸易与环境行动，重点是一份关于近期环境敏感型产品非法交易的报告。

---

① 相关文件详见 http：//www. apec. org/Meeting - Papers/Leaders - Declarations/2012/2012_aelm/2012_ aelm_ annexC. aspx。

附英文原文

REPORT （2012） OF THE COMMITTEE ON TRADE AND ENVIRONMENT

1. In 2012, the Committee on Trade and Environment in Regular Session （CTE） met once under the Chairmanship of Ambassador Hiswani Harun （Malaysia） on 10 February 2012 （informal meeting） and three times under the Chairmanship of Ambassador Krisda Piampongsant （Thailand） on 2 April 2012, 11 May 2012 （informal meetings） and 13 November 2012 （formal meeting） . ①

2. The work of the CTE was organized in accordance with the mandate established in the Doha Ministerial Declaration, Paragraphs 32, 33 and 51. Discussions took place on environmental requirements and market access issues （first part of Paragraph 32 （i））; on win – win – win situations in relation to fishing practices （second part of Paragraph 32 （i））; on relevant provisions of the TRIPS Agreement （Paragraph 32 （ii））; and on technical assistance, capacity building and environmental reviews （Paragraph 33） . Another item on the CTE Agenda addressed was item 4. ②No discussion took place under Paragraph 32 （iii） （labelling requirements for environmental purposes） and Paragraph 51 （developmental and environmental aspects of the negotiations） .

3. In addition, on 12 November 2012, a "Workshop on Environmental

---

① The minutes of this meeting will be circulated in "Report of the Meeting held on 13 November 2012", Note by the Secretariat, WT/CTE/M/54.

② Item 4 reads: "The provisions of the multilateral trading system with respect to the transparency of trade measures used for environmental purposes and environmental measures and requirements which have significant trade effects."

Technology Dissemination" was held back – to – back with the November meeting of the CTE.

I. PARAGRAPH 32

A. PARAGRAPH 32 (I) (ENVIRONMENTAL REQUIREMENTS AND MARKET ACCESS)

The effect of environmental measures on market access, especially in relation to developing countries, in particular the least – developed among them, and those situations in which the elimination or reduction of trade restrictions and distortions would benefit trade, the environment and development.

(i) First part of Paragraph 32 (i) – "The effect of environmental measures on market access"

4. In 2012, CTE discussions under Paragraph 32 (i) focused on two national experiences with respect to environmental measures aimed at mitigating greenhouse gas emissions. The Republic of Korea shared information on its legislation to establish a national emissions trading scheme and Norway informed the CTE on its CO_2 tax on offshore operations on the Norwegian continental shelf. Some Members supported these initiatives and welcomed such exchanges of experiences, while some others raised questions with regard to the following issues: the contribution of such measures to sustainable development; the risk that they affect developing countries' trade; the appropriateness of the WTO as a forum to discuss climate change; the need to perform impact assessments before implementing carbon schemes so as to avoid disguised restrictions to trade; and the importance of addressing global environmental problems multilaterally rather than unilaterally.

5. Certain Members also referred to the development process of a draft international standard ISO 14067, on the calculation of the carbon footprint, by the International Organization for Standardization (ISO). The following points were made in this regard: the negative vote on the draft standard that took place on 6 June 2012 reflected the complexity of the matter; such standards could become market barriers, in particular to products from developing countries; standard set-

ting at the ISO should be a transparent, inclusive process, taking into consideration the needs and difficulties of developing countries; and the importance of reaching agreement through the competent multilateral bodies in order to avoid the adoption and proliferation of unilateral measures. Members agreed to invite ISO to inform the CTE in this regard.

6. Under this agenda item, one Member also raised its concerns regarding barriers to the dissemination of key environmental technologies, noting that such market access barriers may adversely affect the supply of or demand for these technologies and may make them too costly or difficult for the users to obtain.

(ii) Second part of Paragraph 32 (i) – "Win – Win – Win" Situations

7. Under the second part of Paragraph 32 (i), the European Union presented its paper on "Combating illegal, unreported and unregulated (IUU) fishing: Establishment of an EU system to prevent, deter and eliminate IUU fishing" .① Some Members welcomed this initiative and thanked the European Union for such exchange of experience, while some others raised concerns with respect to the following issues: the importance of avoiding trade barriers to products from developing countries; the need to address this problem multilaterally; the difficulty to define illegal fishing; and the importance to provide technical assistance to developing countries with respect to the implementation of this measure. The European Union underlined the transparent and non – discriminatory nature of its policies that are based on existing international law with respect to duties of States in fisheries. Regarding fisheries, a representative of the Organization for Economic Cooperation and Development (OECD) provided a briefing on a recent meeting of the OECD Committee for Fisheries held in October 2012.

8. Also under this agenda item, the United Nations Environment Programme (UNEP) briefed Members on its activities relevant to the work of the CTE and those aimed to implement Rio + 20 calls on the development of green economy policies. The United Nations Conference on Trade and Development (UNCTAD) provided a statement on the potential of developing countries and e-

---

① The submission was circulated in document JOB/TE/27 on 29 October 2012.

conomies in transition to strengthen the capacity and competitiveness of green sectors and to enhance exports of green goods and services in world markets.

B. PARAGRAPH 32 (II) (RELEVANT PROVISIONS OF THE TRIPS AGREEMENT)

The relevant provisions of the Agreement on Trade – Related Aspects of Intellectual Property Rights.

9. One Member stressed the importance of intellectual property rights and informed the CTE of a proposal under this agenda item that would shortly be submitted by a group of Members.

C. OTHER PARAGRAPH 32 ITEMS

Ⅰ. Item 4

"The provisions of the multilateral trading system with respect to the transparency of trade measures used for environmental purposes and environmental measures and requirements which have significant trade effects."

10. In November 2012, the WTO Secretariat circulated its Environmental Database of 2009. ①The WTO Secretariat informed the CTE that in order to facilitate usage of information, the database was now being circulated in two parts: a text part which contained a brief description and overall analysis of the environment – related notifications and trade policy reviews; and a table part, exclusively circulated in electronic format, which provided the underlying data used for analysis.

II. PARAGRAPH 33 (TECHNICAL ASSISTANCE, CAPACITY BUILDING AND ENVIRONMENTAL REVIEWS)

11. At the 13 November 2012 CTE meeting, the WTO Secretariat briefed the CTE on its technical assistance activities undertaken in 2012.

III. OTHER BUSINESS

12. On 12 November 2012, the CTE held a Workshop on Environmental Technology Dissemination. The organization of this Workshop (including its scope, outline, topics and technologies to be included and possible speakers) has been discussed at three informal meetings in 2012, following a proposal by the

---

① WT/CTE/EDB/9 and Add. 1.

Kingdom of Saudi Arabia of January 2012. ①In addition, several communications②were sent to Members inviting delegations to propose names of speakers and nominated speakers were then invited by the Secretariat. During the November 2012 CTE meeting, some Members raised the following concerns: that the workshop agenda did not reflect the original proposal of the Kingdom of Saudi Arabia as well as inputs provided by developing countries regarding its structure and content; and that there was an imbalance in the composition of speakers from developing countries.

13. The Workshop explored the main trends and developments of environmental technologies and highlighted the economic, technological and policy factors that can either promote or hamper the diffusion of environmental technology. After a general session that provided an overview of environmental technology dissemination, the Workshop focused on three more specific environmental technologies: carbon capture and storage (CCS) technologies, low emission technologies, and waste management and water treatment technologies.

14. Experts' presentations explored the central role of environmental technology in improving and achieving sustainable development, as well as of international trade and investment as key factors to technology dissemination, offering perspectives from Members, international institutions and the private sector. Members engaged with panellists on several points including, inter alia, the importance of the absorptive capacity in developing countries; the role of intellectual property rights for the generation, dissemination and transfer of technology; the methods to identify export opportunities for developing countries in the global environmental technologies market; the importance of a coherent government policy framework to ensure diffusion of technology; and the importance of well – designed regulatory measures to promote innovation and market development.

15. At the November meeting, the Russian Federation and Australia shared

---

① "Proposed Outline for a Workshop on Technology Dissemination: Carbon Capture and Storage to be held in Spring 2012", JOB/TE/25.

② See in particular documents JOB/TE/26 (4 May 2012) and Rev. 1 (27 July 2012).

information on "Annex C – Asia – Pacific Economic Cooperation（APEC）List of Environmental Goods" from the APEC 2012 Leaders' Declaration. ① APEC Leaders endorsed a list of 54 environmental goods on which they are committed to reducing tariffs; this constituted a major step for APEC economies towards environmental goods' liberalization. Some Members welcomed the development in APEC and considered the APEC list of environmental goods to be useful reference for possible future work in the WTO, while other Members noted that APEC and the WTO were quite different and expressed the view that it would be difficult for the APEC list of environmental goods to form a precedent for work in the WTO.

16. Moreover, a representative of the OECD reported on recent trade and environment activities, with a focus on a recent report on illegal trade in environmentally sensitive goods.

---

① The relevant document can be found at http://www. apec. org/Meeting – Papers/Leaders – Declarations/2012/2012_ aelm/2012_ aelm_ annexC. aspx.

图书在版编目（CIP）数据

WTO 中的贸易与环境问题 / 刘敬东著 . —北京：社会科学文献
出版社，2014.10
ISBN 978 - 7 - 5097 - 6168 - 7

Ⅰ . ①W…　Ⅱ . ①刘…　Ⅲ . ①国际贸易 - 关系 - 环境 - 研究
Ⅳ . ①F74

中国版本图书馆 CIP 数据核字（2014）第 133750 号

WTO 中的贸易与环境问题

著　　者 / 刘敬东

出 版 人 / 谢寿光
项目统筹 / 刘骁军　芮素平
责任编辑 / 李娟娟　关晶焱

出　　版 / 社会科学文献出版社 · 社会政法分社（010）59367156
　　　　　　地址：北京市北三环中路甲 29 号院华龙大厦　邮编：100029
　　　　　　网址：www. ssap. com. cn
发　　行 / 市场营销中心（010）59367081　　59367090
　　　　　　读者服务中心（010）59367028
印　　装 / 北京季蜂印刷有限公司

规　　格 / 开　本：787mm × 1092mm　1/16
　　　　　　印　张：19.25　字　数：325 千字
版　　次 / 2014 年 10 月第 1 版　2014 年 10 月第 1 次印刷
书　　号 / ISBN 978 - 7 - 5097 - 6168 - 7
定　　价 / 69.00 元